QU'EST-CE QU'UN LIVRE ?

Madeleine Sauvé

QU'EST-CE QU'UN LIVRE ?

De la page blanche à l'achevé d'imprimer

FIDES

Catalogage avant publication de Bibliothèque et Archives Canada

Sauvé, Madeleine, 1924-

Qu'est-ce qu'un livre? De la page blanche à l'achevé d'imprimer

Comprend des réf. bibliogr. et des index.

ISBN-13: 978-2-7621-2614-3
ISBN-10: 2-7621-2614-2

1. Livres. 2. Édition. 3. Livres – Mise en pages. I. Titre.

Z4.S28 2006 002 C2006-941447-5

Dépôt légal: 4e trimestre 2006
Bibliothèque et Archives nationales du Québec

Les Éditions Fides reconnaissent l'aide financière du gouvernement du Canada par l'entremise du Programme d'aide au développement de l'industrie de l'édition (PADIÉ) pour leurs activités d'édition.

Les Éditions Fides remercient de leur soutien financier le Conseil des Arts du Canada et la Société de développement des entreprises culturelles du Québec (SODEC).

Les Éditions Fides bénéficient du Programme de crédit d'impôt pour l'édition de livres du Gouvernement du Québec, géré par la SODEC.

IMPRIMÉ AU CANADA EN OCTOBRE 2006

On n’est jamais tenu de faire un livre.

BERGSON, *La pensée et le mouvant*

Avant-propos

Pour demeurer fidèle à la notion d'*avant-propos* décrite dans ces pages, il me faut redire que ce *propos* est tout simplement un message de départ à l'adresse du lecteur: «courte introduction de l'auteur», notent les lexicographes; «introduction brève, dont le but explicite est de faire connaître le contenu du livre et le dessein poursuivi», observent certains d'entre eux.

Le contenu, d'abord. *Qu'est-ce qu'un livre?* analyse systématiquement la nature et les critères d'usage des composantes d'un livre, composantes essentielles ou éventuelles, qui ont chacune un nom propre, une figure particulière: la préface n'est pas l'introduction, l'introduction n'a rien de l'avertissement, l'avertissement ne saurait être nommé prologue, etc. Un regard sur la table des matières permet de parcourir la liste de ces composantes. La quarantaine d'entrées distinctes qui s'y étalent sont regroupées en quatre parts: «préliminaires», «matière du livre», «compléments», «identité». Cette répartition, quelque peu arbitraire, s'avère utile et fort commode. De plus, au seuil de chacune des parties, une dizaine de lignes introduisent, à point nommé, les sujets qui y sont traités, chacun selon son importance relative et sa valeur propre dans la structure d'ensemble du livre.

Voilà pour le contenu. Qu'en est-il du dessein poursuivi? Cette interrogation oblige l'auteur à se mettre en question. Mon dessein est à la fois inédit et ambitieux, passablement téméraire et, finalement, plutôt réaliste.

Dessein inédit, parce qu'il est «mien». Inédit, parce qu'il ambitionne de récupérer l'expérience et l'expertise d'une *soixantaine* d'années d'écriture, de rédaction et de révision en tous genres, d'investigation de multiples ressources de la langue française, de la littérature, de la typographie, des normes nationales et internationales, etc. Inédit, parce qu'il fait écho aux activités de mes vingt ans de carrière comme conseillère linguistique à l'Université de Montréal sous l'appellation de « grammairienne de l'Université », titre désignant ce poste dès sa création en 1972. Les *Observations grammaticales et terminologiques* publiées alors évoquent cette période et ne sont pas étrangères au dessein de *Qu'est-ce qu'un livre ?*

Dessein ambitieux qui voulait répondre à toutes les questions en la matière, dessein évidemment téméraire au départ, mais que je reconnais, au terme, comme modestement réaliste sans plus. Dessein qui appelle d'autres écrits, d'autres essais.

Néanmoins, ce constat ne saurait m'interdire d'affirmer que le dessein poursuivi est venu au jour dans le labeur d'une recherche exigeante et rigoureuse sur les sujets répertoriés, les critères évalués, les normes évoquées. Ce constat me permet également de prétendre que l'essentiel de ce livre, c'est l'écriture, pour l'écriture, sur l'écriture. Il ne donne pas toutes les réponses souhaitées ; il ne comporte pas d'intrigue à saveur romanesque ; il se déroule sans suspense ni éclat. Mais il est traversé par la passion du dire ; il est supporté par l'exaltation de trouver la formule qui traduit le concept sans le déflorer ; il s'accompagne de la douce satisfaction de braver des opinions reçues comme de l'immense bonheur de fréquenter dix écrivains pour illustrer un seul point d'écriture.

De toute évidence, ces pages sont au service de ceux qui écrivent ; elles leur sont offertes, non en mode de consignes d'un genre mineur, mais sur le mode d'une communication qui touche la qualité de l'écrit : qualité que n'assure aucune règle, que n'évalue aucune norme, mais qui ne peut se soustraire impunément ni aux règles ni aux normes.

À cet avant-propos, qui est un « après » en regard du livre, se greffe un « maintenant » qui souligne les formes de collaboration accueillies ou recueillies pour mener l'ouvrage à terme. Au premier chef, s'affirme l'encouragement de l'éditeur Antoine Del Busso, directeur général des Éditions Fides, qui a reconnu l'intérêt de ce travail et qui en a suivi le développement avec compétence. Qu'il trouve ici le témoignage de ma vive et profonde gratitude.

Mes remerciements sincères s'adressent au personnel des bibliothèques de l'Université de Montréal, avec mention spéciale du personnel de la Bibliothèque de bibliothéconomie et des sciences de l'information, avec mention expresse des spécialistes de la Bibliothèque des lettres et des sciences humaines — à l'accueil et aux différents services : prêt « courant », prêt entre bibliothèques, service des livres rares et des collections spéciales, médiathèque et référence. De leurs postes respectifs, tous et toutes ont soutenu la recherche de leur complicité pour que ce livre « soit », ce livre qui sera bientôt leur, qui l'est déjà virtuellement.

Au personnel des Éditions Fides, particulièrement à Gianni Caccia, à Guylaine Girard et à Carole Ouimet, j'exprime ma très cordiale reconnaissance. Ce témoignage s'adresse également à chacune des personnes qui ont contribué à faire de mon manuscrit « un livre ouvert sur le livre », un livre offert aux auteurs et aux lecteurs, un livre dédié aux esprits attentifs à la question *Qu'est-ce qu'un livre ?*

Montréal, août 2006

Les préliminaires

À première vue, les composantes d'un livre se répartissent selon l'ordre logique le plus banal qui soit entre commencement et fin ; mais il y a mieux. À ce principe de classification doit s'ajouter un critère plus significatif qui touche l'essence du livre, c'est-à-dire l'ensemble des données étalées sous l'œil du lecteur, la substance de l'ouvrage, l'œuvre de l'auteur, le traitement du sujet. Bref, ce qui constitue le cœur ou le corps du texte, la « matière » de l'écrit, l'être même du livre.

Pour accéder à ces composantes en lesquelles l'auteur traduit sa pensée, sa démarche intellectuelle, les résultats de sa recherche, il convient de traverser un portique, de franchir une entrée que l'on qualifie de « composantes liminaires du livre ». C'est de ces composantes qu'il est question dans la première partie. Se retrouvent là nécessairement ou peuvent s'y retrouver, éventuellement, l'une ou l'autre ou plusieurs d'entre elles : la préface, l'avant-propos, les remerciements, etc.

1 ▪ La dédicace

Pratique sociale à l'intérieur de la vie littéraire, la dédicace est avant tout un texte qui comporte ses formes, ses contenus et ses règles. Plus précisément, la dédicace renvoie à deux pratiques analogues, mais distinctes : toutes deux consistent à offrir une œuvre en hommage à une personne, à un groupe ou à une entité morale. L'une porte sur l'œuvre comme telle ; l'autre concerne l'objet livre, un exemplaire singulier. La première est imprimée : elle correspond à l'acte de « dédier » ; la seconde est manuscrite : elle s'énonce sous le terme « dédicacer ».

La dédicace d'œuvre

La dédicace d'œuvre s'inscrit dans une longue tradition. Témoigne en ce sens l'évocation de Mécène à qui Virgile (Ier s. av. J.-C.) dédie ses *Géorgiques*[1]. On peut en déduire que le régime de la dédicace à l'adresse d'un protecteur ou d'un bienfaiteur, acquis ou espéré, remonte à la Rome antique, et peut-être en deçà.

D'abord attesté dans les faits, mais non codifié, l'usage de la dédicace d'œuvre à un riche et puissant mécène se maintient au cours du Moyen Âge et durant la période classique. Dès lors, cette dédicace acquiert le statut d'une inscription formelle que consacre le sens moderne du mot, soit « Hommage qu'un auteur fait de son œuvre à qqn [quelqu'un], par une inscription imprimée en tête de l'ouvrage[2] ».

Jusqu'à la fin du XVIIIe siècle, la dédicace d'œuvre prend soit la forme brève, comportant pour l'essentiel la simple mention du dédicataire, soit la forme développée en discours nommé *épître dédicatoire*.

1. Virgile, *Géorgiques*, texte établi et traduit par E. de Saint-Denis, Paris, Société d'édition « Les Belles Lettres », « Collection des universités de France », Livre I, v. 1-5, p. 2 ; Livre IV, v. 1-7, p. 56.

2. *Le Grand Robert de la langue française*, Paris, Dictionnaires Le Robert, tome II, 2001, *s.v.*

Avec le début du XIXe siècle tendent à disparaître les traits de la dédicace classique, soit sa fonction mercantile et sa facture d'épître élogieuse; seule demeure la dédicace brève au rôle gratifiant : caution de l'auteur cité, valorisation implicite de l'ouvrage.

La dédicace d'œuvre trouve place en tête du volume, à la première belle page (page impaire) après le titre, généralement au niveau du premier tiers, vers la marge de droite.

Ces indices reflètent un usage assorti de nombreuses dérogations : certains recueils placent une dédicace d'œuvre en tête de chacun des chapitres de l'ouvrage; parfois, la dédicace d'œuvre se trouve à la toute fin du livre. L'observation donne à penser que les points de chute de la dédicace sont variables d'un document à l'autre.

La dédicace d'œuvre peut s'adresser à des destinataires privés ou publics selon que l'énoncé fait état d'une relation personnelle (familiale, amicale, etc.) ou d'une considération d'ordre officiel (artistique, politique, sociale). Il y a lieu de souligner que la dédicace d'œuvre peut exiger l'accord préalable du dédicataire. Cette règle admet des exceptions : elle ne s'applique pas à la dédicace *in memoriam*; elle est rarement prise en compte dans une dédicace à l'adresse d'un groupe, d'une collectivité, d'une entité morale.

Exemples

Nombre de dédicaces d'œuvre se réduisent à une mention minimale, mais significative en raison du contexte et des circonstances; elles peuvent se limiter à un prénom, à un nom, à un titre qui en évoque le motif :

> À Dominique (Benoît Lacroix, *Silence*[3]);
>
> *À ma sœur* (Simone de Beauvoir, *Une mort très douce*[4]);
>
> *Pour mon fils* Pierre-Gauthier (André Malraux, *Les Noyers de l'Altenburg*[5]).

---

3. Montréal, Éditions du Silence, 1989, [p. 7]. — Les citations de dédicaces d'œuvre reproduisent la typographie des sources.

4. Gallimard, coll. « Le Livre de poche », n° 2747, 1970, [p. 5].

5. *Œuvres complètes II*, Gallimard, coll. « Bibliothèque de la Pléiade », n° 425, 1998, [p. 617]. Pierre-Gauthier est le fils de Malraux et de Josette Clotis, né à Neuilly le 5 novembre 1940 (*ibid.*, p. 1638).

D'autres dédicaces s'enrichissent d'un mot, d'une note à valeur exclusive :

À Caroline, évidemment. (Françoise Giroud, *Leçons particulières*[6]) ;

À Yves Pierre-Louis, qui m'a offert son amitié précieuse, dans les bons comme dans les mauvais moments. (Elizabeth Abbott, *Histoire universelle de la chasteté et du célibat*[7]).

Est digne d'une mention spéciale la dédicace que signe Aragon en postface de son roman *Les Beaux Quartiers*, deuxième tome de la trilogie *Le Monde réel* :

[...] *je dédie et ce que j'écris ici et tout ce que j'écrirai, je dédie* Le Monde réel *à Elsa Triolet, à qui je dois d'être ce que je suis, à qui je dois d'avoir trouvé, du fond de mes nuages, l'entrée du monde réel où cela vaut la peine de vivre et de mourir*[8]. [Signé A.]

Certaines dédicaces d'œuvre expriment des opinions ou des convictions d'ordre politique ou social ; c'est le cas des brèves dédicaces suivantes :

À ceux qui, nourris de grec et de latin, sont morts de faim, je dédie ce livre[9].
Jules Vallès.

Aux humbles et aux petits[10].

Très significatif, exceptionnel même, est l'exemple suivant — œuvre en soi et dédicace d'œuvre —, l'envoi que l'auteur du *Petit Prince*, Antoine de Saint-Exupéry, développe en ces termes :

---

6. Fayard, coll. « Le Livre de poche », n° 4319, 1990, [p. 9].
7. Titre original : *A History of Celibacy*, traduit par Paule Pierre, Fides, 2001, [p. 7].
8. *Œuvres romanesques complètes II*, Gallimard, coll. « Bibliothèque de la Pléiade », n° 463, 2000, dédicace inscrite à la fin de la « Postface 1936 », [p. 479].
9. *Le Bachelier*, s.l., Pocket, coll. « Lire et voir les classiques », n° 6150, 1995, [p. 21]. Entre dans cette catégorie l'épître dédicatoire de Charles Baudelaire intitulée : « Aux Bourgeois », en date du 1er mai 1846. (Baudelaire, *Salon de 1846*, texte établi et présenté par David Kelley, Oxford, Clarendon Press, 1975, p. 122.)
10. Maurice Clavel, *Deux siècles chez Lucifer*, Paris, Seuil, 1970, [p. 9].

À Léon Werth.

Je demande pardon aux enfants d'avoir dédié ce livre à une grande personne. J'ai une excuse sérieuse : cette grande personne est le meilleur ami que j'ai au monde. J'ai une autre excuse : cette grande personne peut tout comprendre même les livres pour enfants. J'ai une troisième excuse : cette grande personne habite la France où elle a faim et froid. Elle a bien besoin d'être consolée. Si toutes ces excuses ne suffisent pas, je veux bien dédier ce livre à l'enfant qu'a été autrefois cette grande personne. Toutes les grandes personnes ont d'abord été des enfants. (Mais peu d'entre elles s'en souviennent.) Je corrige donc ma dédicace :

À Léon Werth
quand il était petit garçon.

Cet exemple[11] illustre la qualité éventuelle et la densité littéraire du genre, sans compter les autres richesses de l'esprit et du cœur qui peuvent s'y cacher. Et que dire de la valeur présumée d'une dédicace manuscrite, personnalisée, signée, la dédicace d'exemplaire ?

La dédicace d'exemplaire

Un ouvrage peut comporter une double dédicace : la dédicace d'œuvre n'exclut en rien la dédicace d'exemplaire ; celle-ci est d'un autre ordre. Elle constitue la seule partie autographe de l'ouvrage ; elle a pour support un exemplaire unique de ce livre.

Les règles d'usage de la dédicace d'exemplaire ont trait à l'emplacement de cette dédicace et au texte dédicatoire ; puis, à travers ce texte, aux rapports entre l'auteur et la personne à qui s'adresse la dédicace.

Inscription manuscrite portée sur un exemplaire donné du livre, cette dédicace peut être placée sur la page de garde ou de faux titre. L'usage semble attester une préférence pour la page de faux titre, laquelle fait corps avec le livre et permet d'intégrer le titre de l'œuvre à la formule dédicatoire.

La dédicace d'exemplaire s'ouvre communément par la préposition *à* ou *pour* qui introduit le nom du destinataire ou un équivalent : titre

11. [Paris], Gallimard, 2005, [p. 9]. Saint-Exupéry a écrit *Le Petit Prince* au cours de son exil aux États-Unis, de 1941 à 1943. Ce fait situe la dédicace à l'adresse de « cette grande personne [qui] habite la France où elle a faim et froid. [... et qui] a bien besoin d'être consolée ».

de la personne, désignation du groupe ou de l'institution. Contrairement à la dédicace d'œuvre, la dédicace d'exemplaire ne saurait s'adresser à une personne décédée ni à un personnage imaginaire ou virtuel, l'une de ses caractéristiques majeures étant la présence, immédiate ou non, signifiée dans le texte même, des deux acteurs de la communication.

De soi le texte de la dédicace évoque une certaine gratuité. Cette exigence tient au fait que l'acte de dédicacer est plus que symbolique, il est illocutoire[12]: il accomplit ce qu'il exprime. En fait, la dédicace d'exemplaire signe le don de l'ouvrage ou, au minimum, en consacre la possession. Personne n'ignore que ce type de don s'accompagne de quelques relents mercantiles: à preuve, les dédicaces d'exemplaires de presse ou assimilés dont le caractère promotionnel est évident; à preuve encore, mais à un degré moindre, les dédicaces offertes à l'occasion de séances de signature où l'autographe de l'auteur se mue en argument de vente pour l'éditeur.

La marque de l'auteur qui dédicace l'un de ses livres tient dans sa signature, même si elle ne s'y réduit pas; la référence au contexte en est un élément facultatif. Par ailleurs, toute dédicace peut évoquer des liens entre l'auteur et le destinataire, mettre en relief les relations littéraires qu'ils entretiennent, toucher leurs rapports respectifs à l'œuvre elle-même. Il reste que la motivation ultime de la dédicace s'accomplit dans la lecture de l'ouvrage. Il faut rappeler — observation d'esthète ou souci d'archiviste — que la dédicace doit porter l'indication de la date et du lieu, comme toute correspondance, tout message, et même toute note griffonnée à la hâte.

Enfin, il n'est pas superflu d'ajouter un dernier point sur la dédicace d'exemplaire, point qui voisine le rêve, plus que la technique. Souvent stéréotypée (ou considérée telle), la dédicace d'auteur peut être une création littéraire de trois mots ou de trois lignes; un spécimen inédit, plutôt que conventionnel; une parole unique, exempte de stéréotypes, et belle — de surcroît.

---

12. Est illocutoire « un acte qui, *en plus* de tout ce qu'il fait en tant qu'il est aussi une *locution* (*i.e.* en tant qu'il *dit* quelque chose), produit quelque chose EN disant (d'où le préfixe *il-*) ». (John Langshaw Austin, *Quand dire, c'est faire. How to do Things with Words*, introduction, traduction et commentaire de Gilles Lane, Paris, Seuil, coll. « L'ordre philosophique », 1970, p. 181, « Lexique », *s.v.* illocution).

Exemples

Les exemples de dédicace d'exemplaire proposés ci-après se répartissent en deux groupes : dédicaces empruntées (ou attribuées) à des écrivains connus ; dédicaces rédigées sous des noms fictifs en référence à des situations créées aux fins de l'illustration.

Premier exemple extrait de l'histoire de la littérature, cette dédicace, incisive, lourde de sens : « Nonobstant ». C'est le seul mot que Gide porte sur l'exemplaire de son livre *Voyage au Congo. Carnet de route*, offert à André Ruyters avec qui il est alors brouillé.

Et cet autre exemple, où l'auteur relie symboliquement le nom du destinataire au contenu de l'ouvrage dédicacé, *Calligrammes*[13] :

> À mon cher Blaise Cendrars, ces cendres de la vie, son ami Guillaume Apollinaire. 13 juin 1918.

Puis, autre exemple encore, la dédicace que signe Camus en tête de *L'Homme révolté*, qu'il offre à René Char :

> À vous, cher René, le premier état de ce livre dont je voulais qu'il soit le nôtre et qui, sans vous, n'aurait jamais pu être un livre d'espoir. Fraternellement. 1951.

Enfin, un dernier spécimen, commentaire d'allure autobiographique de l'ouvrage *Les Funérailles d'Adonis* :

> Pour Max Delatte, ce petit livre (ce récit) que j'ai écrit 20 fois en 20 ans, avant d'en trouver la forme. Marcel Jouhandeau. 2 avril 1953.

En complément, comme il a été annoncé, des exemples de dédicaces, reflets de situations fictives, inscrites sous des noms d'emprunt ou des titres arbitraires, en attente d'une localisation (date et lieu) et d'une signature.

> À Marie-B. Gendron, en toute amitié, ces pages de *L'Alzheimer revisité*, dont elle a suivi les chemins difficiles avec une générosité exemplaire.

> Pour Anne-Claire, la discrète collaboratrice, la conseillère avisée, l'irremplaçable amie, ce *Voyage inachevé* qui parle d'espace et d'avenir.

---

13. L'œuvre elle-même (*Calligrammes*, Gallimard, 1966) contient une dédicace *in memoriam*, p. 19 : « *À la mémoire du plus ancien de mes camarades René Dalize mort au Champ d'Honneur le 7 mai 1917.* »

À Pierre Goulet, éditeur, premier lecteur de cet essai, *Écrire pour réparer l'irréparable*[14], lui qui en a déjà parcouru toutes les lignes et mesuré symboliquement les interlignes, en témoignage de vive gratitude.

Une dédicace, cela peut être presque rien : caractères imprimés qu'on ignore ou traits de plume sans avenir ; cela peut être inédit, immense comme la mer. De la pratique de ce genre littéraire peuvent surgir des traits exclusifs à colliger, à savourer, et parfois à éditer[15].

---

14. Ce titre reprend une expression de l'ouvrage de Christian Bobin, *La plus que vive*, Gallimard, coll. « L'un et l'autre », nº 3108, 1996, p. 32.

15. Voir Bernard Guérin, *Quand les écrivains dédicacent : recueil de quelques "envois d'auteurs", originaux, amusants, émouvants, curieux*, réunis par Bernard Guérin, Lille, B. Guérin, 1998.

2 ▪ L'exergue

L'exergue tient de l'épigraphe son droit d'entrée dans le cours du présent ouvrage. Toutefois l'étymologie du mot indique que ce droit n'est pas un « droit de cité ».

Emprunté au latin scientifique moderne *exergum*, le terme *exergue* signifie proprement « espace hors d'œuvre ». De là vient l'acception suivante qu'il a prise dans le langage numismatique au début du XVIIe siècle : « petit espace réservé au bas d'une pièce de monnaie ou d'une médaille pour recevoir une inscription ». Par métonymie il désigne « l'inscription elle-même gravée dans cet espace ». En outre, il est communément usité dans les locutions « en exergue » et « mettre en exergue » qui signifient respectivement : « ce qui présente, [ce qui] explique » et « mettre en valeur, [mettre] en évidence ou au premier plan ».

Ce mot *exergue* a envahi le champ de signification occupé par l'épigraphe au point de réduire celle-ci à un simple équivalent de celui-là. En témoigne l'auteur d'un dictionnaire relatif à « l'art d'écrire » qui accorde une entrée lexicographique au seul mot *exergue*, défini en ces termes : « inscription placée à la tête d'un ouvrage ». Qui plus est, il assortit ce transfert de sens d'un terme à l'autre du justificatif suivant : *Exergue* est « aujourd'hui synonyme d'*épigraphe*[1] ».

En témoigne également, à sa manière, le lexicographe qui court-circuite la définition du mot *exergue* au bénéfice d'un exemple, auquel il appose la remarque ambiguë suivante : « Ce sens est critiqué ; on préfère parfois *épigraphe*[2]. » Pour sa part, le *Dictionnaire de l'Académie française* dispose du mot *exergue* d'une façon plutôt tiède, dans cette note de fin d'article : « Abusivement. Citation mise en tête d'un ouvrage (on doit dans ce cas préférer *épigraphe*)[3]. »

---

1. Benoît Patar, *Dictionnaire actuel de l'art d'écrire*, Fides, 1995, p. 199.
2. *Grand Robert de la langue française*, tome III, 2001, *s.v.* exergue.
3. Neuvième édition, Paris, Imprimerie nationale, tome II, 2000, *s.v.* exergue.

En dépit d'un certain usage qui fait du vocable *exergue* un équivalent du terme *épigraphe*, en dépit de la tolérance qui a cours à ce sujet, il est justifié d'affirmer sans la moindre hésitation : employer *exergue* au sens d'*épigraphe*, c'est confondre la chose (la citation nommée *épigraphe*) et le lieu où celle-ci trouve place (*en exergue* d'un texte ou d'une œuvre). Il s'avère donc éminemment souhaitable de respecter les droits acquis de l'épigraphe au nom d'exigences qui ont cours aujourd'hui comme hier : rigueur de la pensée, propriété des termes, justesse de l'expression.

Par-delà ces exigences demeure le fait que l'exergue est en quelque sorte un lieu virtuel que l'auteur choisit de remplir ou de laisser en blanc, un espace disponible pour insérer, entre le titre et le texte de l'ouvrage, un message à décrypter, un indice porteur de sens : l'épigraphe.

3 ▪ L'épigraphe

À qui confond allègrement l'épigraphe et l'exergue, à qui juge suranné le culte de l'épigraphe, à qui réclame la liberté de placer une épigraphe de son choix en tête d'un écrit, je dédie ces pages qui traitent de l'épigraphe — qui en traitent avec une ferveur certaine.

Emprunté du grec *epigraphê*, « inscription ou maxime », de *epigraphein*, « inscrire », le terme *épigraphe* n'est attesté dans le contexte du livre que depuis la seconde moitié du XVIIIe siècle (1752). L'étymologie du mot se déploie en signification, puis en notion, que traduisent tant bien que mal les définitions lexicographiques.

De l'acception du mot *épigraphe* qui retient ici l'attention les grands dictionnaires de la langue française disent fort peu, ne disent pas tout et (en dépit des apparences) ne disent pas tous exactement la même chose.

Qu'on en juge à la lecture des définitions suivantes: « pensée, sentence placée en tête d'un livre, d'un ouvrage, d'un chapitre, pour en résumer l'esprit »; « citation brève d'un auteur connu, qu'on place en tête d'un livre, d'un article, d'un chapitre, pour en indiquer l'esprit »; « courte sentence, courte citation placée en tête d'un ouvrage ou d'un chapitre pour en indiquer l'objet ou l'esprit »; « courte citation qu'un auteur met en tête d'un livre, des chapitres de ce livre, pour en indiquer l'esprit »; « citation placée en tête d'un écrit pour en suggérer le sujet ou l'esprit[1] ».

Explicitement ou tacitement ces définitions s'inscrivent sous un dénominateur commun: « citation ». Dans cette perspective, l'auteur de l'ouvrage *La seconde main ou le travail de la citation* ose affirmer que « l'épigraphe, c'est la citation par excellence, la quintessence de

1. Les sources de ces définitions sont, dans l'ordre, les dictionnaires mentionnés aux entrées suivantes de la liste des sigles (en fin d'ouvrage): GDEL, t. VI, 1983; GLLF, t. II, 1972; DAF, t. II, 2000; GRLF, t. III, 2001; TLF, t. VIII, 1980, *s.v.* épigraphe.

la citation[2] ». En fait, il considère ce type de citation comme le signe d'une valeur complexe, à la fois symbole, indice, icône, image, et même « décoration ostentatoire sur la poitrine de l'auteur ».

Par ailleurs ces définitions comportent des différences marquées qui donnent prise à la critique. À bien y penser, « résumer l'esprit » s'avère un objectif hors d'atteinte, ou presque ; « indiquer l'esprit » pose un défi considérable ; « indiquer l'objet ou le sujet » relève ordinairement du titre de l'ouvrage ; quant au propos de « suggérer le sujet ou l'esprit d'un ouvrage ou d'un écrit », il touche d'assez près le rôle de l'épigraphe, un rôle subtil, mal défini, vaguement complexe, mais que l'analyse réussit à découper en plusieurs fonctions.

Dans son ouvrage intitulé *Seuils*, Gérard Genette attribue quatre fonctions à l'épigraphe, et cela, observe-t-il prudemment, « faute sans doute d'en avoir cherché davantage ». À quoi il ajoute par mesure de prudence encore : de ces quatre fonctions, « aucune n'est explicite, puisque épigrapher est toujours un geste muet dont l'interprétation reste à la charge du lecteur[3] ».

Première fonction

La première fonction attribuée à l'épigraphe, la fonction la plus immédiate, la plus directe, est celle de commentaire, parfois décisif, du titre de l'ouvrage. Ainsi l'épigraphe du livre de Françoise Sagan, *Les merveilleux nuages*, empruntée aux *Poèmes en prose* de Baudelaire, est à la fois source et justification du titre[4]. Il en va de même dans le

---

2. Antoine Compagnon, Paris, Seuil, 1979, p. 30 et p. 337. Reprenant cette expression, Élisabeth Nardout-Lafarge estime qu'il faut comprendre par là que l'épigraphe « contient toutes les ambiguïtés du mode citationnel ». La suite de son analyse n'en est pas moins négative : « facilité, coquetterie, surcharge » sont quelques-uns seulement des termes dont elle qualifie l'épigraphe. (Voir « Signature et contre-signature dans l'exergue », *Paratextes : études au bord du texte*, réunis et présentés par Mireille Calle-Gruber et Elisabeth Zawisza, Paris et Montréal, L'Harmattan, coll. « Trait d'union », 2000, p. 295-307.)

3. Paris, Seuil, coll. « Poétique », 1987, p. 145.

4. *Les merveilleux nuages*, dans *Œuvres*, Paris, Robert Laffont, coll. « Bouquins », 1993, p. 322-391. — Le poème-épigraphe intitulé « L'Étranger » est dans Baudelaire, *Œuvres complètes*, t. I, Gallimard, coll. « Bibliothèque de la Pléiade », n° 1, 1983, p. 277, « Le Spleen de Paris » [*Petits poèmes en prose*]. Introduit par l'interrogation : « Qui aimes-tu le mieux, homme énigmatique, dis ? », il s'achève sur l'exclamation marquée de points suspensifs : « J'aime les nuages... les nuages qui passent... là-bas... là-bas... les merveilleux nuages ! ».

cas de cet autre ouvrage de Sagan, *Bonjour tristesse*, où l'épigraphe reprend le poème de *La Vie immédiate* de Paul Éluard, *À peine défigurée*, qui scande les mots : « Adieu tristesse, Bonjour tristesse, Tristesse beau visage[5] ».

Une telle pratique se justifie notamment lorsque le titre est constitué d'un emprunt textuel, d'une allusion plus ou moins hermétique ou d'un commentaire. En constitue un exemple de choix l'épigraphe de l'œuvre romanesque d'Hemingway, *Pour qui sonne le glas*, dont il convient de relever, pour mémoire littéraire et philosophique, les premières et les dernières lignes :

> Nul Homme n'est une *Isle* complète en soy-mesme ; tout Homme est un morceau de *Continent*, une part du *tout* [...] la *mort* de tout homme *me* diminue parce que je suis solidaire du *Genre Humain*. Ainsi donc, n'envoie jamais demander : pour qui sonne le *glas* ; il sonne pour *toi*[6].

Deuxième fonction

Une deuxième fonction possible de l'épigraphe, et sans doute la plus canonique, consiste en une sorte de commentaire du texte dont elle précise ou souligne indirectement la signification. Cette fonction s'affirme dans l'épigraphe du *Cimetière marin* que Paul Valéry emprunte à Pindare : « Ô mon âme, n'aspire pas à la vie immortelle, mais épuise le champ du possible ![7] »

Assez généralement, comme c'est le cas dans l'exemple cité, la signification de l'épigraphe demeure énigmatique en ce qui touche son rapport à l'écrit ; plus encore, sa valeur d'orientation préalable est

5. Françoise Sagan, *ibid.*, [p. 2]. — Paul Éluard, *La Vie immédiate* (1932), dans *Œuvres complètes*, t. I, Gallimard, « Bibliothèque de la Pléiade », nº 200, 1968, p. 361-403. Le poème-épigraphe est à la page 365.

6. Ernest Hemingway, « Pour qui sonne le glas », dans *Œuvres romanesques*, t. II, Gallimard, « Bibliothèque de la Pléiade », nº 207, 1975, p. 575-1050. L'épigraphe (p. 577) est empruntée à John Donne, *Devotions Upon Emergent Occasions* (1623-1624), édition établie et commentée par Anthony Raspa, McGill-Queen's University Press, 1975, p. 87. « Hemingway, note le commentateur, avait trouvé ce texte dans l'*Oxford Book of English Prose*, p. 171 », et non dans l'ouvrage même de John Donne.

7. Voir Paul Valéry, *Œuvres I, Poésies, Mélange, Variété*, Gallimard, coll. « Bibliothèque de la Pléiade », nº 127, 1957, dans *Poésies*, « Charmes », p. 147. — Pindare, *Les Pythiques*, t. II, texte établi et traduit par Aimé Puech, Paris, Société d'édition « Les Belles Lettres », 1922, *IIIe Pythique*, p. 57 v. 62-63.

parfois nulle : sa portée significative ne se déploie alors qu'au fil du texte. En ce sens on conviendrait volontiers, à la suite de l'écrivain Michel Charles, que dans un bon nombre de cas le rôle de « l'épigraphe est largement de donner à penser, sans qu'on sache quoi[8] ». Mais il n'est jamais vain de « donner à penser ».

Troisième fonction

Formulée en des termes légèrement acides, la troisième fonction de l'épigraphe consisterait à se prévaloir de la caution indirecte de l'auteur cité sans devoir en obtenir l'autorisation. Dans ce cas, l'essentiel tient moins à ce que dit l'épigraphe qu'au nom ou à la notoriété de son auteur. Ainsi est-il permis de croire que l'épigraphe suivante : « Le temps, qui veille à tout, a donné la solution malgré toi », en tête du roman *Les Gommes*, importait moins au romancier Alain Robbe-Grillet que l'autorité du poète Sophocle dont elle est une troublante évocation[9].

Quatrième fonction

La quatrième fonction touche le mobile plus ou moins diffus de certaines épigraphes. Le linguiste Genette la décrit en ces termes : « Le plus puissant effet oblique de l'épigraphe tient peut-être à sa simple présence, quelle qu'elle soit : c'est l'effet-épigraphe. » Évoquant avec admiration « la discrétion relative, à cet égard, des époques classique et réaliste », par contraste avec l'époque romantique et avec la période des années soixante et soixante-dix (XXᵉ siècle), il achève son propos sur cette note teintée d'une douce malice :

> L'épigraphe est à elle seule un signal (qui se veut *indice*) de culture, un mot de passe d'intellectualité. En attendant d'hypothétiques comptes rendus dans les gazettes, prix littéraires et autres consécrations officielles, elle est un peu, déjà, le sacre de l'écrivain, qui par elle choisit ses pairs, et donc sa place au Panthéon[10].

---

8. *L'arbre et la source*, Paris, Seuil, coll. « Poétique », 1985, p. 185.

9. *Les Gommes*, Paris, Éditions de Minuit, 1985, p. 7. — L'épigraphe reprend le verset 1213 d'*Œdipe roi* que Jean Bollack traduit comme suit : « Il t'a retrouvé, le temps qui voit tout, et l'acte pourtant n'était pas volontaire. » (*L'Œdipe roi de Sophocle*, Presses universitaires de Lille, coll. « Cahiers de philologie », nº 11, 1990, vol. I, *Texte et traduction*, p. 275).

10. *Seuils*, p. 148-149.

Usage et critères d'usage

Bien que l'épigraphe ne soit jamais obligatoire, que certains en abhorrent l'usage, que de nombreux écrits n'en comportent pas, il est bon de savoir que, théoriquement du moins, la majorité des genres littéraires et des types d'ouvrages peuvent accueillir l'épigraphe : du roman au pamphlet, de l'étude savante au recueil de poèmes.

L'observation de la pratique montre la grande liberté qui s'offre à chacun en cette matière ; néanmoins, il s'avère utile d'en répertorier les principaux critères d'emploi. À cet égard, on traitera de l'épigraphe unique sans ignorer que certains n'hésitent pas à étaler deux ou trois épigraphes au début d'un livre ou d'un chapitre.

Il sera question de l'épigraphe placée en tête d'un livre, d'une partie d'ouvrage ou d'un chapitre, bien qu'il se trouve des épigraphes portées à la toute fin de l'écrit, dont elles sont séparées par un blanc. Il s'agira de l'épigraphe dite allographe, citation que fait l'auteur d'un autre que lui-même, par opposition à l'autoépigraphe où l'auteur choisit de se citer lui-même sous le sceau de l'anonymat ou non, sous une désignation fictive ou apocryphe[11].

Les règles et critères proposés ont surtout rapport à la présentation et à l'emplacement de l'épigraphe.

– L'usage de l'épigraphe n'étant guère codifié, toute particularité relative aux éléments qui la composent se trouve d'autant plus représentative de l'intention qui en sous-tend le choix.

– En principe, l'épigraphe peut comporter une citation, le nom de son auteur et le titre de la source. Certains considèrent comme facultative la mention de ce dernier élément. En fait, il s'agit là d'une information utile, d'un certain intérêt pour le lecteur ; par contre, l'épigraphe que ne relativise aucun titre se fait lourde du prestige attaché au seul nom ou au renom de l'auteur.

---

11. Jules Laforgue en donne un exemple au début des *Complaintes* [1880-1885], dans *Œuvres complètes*, t. I, Lausanne, L'Âge d'homme, coll. « Caryatides », 1986, p. 545 : « Au petit bonheur de la fatalité ». — L'auteur du *Dictionnaire pour l'étude des* Complaintes *de Jules Laforgue* (Paris, Éditions du temps, 2000, p. 55), Pierre Brunel, observe que *Fatalité* est « l'un des grands mots-thèmes des *Complaintes*, à partir même de l'épigraphe ». Il précise que, selon une note relative à un autre ouvrage (*Le Sanglot de la terre*), Laforgue prévoyait employer *Ananké* (la Fatalité, en grec) comme épigraphe de tous ses livres.

– L'épigraphe ne comporte ni appel de note renvoyant à la source complète ni référence partielle; elle ne fait pas l'objet d'une notice bibliographique et n'est pas indexée. Tout commentaire jugé essentiel à son sujet (ce qui est exceptionnel) serait placé dans l'un ou l'autre des textes liminaires de l'ouvrage que signe l'auteur.

– L'épigraphe se compose généralement en caractères italiques de même corps que le texte ou en caractères romains, d'une taille plus petite. La mise entre guillemets de la citation épigraphe est facultative, mais rien ne justifie d'y omettre la ponctuation finale.

– Le nom de l'auteur cité se compose de préférence en petites capitales, exception faite de la majuscule initiale. Pour des motifs d'ordre historique ou autres, notamment en raison de la notoriété de l'auteur, la source de l'épigraphe est souvent réduite au seul patronyme. Par ailleurs, il n'y a pas lieu (bien que l'usage en soit attesté) de mettre entre parenthèses la mention de la source.

– L'épigraphe en tête d'ouvrage se place sur la belle page (impaire) qui suit immédiatement la dédicace (si dédicace, il y a), avant les remerciements, la préface, l'avant-propos. Alignée à la marge de droite, elle se situe dans la moitié supérieure de la page[12]. Elle se compose à simple interligne et peut couvrir un peu plus du tiers de la justification, sans en excéder les deux cinquièmes. Partie intégrante des feuillets liminaires, la page de l'épigraphe entre dans le décompte de la pagination, mais ne porte pas de folio.

– Dans le cas de l'épigraphe placée en tête d'une partie d'ouvrage ou d'un chapitre, les mêmes règles ont cours, exception faite de quelques traits relatifs à la disposition des éléments. Si la page ne porte que le titre (de la partie ou du chapitre), l'épigraphe se place au-dessous, à la marge de droite et après un blanc; si le texte commence sur la même page que le titre, l'épigraphe se trouve alors entre deux blancs et à une distance légèrement plus marquée du texte que du titre.

---

12. Le *Lexique des règles typographiques en usage à l'Imprimerie nationale* (Paris, Imprimerie nationale, 1990, p. 77) préconise la composition « en alinéa » dans le cas d'une épigraphe en prose; dans le cas d'une épigraphe en vers, précise-t-il, « l'alignement se fera sur le vers le plus long, avec le renfoncement propre à la versification ». — Les renvois ultérieurs à cet ouvrage seront abrégés comme suit: *Lexique des règles typographiques*.

Exemples

Illustration des règles d'usage formulées ci-dessus, les exemples proposés comportent de légères variantes typographiques en regard de leurs sources.

– Épigraphe en tête d'un ouvrage[13] :

Je me suis trompé de siècle
comme on se trompe d'étage.

Julien GREEN

– Épigraphe en tête d'une partie d'œuvre[14] :

l'immortalité dort sans abri

Rainer Maria RILKE

– Épigraphe en tête d'un chapitre[15] :

Parmi les mots, certains appartiennent
aux femmes, d'autres aux hommes, d'autres aux enfants,
certains sont de la campagne, d'autres de la ville...

DANTE, *De Vulgari Eloquentia.*

– Épigraphe d'un type inédit placée dans l'épilogue du livre[16] :

Il n'y a rien à
condamner, rien à accuser, mais
il y a bien des choses risibles ;
tout est risible quand on pense à la mort.

Thomas BERNHARD

13. Georges Langlois, *À quoi sert l'histoire ?*, Montréal, Bellarmin, coll. « L'essentiel », 1999, [p. 7].

14. Serge Cantin, *Ce pays comme un enfant. Essais sur le Québec (1988-1996)*, Montréal, L'Hexagone, coll. « La ligne du risque », 1997, [p. 109] sous le titre : « Un lieu pour la culture ».

15. Marina Yaguello, *Les mots et les femmes. Essai d'approche sociolinguistique de la condition féminine*, Paris, Payot, coll. « Petite Bibliothèque Payot », n° 397, 2002, Chapitre 3, « Les éléments de l'interaction verbale », [p. 47].

16. Laurent-Michel Vacher, *Dialogues en ruine*, Montréal, Liber, 1996, p. 89. L'ouvrage présente un condensé des dialogues que l'auteur a eus pendant une vingtaine d'années avec son ami Jean Papineau, décédé à l'âge de 45 ans. Y sont reproduits en épilogue deux extraits d'une conférence de ce dernier, « précédés de l'épigraphe choisie par LUI ».

4 ▪ Les remerciements

L'auteur d'un ouvrage est souvent redevable de collaborations diverses, d'où la place accordée aux remerciements de circonstance dans les pages liminaires du livre. Qu'il repose sur des mobiles de simple justice, de courtoisie ou d'amitié, le propos échappe à une désignation rigoureuse: il est marqué au sceau de l'impondérable. Cela étant reconnu, rien n'a été dit par rapport aux exigences spécifiques du sujet[1].

Les considérations appropriées à cette fin peuvent s'inscrire sous deux titres: le premier concerne l'emplacement éventuel des remerciements; le second traite de la forme et de la teneur de l'écrit. En complément, s'ajouteront quelques exemples illustrant ce genre de texte.

En regard de l'emplacement alloué aux remerciements de l'auteur, l'usage atteste l'existence de trois modalités principales.

- Les remerciements peuvent être intégrés dans l'avant-propos, de préférence au dernier paragraphe. C'est l'endroit fréquemment adopté pour faire mention de contributions particulières, officielles ou non.
- Lorsque les crédits à faire valoir sont multiples, ou lorsque les titres de reconnaissance appellent des développements qui risquent de surcharger l'avant-propos, ou pour tout autre motif invoqué par l'auteur ou suggéré par l'éditeur, le texte de remerciements peut constituer une partie autonome du livre, inscrite ou non sous la rubrique *Remerciements*. Le texte commence alors sur une belle page; il vient généralement après la page de titre et après l'épigraphe.
- La dédicace de l'ouvrage peut être le lieu choisi par l'auteur pour exprimer sa gratitude: c'est là une mention très spéciale à l'adresse

1. Le propos actuel touche le texte de remerciements de l'auteur en lien immédiat avec l'ouvrage qu'il présente à l'éditeur. Sont exclues les mentions de reconnaissance de crédits à l'édition, objet de règles spécifiques arrêtées par les organismes subventionnaires et les éditeurs.

d'une seule personne ou de quelques-unes. Un tel message se distingue par une sobriété discrète. Sa présence n'exclut en rien l'une ou l'autre des formes courantes de remerciements décrites ci-dessus.

De teneur factuelle et particulière à chaque ouvrage, l'énoncé des remerciements se rédige ordinairement à la première personne, à moins que l'auteur privilégie l'emploi du pronom de modestie *nous*, dont l'usage se fait plus rare aujourd'hui. L'option en la matière est d'une importance toute relative.

L'ordre de nomenclature des personnes, des groupes ou des organismes auxquels les remerciements s'adressent exige circonspection eu égard à la nature de l'aide reçue ou bien à l'importance de la contribution. Il va de soi qu'une collaboration modeste peut justifier d'un droit de mention à l'égal d'un soutien prestigieux.

Le conseil le plus pertinent, ou le moins impertinent, au sujet du contenu et de la forme du texte s'énonce par la négative : éviter la banalité, exclure les clichés, abhorrer les formules creuses, telle celle-ci qui « circule » encore : « Nos collaborateurs furent si nombreux que la crainte d'en oublier un nous empêche de les nommer tous. »

Les exemples qui suivent illustrent les principaux types de remerciements en fonction de leur mode d'insertion dans l'ouvrage.

Exemples

- Remerciements intégrés à l'avant-propos :

  Je remercie toutes celles et tous ceux qui ont participé à la réalisation de cet ouvrage, en particulier [...] pour son dévouement et sa patience. J'exprime ma vive reconnaissance à l'équipe des Éditions Thémis[2].

- Texte autonome intitulé « Remerciements » :

  Je remercie tous ceux qui m'ont généreusement apporté leur témoignage au cours d'entretiens réalisés entre 1994 et 1997. Leur contribution a constitué un des matériaux essentiels de cette biographie intellectuelle de Paul Ricœur.

---

2. Monique Ouellette, *Droit de la famille*, Montréal, Éditions Thémis, 1995, p. 5. — La graphie en italique est facultative ; toutefois, en vue d'assurer l'uniformité, on l'a adoptée ici dans tous les cas. En fait, l'italique permet de distinguer les textes liminaires et le corps de l'ouvrage.

Je remercie aussi ceux qui ont accepté la lourde tâche de revoir ce manuscrit [de même que ceux] qui m'ont très utilement aidé par leurs suggestions et leurs corrections[3].

- Texte autonome sans titre:

  La signature d'un ouvrage cache souvent les inspirations sourdes sans lesquelles l'auteur n'aurait jamais pu l'en accoucher. Les remerciements sont ainsi des excuses pour autant de cosignatures qu'il faudrait ajouter au bas de chaque page.

  [...] aura été l'ami indéfectible, le collègue rigoureux et patient, l'interlocuteur tout simplement passionnant de nombreuses nuits sans sommeil.

  [...] aura été un directeur admirable, un intellectuel qui me forçait à pousser toujours plus loin des interprétations parfois trop timides, l'ami enfin avec qui rire de mes moments de soudaine désespérance.

  Tout mon bonheur est qu'ils le sont encore[4].

- Remerciements particuliers sous forme de dédicace:

  À celles, à ceux qui m'ont accompagné chez les oiseaux, qui m'ont renseigné, je dis : salut ! Et merci.

  Et à Renée[5].

Ces textes de remerciements sont des exemples et des illustrations. Ils sont présentés à ce titre, et non comme des spécimens à reproduire, même s'ils affichent d'excellentes qualités. On doit plutôt convenir que chaque témoignage de remerciements, fruit d'une initiative personnelle, a quelque chose d'unique et doit être marqué au sceau de l'exclusivité.

---

3. François Dosse, *Paul Ricœur. Les sens d'une vie*, Paris, La Découverte & Syros, 2001, p. 5-6.

4. Jean-Philippe Warren, *Un supplément d'âme. Les intentions primordiales de Fernand Dumont (1947-1970)*, Québec, Presses de l'Université Laval, 1998, p. 5.

5. Pierre Morency, *Lumière des oiseaux. Histoires naturelles du Nouveau Monde*, Montréal et Paris, Boréal et Seuil, 1992, p. 9.

5 ▪ L'avertissement

Le mot *avertissement* qui résonne comme une alarme figure parfois en tête de l'une des composantes liminaires du livre. Selon le *Dictionnaire historique de la langue française*, l'usage du terme en ce contexte remonte au milieu du XVIe siècle : il se dit « à propos d'une préface qui attire l'attention du lecteur ». Transposé en définition, cet « à propos d'une préface » devient (dans le *Grand Robert de la langue française* d'aujourd'hui) une « petite préface pour attirer l'attention du lecteur sur quelques points particuliers de l'ouvrage[1] ».

En principe donc, l'avertissement est bref. À de rares exceptions près, il ne concerne pas l'ensemble du volume mais « quelques points seulement », voire un seul. En fait, cette « petite préface » n'est pas une préface en dépit de la définition qu'on en donne et malgré l'observation selon laquelle les termes « préface, avis, introduction ont parfois le même usage » que le mot *avertissement*[2].

Nombre d'éditions critiques de l'œuvre de grands écrivains comportent un avertissement sous la signature de l'éditeur ou du chercheur qui a établi, annoté ou présenté les textes. Il s'agit de données touchant les sources, l'état des manuscrits, le traitement éditorial, etc. C'est le cas de plusieurs des classiques de la « Bibliothèque de la Pléiade[3] ».

Présente une teneur bien particulière l'avertissement qui introduit une œuvre posthume : c'est la volonté de l'auteur, connue ou présumée, qui en dicte le contenu. L'ouvrage de Fernand Dumont, *Récit*

1. *Dictionnaire historique de la langue française*, t. I, 1994, *s.v.* avertissement ; *Grand Robert de la langue française*, t. I, 2001, *s.v.*

2. *Lexique des règles typographiques*, 1990, p. 30, *s.v.*

3. Voir M. B. [Marguerite Bonnet], dans André Breton, *Œuvres complètes I*, Gallimard, « Bibliothèque de la Pléiade », n° 346, 1988, [p. lxvii-lxxii] ; voir aussi J. C. [Jacques Chevalier], dans Pascal, *Œuvres complètes*, Gallimard, « Bibliothèque de la Pléiade », n° 34, 1954, [p. xxix].

d'une émigration, en contient un exemple. Les premières et les dernières lignes du texte suggèrent la forme de cet écrit :

> Mon père n'a pas eu le temps d'achever tout à fait ce livre, qu'il désirait cependant faire paraître. [...] Malgré tout, ce dernier livre appartient à l'œuvre : il la clôt, mais il y introduit aussi. Il éclaire en même temps un milieu et une époque envers lesquels mon père s'est toujours beaucoup engagé[4].

Correspond également à sa dénomination l'avertissement qui ouvre l'opuscule de Benoît Melançon, *Sevigne@Internet. Remarques sur le courrier électronique et la lettre*. Les extraits qui suivent en témoignent. L'auteur commence par une apostrophe. « Qu'on se le dise : la nostalgie ne guide pas mon propos. Mes journées commencent par la consultation de mon courrier électronique. » Il oriente ensuite la visée de l'avertissement : « On entend partout que l'usage du courrier électronique marque la renaissance de la pratique épistolaire, réputée disparue. » Puis, il décoche la flèche « avertissement » à point nommé : « C'est doublement faux : la lettre n'est jamais morte ; elle est tout à fait différente de ce type de courrier[5]. »

Dans cette perspective, c'est l'objet et le contenu mêmes du texte préliminaire qui orientent le choix d'un substitut au mot *avertissement*. En règle générale, *présentation*, *note liminaire*, *note* s'offrent en priorité, sous réserve que la nature spécifique de l'écrit exige de le nommer *avant-propos* ou exceptionnellement *préface*.

Le texte intitulé *avertissement* commence sur la première belle page après la page de titre ; le cas échéant, il vient après la dédicace, l'épigraphe et la préface. Dans certains cas, il peut devoir être décalé davantage.

---

4. François Dumont, dans Fernand Dumont, *Récit d'une émigration. Mémoires*, Montréal, Boréal, 1997, p. 7.

5. Montréal, Éditions Fides, coll. « Les grandes conférences », 1996, p. 7.

6 ▪ Le sommaire

Le terme *sommaire* n'est pas univoque : d'où les ambiguïtés qui rôdent dans son champ sémantique. À la réflexion, il semble qu'il faille d'abord laisser courir le sens pour mieux le ressaisir. Ce propos oriente vers les définitions du mot *sommaire* qui, de près ou de moins près, touchent le livre et ses composantes, les périodiques et les documents de même nature.

Dans ce cas, il s'avère utile de passer en revue quelques définitions.

Le *Trésor de la langue française* campe une description du mot *sommaire* dont il décline ensuite les acceptions propres à divers contextes, tous relatifs à l'écriture et aux écrits. Cette définition clé se lit comme suit : « Analyse écrite ou orale, se limitant aux points essentiels et qui rend compte d'une information ou d'un texte donnés ou qui sert de base à un développement ultérieur[1]. »

L'exemple illustrant la définition touche la dernière éventualité, celle du sommaire « base d'un développement ultérieur » ; il est emprunté à l'œuvre de Proust, *À l'ombre des jeunes filles en fleurs* : « Je ne me serais pas laissée emballer et j'aurais commencé par écrire sur une feuille à part mon plan. [...] Comme cela, en s'inspirant d'un *sommaire*, on sait où on va[2]. » Le contexte valide l'exemple et confirme l'assertion.

Le *Trésor de la langue française* fait ensuite état d'acceptions particulières du terme en inventoriant les emplois diversifiés auxquels il se prête :

> À propos d'un document, d'un livre. Résumé du contenu du volume ou des chapitres de ce volume (en général en forme de table des matières).

1. *Trésor de la langue française*, 1992, t. XV, *s.v.* sommaire.
2. Dans *À la recherche du temps perdu I*, Gallimard, « Bibliothèque de la Pléiade », n° 100, 1982, p. 913.

> Sommaire d'un journal, d'un hebdomadaire. Liste de titres ou de résumés très brefs des rubriques ou des articles principaux d'un journal ou d'un hebdomadaire généralement imprimée en première page ou en dernière page.
>
> Sommaire d'une revue. Liste des articles contenus dans la revue, accompagnés du nom de l'auteur.

Une acception tout à fait autre est ensuite relevée : en termes de typographie, le mot *sommaire* désigne un « sous-titre constitué d'une ou de plusieurs phrases rendant compte des principaux points traités dans un texte, [et] dont la première ligne est pleine et les suivantes renfoncées » d'un ou de quelques caractères.

Du *Trésor*, on passe sans heurt au *Lexique des règles typographiques* qui propose cette définition : « Un sommaire est un abrégé contenant la substance d'un chapitre ou d'un volume », à quoi il ajoute cette note d'une ambiguïté certaine : « Quand la pagination est mentionnée, le sommaire tient lieu de table des matières[3]. »

Un dernier recours, et non le moindre, celui du *sommaire* entendu dans l'acception que traduit le terme anglais *abstract*, soit : « Présentation écrite, brève et concise du contenu d'un document dont le but est de renseigner les lecteurs qui veulent en connaître rapidement la teneur[4]. »

Retenons quelques mots clés : analyse, abrégé, résumé, compte rendu, présentation brève et concise ; points essentiels, substance, contenu ; information, renseignement ; texte, document, volume. C'est du matériel lourd.

En élaguant, en simplifiant, on convient que la description principale du *Trésor*, assortie de nuances empruntées à l'acception spécifique du terme, exprime la notion synthèse recherchée, à savoir :

> Texte concis, résultat de l'analyse d'un ouvrage ou d'un document, qui en expose les points essentiels en vue de renseigner adéquatement et rapidement les lecteurs sur la teneur de cet écrit.

---

3. Paris, Imprimerie nationale, 1990, p. 163, *s.v.* sommaire.

4. Marie Malo, *Guide de la communication écrite au cégep, à l'université et en entreprise*, Montréal, Québec Amérique, 1996, p. 272. — *Résumé d'auteur* peut également traduire le terme *abstract.* Voir Louis Timbal-Duclaux, *La communication écrite, scientifique et technique*, Paris, Entreprise moderne d'édition, 1990, p. 117-118.

Critères d'usage

La rédaction du sommaire se fait selon les exigences d'un texte continu: formules denses, rédigées en phrases complètes, à la troisième personne; vocabulaire rigoureux, spécifique au domaine dont traite le document source; énoncés concis, mais exhaustifs en regard de la substance de l'écrit; transitions et liens logiques soigneusement ménagés du début à la fin.

Le sommaire suit l'ordre même du développement de l'ouvrage ou du document traité. Il ne doit contenir aucune information étrangère à ces textes; il forme un tout, en conséquence il est autonome par rapport à la source, il est cohérent et immédiatement intelligible sans aucun recours; il exclut les figures et les tableaux, les abréviations et les références; seuls les symboles d'usage courant, donc connus de tous, y sont autorisés.

La longueur du sommaire n'est pas prédéfinie: s'agissant d'un livre ou d'un long texte, le sommaire comporte le nombre de paragraphes exigés pour respecter la teneur du document; cependant, il perdrait sa nature de sommaire s'il dépassait une ou deux pages au maximum, l'idéal étant qu'il soit tout entier dans une page, une page peu chargée[5].

Au sommaire unique placé en début de volume peuvent s'ajouter parfois les sommaires de parties ou de chapitres, ce qui s'avère plutôt rare. Ce type de sommaire est condensé en quelques lignes. L'auteur peut y indiquer la problématique du développement à venir ou en annoncer simplement les traits majeurs. Ce texte fixe des balises qui facilitent et orientent la lecture. Identifié ou non sous le vocable *sommaire*, il trouve place en tête de chacune des divisions, soit sur le feuillet de titre, soit entre le titre et le début du texte[6].

---

5. On peut consulter un spécimen de « sommaire d'ouvrage » dans Jean-Claude Rouveyran, *Mémoires et thèses. L'art et les méthodes*, Paris, Maisonneuve et Larose, 1989, p. 83.

6. On trouve un exemple de sommaire d'une partie de volume dans l'*Histoire des universités en France*, sous la direction de Jacques Verger, Toulouse, Éditions Privat, « Bibliothèque historique Privat », 1986, p. 13. — Dans Léon Tolstoï, *La Guerre et la Paix* (Gallimard, « Bibliothèque de la Pléiade », n° 66, 1952, p. 1641-1657), les sommaires de chapitre sont fort intéressants; toutefois, leur report en appendice réduit quelque peu la facilité de consultation.

Sans être l'apanage du monde scientifique, le sommaire d'un article ou d'un document qui y est assimilé est largement usité et exploité dans cet univers. En effet, articles de revues spécialisées, rapports et exposés scientifiques s'ouvrent ou s'annoncent très souvent sous les traits d'un sommaire.

Ce type d'écrit comporte généralement les points suivants : sujet de l'étude ou hypothèse de la recherche, objectifs et structure du développement, perspectives et conclusion. Peuvent s'ajouter des informations relatives à la méthode adoptée, aux caractéristiques des thèmes développés, à la prospective esquissée, aux enjeux majeurs de la conclusion[7].

Comme le sommaire de livre, le sommaire de document scientifique est autonome par rapport au texte dont il devient le témoin. Sa nature même réclame cette qualité, notamment du fait qu'il est souvent l'objet d'une publication distincte, à des fins documentaires ou publicitaires : bibliographies, banques de données, communiqués[8].

7. On relève des exemples de ce type de sommaire dans *Le cerveau et la pensée. La révolution des sciences cognitives*, coordonné par Jean-François Dortier, Auxerre, Sciences humaines éd., 1999, p. 29, p. 99, etc. Voir aussi Marie Malo, *ibid.*, p. 274 : « Exemple de sommaire d'un article scientifique ».

8. En raison de ce fait, certaines publications scientifiques exigent que l'analyse succincte de l'ouvrage ou de l'article (*abstract*) soit formulée en langage conventionnel et selon des critères spécifiques.

7 ▪ La note liminaire

Le terme *note* couvre un large registre d'acceptions et d'usages. Toutefois, les lexicographes se bornent à en donner une description mal adaptée au contexte où le mot *note* figure comme rubrique au seuil d'un livre.

C'est à l'école de l'expérience qu'on réussit à saisir la nature de cette composante dont l'objectif est de présenter une mise en situation, un commentaire préalable, un avis d'ordre technique. En règle générale, une note de ce type porte la signature de l'auteur, ou de l'éditeur, ou du traducteur : l'étude qui suit explicite chacun de ces cas.

Note de l'auteur

La note de l'auteur peut aussi être nommée *note*, *note préliminaire*, *note liminaire* ou *liminaire*. Le choix de l'appellation dépend de l'objet de l'ouvrage, du contexte, du goût de l'auteur. En référence à leur contenu, ces appellations sont équivalentes ou considérées telles.

Il est communément attesté que la note de l'auteur puisse tenir lieu d'avant-propos ; elle est un moyen plus modeste, plus simple et généralement plus concis pour atteindre des objectifs similaires.

Dans certains cas, elle peut développer des considérations d'ordre littéraire ou scientifique relatives au sujet traité ou aux circonstances de son élaboration. À l'opposé, elle peut se réduire à un simple exposé d'indications critiques ou méthodologiques au service du lecteur.

Les exemples relevés ci-après témoignent plus ou moins rigoureusement de ces finalités. En outre, ils illustrent la diversité des appellations et des circonstances dans lesquelles se présente le message de l'auteur.

– L'écrivain et critique Maurice Blanchot introduit son ouvrage *L'Entretien infini* par une longue « Note » axée sur le livre et la littérature, concepts ou entités dont il prédit et anticipe l'épuisement. Les bribes suivantes laissent percevoir le caractère radical de son propos :

> Il se publie toujours, en tous pays et en toutes langues, des livres dont les uns sont tenus pour des ouvrages de critique ou de réflexion, les autres portent le titre de roman, d'autres se disent poèmes. Il est probable [...] qu'il y aura encore des livres, longtemps après que le concept de livre sera épuisé. [...] Toutefois, le travail et la recherche littéraires contribuent à ébranler les principes et les vérités abrités par la littérature. Ce travail [...] a fait émerger [...] la question du langage, puis, par la question du langage, celle qui peut-être la renverse et se [résume] dans le mot *écrire*, « *ce jeu insensé d'écrire* »[1].

Une note de ce genre, étalée sur plusieurs pages, n'a rien de commun avec une simple note d'ordre technique : elle provoque à souhait et déclasse nombre d'avant-propos mornes et vides.

– On trouve un spécimen de « Note de l'auteur » entre la préface et l'introduction de l'ouvrage d'Ania Teillard, *L'Âme de l'écriture*[2], objet d'une réimpression. La note commence et s'achève par des remerciements à l'adresse de l'éditeur, du préfacier et d'une collaboratrice. Puis, entre début et fin s'inscrivent des paragraphes où l'auteur signale « que les concepts, inédits lors de la première parution, ont fait leur preuve », que la méthode adoptée à ce moment-là est encore valable, etc. Bref, la note n'ouvre aucune perspective ; elle ne conduit nulle part. Exception faite des remerciements, qu'il aurait convenu d'inscrire sous ce titre même, le texte démontre qu'une « note de l'auteur » est inutile dans le cas d'une simple réimpression.

– On emprunte un exemple plus éloquent à l'ouvrage *Questions de rhétorique : langage, raison et séduction*, où l'auteur donne plein sens et poids réel à la rubrique « Note préliminaire ». En témoignent la lettre et l'esprit d'un texte à la fois dense et concis livré sous ce titre :

> Les hommes sont de plus [...] en plus divisés. Ils se font souvent la guerre pour résoudre leurs problèmes. Mais ils peuvent aussi en parler pour négocier et discuter de ce qui les oppose. C'est à ce moment-là qu'ils ont le plus besoin de la rhétorique. Elle leur donne l'illusion d'abolir les

1. *L'Entretien infini*, Paris, Gallimard, 1969, p. vi-viii, « Note ». Empruntée à Mallarmé, l'expression « ce jeu insensé d'écrire » figure comme l'une des épigraphes de l'ouvrage de Blanchot que la « Note » citée explicite et commente. La finale de l'extrait est tronquée de quelques mots.
2. Paris, Éditions traditionnelles, 1985, p. 12.

> distances, mais parfois, mystérieusement, elle y réussit. Tout l'intérêt de la rhétorique est dans ce mystère[3].

Ces lignes laissent présager les vues d'un maître ; elles illustrent la portée du mot *préliminaire* en tant qu'il désigne « ce qui prépare une autre chose considérée comme plus importante ». Dans le cas, il s'agit du livre lui-même, ce livre annoncé comme une « réflexion approfondie sur le langage et ses mystères », un « voyage dans les images, les mots et les phrases », une voie où la pensée se déploie et s'affirme à son meilleur[4].

– Un autre spécimen à explorer : la note liminaire que signe l'écrivain Jacques Madaule au seuil de l'ouvrage *Dante ou la passion de l'immortalité* :

> Comme ceci n'est point une biographie de Dante, écrit-il, le lecteur est prié de ne pas chercher dans les quatre chapitres qui composent ce livre une suite chronologique de la vie de Dante [...] Tout ce qu'on peut dire, c'est que la première [partie] est un commencement et la dernière une conclusion. Mais, entre les deux, et même à l'intérieur de ces deux-ci, tout coexiste, et cette coexistence qui n'est pas confusion, du début à la fin, c'est, il me semble, le secret même de Dante[5].

L'apport de cette note paraît mince : toutefois, la double affirmation : « tout coexiste » en chacun des chapitres et cette coexistence est « le secret même de Dante », intrigue au premier abord, mais devient lumière et sens en cours de lecture[6].

– Une dernière illustration, et non la moindre, d'une « note de l'auteur », celle que le professeur et chercheur Paul Wyczynski inscrit justement sous le nom de *liminaire* au frontispice de son livre *Émile Nelligan. Biographie*[7], un ouvrage de prestige auquel convient à merveille cette appellation recherchée.

---

3. Michel Meyer, Paris, Librairie générale française, coll. « Le Livre de poche », 1993, p. 5.
4. *Ibidem*, « Texte inédit », quatrième de couverture.
5. Paris, Plon, coll. « La recherche de l'absolu », 1965, p. 7.
6. En contrepartie, on renvoie à une note liminaire qui fournit de précieuses indications techniques (sources, édition originale, dates, etc.) : Hubert Teyssandier, *Les formes de la création romanesque à l'époque de Walter Scott et de Jane Austen, 1814-1820*, Paris, Didier, coll. « Études anglaises », 1977, n° 64, p. 7.
7. Montréal, Bibliothèque québécoise, 1999, p. 7-8.

L'auteur y présente la genèse de l'écrit qui « reprend en la synthétisant » son œuvre magistrale parue en 1987, la « Grande Biographie de Nelligan », fruit de trente années de recherche. En un style d'une limpidité exemplaire, le célèbre biographe définit l'apport spécifique de son nouvel ouvrage. Puis, reprenant le fil des premiers mots du liminaire : « Grâce à une bourse Killam... », il remercie les collaborateurs, les organismes, l'éditeur, et tous ceux qui ont apporté leur concours à la publication de ce livre-synthèse de plus de trois cents pages, d'une richesse qui en vaut mille, voire encore plus.

Note de l'éditeur

D'une longueur et d'une facture variables, la note de l'éditeur en tête d'un livre est généralement d'ordre technique ou méthodologique. Les occasions de présenter une telle note vont d'une simple mise au point à l'exposé magistral d'une édition critique. Entre ces deux formes, on trouve des spécimens qui évoquent des circonstances autres qui ne manquent pas d'intérêt.

– Les ouvrages de la « Bibliothèque de la Pléiade » et de l'« Encyclopédie de la Pléiade » sont une source inépuisable de spécimens du genre dont la fréquentation s'impose à qui cherche des modèles de haute qualité, mais dont l'apport défie toute analyse, surtout une analyse sommaire[8].

– Illustration d'une note de l'éditeur plus abordable, celle du recueil intitulé *De la tradition théâtrale* de Jean Vilar, fondateur du Théâtre national de Paris : on y trouve côte à côte des visées d'ordre pratique et de profondes réflexions sur l'artiste et son œuvre. Ces lignes en portent l'écho jusqu'ici :

> [...] ce qui répond d'une telle publication, c'est l'unité même de la création théâtrale accomplie depuis dix ans par Vilar [...]. Ayant lu ceci, on ne pourra plus voir un spectacle [...] avec les mêmes yeux qu'avant : une connaissance plus profonde de sa « morale » rendra plus éclatant encore le plaisir du spectacle [...] et ces textes seront présents partout où le théâtre s'accomplira[9].

8. Les ouvrages suivants, entre autres, illustrent deux de ces modalités : *L'Histoire et ses méthodes*, Gallimard, « Encyclopédie de la Pléiade », n° 11, 1961, p. xv ; André Gide, *Journal 1889-1939*, « Bibliothèque de la Pléiade », n° 54, 1951, p. 9.

9. Paris, Gallimard, coll. « Idées », 1955, p. 5-6.

– Est typique, voire unique, la « note de l'éditeur » Jean-Jacques Pauvert qui met en situation le pamphlet d'André Breton, *Flagrant délit*, jetant une lumière glaciale sur un « faux » :

> [...] en 1949, rappelle-t-il, plusieurs critiques prétendirent ou crurent avoir découvert un inédit de Rimbaud, aussi important que les *Illuminations* ou *Une Saison en enfer*. Ils en publièrent des fragments dans divers journaux. Les éditions du Mercure de France firent paraître le texte « intégral ». Mais bientôt les faussaires se firent connaître : ils avaient fabriqué de toutes pièces un pastiche. André Breton qui, dès le premier jour, avait vu, analysé et dénoncé ce faux en tant que tel, tira les conclusions de toute l'affaire dans le texte qu'on va lire.

Il est évident que cette « note de l'éditeur » trouve sa justification dans l'immense intérêt qu'elle suscite chez les admirateurs de Rimbaud et de Breton comme auprès des familiers du polémiste signataire de *Flagrant délit*[10].

– La « note de l'éditeur ou des éditeurs » trouve une raison d'être spéciale dans le cas d'un ouvrage posthume. En règle générale, une telle note éditoriale présente des renseignements biographiques ou bibliographiques choisis, elle retrace l'histoire littéraire de l'écrit, situe l'œuvre de l'auteur et, s'il y a lieu, justifie le choix du titre de la publication.

Les circonstances entourant l'édition de tels ouvrages ont un caractère exclusif et tout propos à leur sujet n'a qu'une valeur indicative. Peut tenir lieu d'exemple à cette fin la « Note des éditeurs » qui présente l'ouvrage *Attente de Dieu*, un recueil d'écrits de Simone Weil publiés après sa mort[11].

Note du traducteur

Nécessairement circonstanciés, les éléments de la note du traducteur comportent des traits généraux : état du texte, mise en situation de l'ouvrage dans l'œuvre de l'auteur, description sommaire du contenu, consignes aptes à servir le plus adéquatement possible le texte original.

---

10. André Breton, *Flagrant délit*, Jean-Jacques Pauvert éd., coll. « Libertés », dirigée par Jean-François Revel, n° 7, 1964, p. 7-8.

11. Paris, La Colombe, 1957, p. 7-11 ; cette première édition de l'ouvrage paraît treize ans après la mort de son auteur.

Néanmoins, il faut observer avec la même assurance que la « note du traducteur » comporte des traits spécifiques. À dire vrai, chaque note de traducteur présente une figure unique étroitement liée à l'ouvrage traduit, au sujet en question, aux personnalités en présence, auteur et traducteur.

Paradoxalement, la multiplicité des cas éventuels aussi bien que l'exclusivité de chacun d'eux incite à réduire à un seul exemple l'illustration du sujet. Il s'agit de la note de la traductrice Michelle Giudicelli, qui présente en un français clair et limpide *Signes de feu*, le « seul roman qu'ait écrit Jorge de Sena, sans doute le plus grand écrivain du Portugal moderne[12] ».

Cette note comporte des traits généraux; mais sa caractéristique majeure, c'est qu'elle reflète d'une façon remarquable le caractère de cet exercice qui transpose la vigueur de la pensée et la chaleur des sentiments de « l'autre » malgré « les limitations qu'imposent les résistances inhérentes au génie des langues et des coutumes ».

Les brefs extraits suivants permettent de considérer cette note comme représentative à plus d'un titre : « [...] la traduction s'est efforcée de conserver [au texte] ce caractère de jaillissement spontané » et de fidélité « tant à la lettre qu'à l'esprit et à l'état du texte ». Remarque qui peut aller de soi, mais qui vaut bien la peine d'être dite, surtout lorsque le texte accomplit à souhait les promesses annoncées.

Règles d'usage et d'écriture des divers types de notes

Les règles d'écriture de la note, de quelque type qu'elle soit, portent sur l'emplacement de celle-ci et sur la typographie du titre et du texte lui-même.

En ce qui a trait à l'emplacement, il est d'usage de réserver à la note liminaire la première belle page après le feuillet de titre, exception faite de la préface qui a priorité sur les autres écrits qui trouvent place au début d'un ouvrage.

12. *Signes de feu* [Titre original : *Sinais de fogo*, paru en 1981 trois ans après la mort de l'auteur], Paris, Métailié, coll. « Suites », nº 28, 1999, p. 5. — La « Note de la traductrice », p. 13, suit la « Préface », p. 7-11, écrite également par Michelle Giudicelli.

Par ailleurs, la similitude que la note présente à maints égards avec l'avant-propos incite à y appliquer les mêmes critères d'écriture et de présentation, l'essentiel étant de prendre en compte les impératifs d'uniformité des composantes du livre.

8 ▪ Le prologue

Le terme *prologue* appartient au vocabulaire courant. En témoignent les lignes suivantes qu'enregistre le *Dictionnaire historique de la langue française*: « Le mot est d'abord employé pour désigner un texte introductif; il passe rapidement dans l'usage général avec le sens figuré d'*entrée en matière*, dans la locution *sans prologue* (XIIIe s.), *sans prévenir*, supplantée par *sans préambule.* »

Le lexicographe décrit ensuite les étapes de l'évolution de ce mot, étapes qu'il importe de rappeler en raison de leurs incidences sur le propos en cours: à l'époque classique, *prologue* commence à s'employer en référence au théâtre antique, puis au théâtre moderne (XVIIe s.); parallèlement, il désigne « des paroles préliminaires dans une conversation (1666) et s'étend à d'autres formes artistiques, comme la musique (1680), puis à toute œuvre littéraire (1809) ».

Les grands dictionnaires décrivent cette dernière acception, celle qui touche le livre, sans en préciser rigoureusement la teneur. À preuve, cette notice extraite du *Trésor de la langue française*: « Introduction, discours préliminaire d'un ouvrage où l'on expose le sujet, servant parfois d'avertissement ou de dédicace ». De son côté le *Grand Larousse de la langue française* assimile le prologue à un « bref avertissement qui précède un ouvrage ». Pour sa part, le *Grand Robert* s'en tient à un simple renvoi aux mots *introduction* et *préface.*

Imprécision que tout cela. Il n'est rien qui mène au cœur du concept: le prologue n'est pas un avertissement, ni une dédicace, ni une introduction, ni une préface[1].

1. En vue de pousser l'investigation sur ce concept, on pourra consulter Philippe Hoffman, « Épilogue sur les prologues, ou Comment entrer en matière », dans *Entrer en matière. Les prologues*, sous la direction de Jean-Daniel Dubois et Bernard Roussel, Paris, Cerf, coll. « Patrimoines: religions du Livre », 1998, p. 485-506.

Exemples

La recherche de spécimens montre que le texte introductif qu'est le *prologue* est d'un emploi relativement rare à titre de composante d'un ouvrage. Trois exemples tirés de publications récentes permettent néanmoins de dégager les traits majeurs de ce genre d'écrit.

– Première source explorée: le roman historico-théologique de Jean Bédard, *Nicolas de Cues*[2]. Il s'agit d'une saga qui retrace la vie tumultueuse du cardinal Nikolaus Krebs, dit Nicolas de Kues ou de Cues (1401-1464). Ce cardinal de la Renaissance, « passionné par l'humanité entière », s'efforce de réconcilier les hommes et d'accomplir une réforme de l'Église; il est accompagné dans ses pérégrinations à travers l'Allemagne et l'Italie par son secrétaire qui remplit dans le roman la fonction de narrateur.

Le *prologue* s'ouvre par les sombres augures de Léonard de Vinci: « On verra sur terre une espèce animale qui sans répit se combattra elle-même avec grandes pertes et morts fréquentes. » La mise en scène se fonde sur les propos tenus entre Léonard et le secrétaire, plusieurs années après la mort de Nicolas de Cues, propos qui aboutissent à la décision d'écrire le roman de la vie du cardinal, dans l'espoir que « les hommes deviennent finalement humains ». L'extrait suivant du prologue expose cette intention en même temps qu'il illustre la méthode d'écriture adoptée:

> Léonard venait de me décider, j'allais moi aussi [...] jeter ma composition dans celle du monde. [...] J'écris ce livre au risque d'ajouter à la confusion et à la colère. [...] le Cardinal voulait la paix, il a précipité la guerre, mais la guerre qu'il a produite, elle, qu'est-ce qu'elle produira? L'incertitude de la réponse me force à raconter l'aventure que nous avons vécue.

De toute évidence, un tel prologue se laisse difficilement morceler, et cela d'autant que *Nicolas de Cues* tout entier est une histoire complexe, heureusement servie par ce remarquable prologue.

– Deuxième source attestant la présence d'un prologue, auquel répondra un épilogue: l'ouvrage historico-philosophique intitulé *Trois femmes dans de sombres temps*, qui relate la décennie 1933-1943 sous

2. Montréal, L'Hexagone, coll. « Fictions », 2000, p. 11-17, « Prologue ».

trois figures féminines, juives et philosophes, Edith Stein (1891-1942), Hannah Arendt (1906-1975) et Simone Weil (1909-1943)[3].

Encore ici le prologue est une mise en situation, une véritable mise en scène. Des dates successives posent les bornes temporelles : il s'agit des « sombres temps » évoqués par Bertolt Brecht dans son poème « À ceux qui naîtront après nous », des temps stigmatisés par les mots fascisme, impérialisme, antisémitisme, totalitarisme, rapports pervers du politique et de la religion[4].

S'inscrit sur cet horizon fermé le nom de trois femmes, contemporaines, ou presque, éminemment capables de donner une physionomie à ces dates et aux réalités en question : trois femmes « marquées par leurs maîtres », les philosophes Husserl, Heidegger, Jaspers, Alain. Puis, à la manière dont se déroulent les scènes d'un spectacle, les « tragédiennes » passent une à une devant le lecteur. L'esquisse qui les dévoile transcrit leur lecture respective des événements de l'entre-deux-guerres. Sur les lignes brisées de cette trajectoire s'inscrit leur réponse faite de réflexion passionnée, chez Arendt et Weil, de méditation stoïque, au fond d'un Carmel, antichambre d'Auschwitz, chez Edith Stein.

De là, l'itinéraire du prologue, d'une grande qualité évocatrice, conduit chacune d'elles au même terme : « Toutes trois vont connaître l'exil. » Toutes trois « émeuvent par cette volonté farouche de comprendre un monde qui sort de ses gonds, de se réconcilier avec lui, de l'aimer malgré tout ».

– Troisième source illustrant l'usage du prologue qui aura, lui aussi, son pendant en fin d'ouvrage. Il s'agit d'une œuvre collective, *La plus belle histoire du monde. Les secrets de nos origines*[5], qui expose le sujet sous la forme d'un entretien entre scientifiques. Le propos de vulgarisation du livre, sa visée nettement didactique, s'affiche dans la structure même de l'ouvrage : les échanges de vues entre les « auteurs

3. Sylvie Courtine-Denamy, *Trois femmes dans de sombres temps. Edith Stein, Hannah Arendt, Simone Weil ou* Amor fati, amor mundi, Paris, Albin Michel, coll. « Idées », 1997, p. 11-14, « Prologue ».

4. Dans *Poèmes 4 (1934-1941) : Poèmes de Svendborg*, Paris, L'Arche, 1966, p. 137-139.

5. Dominique Simonnet, « Prologue », dans Hubert Reeves *et al.*, Paris, Seuil, 1996, p. 9-17.

acteurs » s'y développent en trois actes comportant chacun trois scènes ; le tout est délimité par un prologue et un épilogue. Ces parties du livre ne sauraient être dissociées du point de vue de l'interprétation de l'œuvre qui emprunte le schème d'une représentation théâtrale et qui s'y tient de bout en bout.

Règles d'usage

La première règle d'usage touchant le prologue pourrait être dite « règle de non-usage ». De fait, l'analyse des spécimens étudiés montre que ce type de composante éventuelle d'un livre conserve une part de sa connotation avec l'œuvre théâtrale. En conséquence, son emploi ne s'avère judicieux que si le contenu du livre justifie un tel procédé, si le traitement du sujet est assimilé en quelque sorte à une représentation plutôt qu'à un exposé objectif. À titre de modèle, le premier ouvrage cité, *Nicolas de Cues*, remplit bien ces conditions ; les deux autres demeurent à mi-chemin de l'exemplarité jugée souhaitable.

La seconde règle prend le contre-pied de la première : elle enregistre le bien-fondé reconnu et attesté de l'appellation *prologue* pour nommer le discours préliminaire d'un ouvrage, dans l'hypothèse où la conclusion y soit adaptée, y fasse écho. Par ailleurs, les dispositions techniques relatives à l'emplacement, à la typographie, à la pagination du prologue ne diffèrent pas de celles qui régissent l'avant-propos ou la préface.

9 ▪ Le préambule et le prélude

Sur la liste des écrits préliminaires d'un livre figurent le *préambule* et le *prélude*. Le traitement de l'un et de l'autre sous une même rubrique ne présuppose rien de leur fréquence d'emploi respective : dans ce contexte, *préambule* est de loin plus courant que *prélude*, mais tous deux sont d'un usage rarissime. En revanche, ils n'affichent pas le caractère exceptionnel de leurs quasi-synonymes *avant-dire*, *prodrome* ou *préalable*.

Le mot *préambule* appartient au premier chef au langage juridique. Selon le *Dictionnaire historique de la langue française*, il est emprunté au latin médiéval (XIVe siècle) pour désigner « ce dont on fait précéder un texte légal ou officiel ».

Entendu au sens propre et premier du mot, ou employé par extension, *prélude* appartient au domaine de la musique. Ce n'est qu'au sens figuré, par métaphore, qu'il prend une signification apparentée à celle de *préambule*. À peu de nuances près, les sources consultées, *Grand Robert* et *Trésor*, décrivent le *prélude* en des formules similaires. La plus adéquate, celle du *Grand Robert*, est libellée comme suit : « Ce qui précède ou annonce quelque chose, ce qui constitue le début d'une œuvre, du déroulement d'un fait[1]. »

Exemple de préambule

Le romancier Georges Perec introduit par un préambule la suite de romans qu'il groupe sous le titre *La Vie mode d'emploi*[2]. Son propos s'inspire de l'art du puzzle ; avec la finesse du joaillier, il décrit cet art, un art qualifié de « mince », mais tout autre à ses yeux.

1. GRLF, t. V, 2001, *s.v.*
2. Paris, Hachette, coll. « Littérature », 1978, p. 15-18.

> L'art du puzzle, écrit-il, commence avec les puzzles de bois découpés à la main lorsque celui qui les fabrique entreprend de se poser toutes les questions que le joueur devra résoudre, lorsque, au lieu de laisser le hasard brouiller les pistes, il entend lui substituer la ruse, le piège, l'illusion: [...] l'espace organisé, cohérent, structuré, signifiant du tableau sera découpé non seulement en éléments inertes, amorphes, pauvres de signification et d'information, mais en éléments falsifiés, porteurs d'informations fausses.

Et la description de cet art, dont les lignes citées rendent compte avec parcimonie, s'achève par cette conclusion, la conclusion même du préambule:

> On en déduira quelque chose qui est sans doute l'ultime vérité du puzzle [...]: chaque geste que fait le poseur de puzzle, le faiseur de puzzles l'a fait avant lui; chaque pièce qu'il prend et reprend, qu'il examine, qu'il caresse, chaque combinaison qu'il essaye et essaye encore, chaque tâtonnement, chaque intuition, chaque espoir, chaque découragement, ont été décidés, calculés, étudiés par l'autre.

Sous le schème du puzzle, le romancier invite le lecteur à parcourir son livre, plus exactement à parcourir le labyrinthe d'un immeuble de XCIX pièces aux noms hétéroclites: « Machinerie de l'ascenseur, 1 », « Troisième droite, 3 », « Bartlebooth, 5 ». Et ces quatre-vingt-dix-neuf pièces, on l'aura deviné, ce sont les quatre-vingt-dix-neuf sous-divisions de l'œuvre qui se suivent selon une numérotation rigoureuse, mais sous des titres répétés jusqu'à onze fois. Ces romans de Perec, *La Vie mode d'emploi*, se développent selon l'itinéraire annoncé dans le préambule où le mystère des lieux — le puzzle — joue à plein sur l'intérêt du lecteur.

Exemple de prélude

Un exemple est attesté dans un livre de caractère juridique qui fait état d'un colloque axé sur le thème suivant: *Le droit, l'informatique et l'arbitraire*[3]. Les notes de ce prélude se développent sur un fond de polémique qui s'accorde mal avec l'harmonie évoquée par le mot lui-même. En témoigne ce paragraphe extrait du cœur du texte:

---

3. Université Panthéon-Sorbonne, *Actes du colloque d'Épicure (1989)*, Prélude de Pierre Legendre, Présentation de Jean Laurent Schmidt, Paris, Publications de la Sorbonne, coll. « Homme et société », n° 17, 1991, p. 7-9.

> Les pièces et morceaux fixés dans le modeste ouvrage proposé au lecteur ont pour origine quelques conversations savantes, d'abord guindées mais devenues vite orageuses, engagées sous l'égide de l'Université de Paris I, pour tenter d'ouvrir un accès vers une réflexion prenant comme thème l'informatique et le droit. Mais ce thème était un peu mou. De là, le titre raisonneur qui nous parut la meilleure des conclusions.

Vient ensuite la justification du dernier mot du titre : *l'arbitraire*. Inspirée par la sentence de Plaute : « Je vais m'asseoir ici, sans que personne s'en doute ; d'ici, je pourrai, de part et d'autre, *arbitrari* ce qu'ils font », cette vague justification introduit le propos d'« engager les témoins [...] à juger ce qui se passe d'un côté et de l'autre ».

Règles d'usage

Paradoxalement, la première règle à consigner pourrait se lire comme suit : À titre de composante préliminaire d'un livre, le *préambule* se recommande peu ou prou ; le *prélude* se recommande encore moins. La deuxième règle pourrait prendre la forme suivante : Exceptionnellement, la nature ou la structure d'un ouvrage peuvent s'accommoder d'un *préambule*, plutôt que d'une *présentation* ou d'un *avant-propos*. Par ailleurs, la pertinence du *prélude* dans ce contexte reste à démontrer[4].

Ces indications par trop radicales appellent une sourdine, généralement implicite en ces questions : la liberté de chacun a toujours le dernier mot. Dès lors, il s'impose d'indiquer que l'emplacement, la typographie, la pagination, etc., de ces textes préliminaires sont analogues à ceux de l'avant-propos et de la présentation, sans plus.

---

4. Notons que ces composantes éventuelles d'un livre n'infèrent pas l'existence, au terme de celui-ci, d'un texte qui y corresponde, comme l'épilogue en regard du prologue, la postface en regard de la préface.

10 ▪ L'avant-propos

Les lexicographes, entendons les auteurs de grands dictionnaires de la langue française d'usage courant, affichent une unanimité tranquille, mais plutôt vague, au sujet de la notion d'*avant-propos*. Cela explique peut-être que l'avant-propos serve à n'importe quoi, ou presque, dans les pages liminaires de certains livres. Au risque d'imposer quelques répétitions, il vaut la peine de dissiper le « nuage » qui entoure cette notion. Le moyen indiqué à cette fin, moyen déjà annoncé, c'est la consultation de grands dictionnaires de langue.

À l'enseigne de Larousse, le terme *avant-propos* désigne une « courte introduction, placée en tête d'un livre, où l'auteur expose ses intentions », ou bien [nuance ambiguë et assertion discutable] une « courte préface, placée en tête d'un livre, où l'auteur expose succinctement ses intentions[1] ».

Selon le *Dictionnaire historique de la langue française*, « le composé *avant-propos* prolonge le sens ancien de *propos*, "ce dont on traite dans un ouvrage" ». Intégrée dans les colonnes du *Grand Robert de la langue française*, cette note générale est transposée dans la définition suivante : « Courte introduction (présentation, avis au lecteur, etc.). » C'est là une définition que vient brouiller un peu plus le renvoi aux mots *avertissement*, *introduction*, *préface*.

Pour sa part, le *Dictionnaire de l'Académie française* définit l'*avant-propos* comme suit : « Courte introduction dans laquelle l'auteur d'un livre ou d'un exposé oral s'explique succinctement avant d'en venir au fait. » Les deux pôles de l'énoncé : « courte introduction » et « en venir au fait » laissent songeur, quand on se remémore le sens de cette dernière expression.

1. Les sources lexicographiques de la définition du terme sont, dans l'ordre de leur mention : GDEL, t. II, 1982, et GLLF, t. I, 1971 ; DHLF, t. II, 1994, *s.v.* propos ; GRLF, t. I, 2001 ; DAF, t. I, 1992 ; TLF, t. III, 1974. Dans tous les cas, exception faite du *Dictionnaire historique* (DHLF), les extraits cités se trouvent *s.v.* avant-propos.

De son côté, le *Trésor de la langue française* décrit en ces termes l'avant-propos usité dans le présent contexte : « Courte introduction placée en tête d'un écrit d'une certaine longueur (livre ou ouvrage), généralement rédigée par l'auteur pour en faire connaître le contenu et le dessein poursuivi. »

À une exception près, le concept de « courte introduction » est le dénominateur commun des définitions citées ; mais il ne suffit pas à distinguer l'avant-propos de ses synonymes. Ni la préface ni l'introduction, courtes ou longues, ne sont des avant-propos en dépit des similitudes décelables entre ces genres d'écrits. Et la rigueur ne tolère pas de considérer les synonymes comme interchangeables : sous une signification apparemment semblable, chacun couvre un champ de signification qui lui est propre, donc différent. Point n'est besoin d'écrire un traité pour démontrer cette assertion[2].

Qu'il suffise d'observer que le linguiste Ferdinand de Saussure pose le principe de cette notion subtile de synonyme : « À l'intérieur d'une même langue, écrit-il, tous les mots qui expriment des idées voisines se limitent réciproquement[3] » ; c'est dire qu'il n'existe pas de parfaite identité de signification entre deux synonymes, mais bien des nuances de sens.

Caractéristiques

Le profil de l'avant-propos comporte les traits suivants :

- c'est un écrit autonome qui a place en tête d'un ouvrage ;
- sa nature et son objet appellent un développement sobre, adéquat, adapté ;
- il est ordinairement rédigé par l'auteur.

---

2. Le GRLF ouvre des pistes de recherche en ce sens : il évoque l'ouvrage de l'abbé Girard, *Synonymes français* (Paris, Le Breton, 1769, t. I, « Préface », p. 9) ; il en appelle à *l'Éloge* que d'Alembert fait de ce dernier. On y relève ce bref extrait qui résume le propos : « La langue française n'a point de mots qui, dans toutes les circonstances possibles, puissent être substitués indifféremment l'un à l'autre. » (« Éloge de Girard », dans *Œuvres complètes de d'Alembert*, t. III, première partie, p. 361).

3. *Cours de linguistique générale*, publié par Charles Bally et Albert Sechehaye, avec la collaboration d'Albert Riedlinger, Paris, Payot, coll. « Études et documents Payot », 1969, p. 160.

En ce qui a trait au contenu, d'importance décisive pour le lecteur, l'avant-propos doit trouver sa raison d'être en l'un ou l'autre des justificatifs suivants :

- s'avérer nécessaire ou très utile à la mise en situation de l'ouvrage soit par rapport à l'ensemble des écrits de l'auteur, soit en référence à l'état de la recherche dans le domaine traité, soit en raison de problèmes en émergence ;
- offrir l'occasion de présenter les éléments les plus significatifs sur le thème principal de l'écrit, sur l'originalité de la problématique, sur les visées de la démarche ;
- comporter le dévoilement ou la mise en relief des circonstances particulières, voire inédites, qui ont été au principe de l'œuvre ou bien en étroite corrélation avec elle.

À côté du type général d'avant-propos, il existe des types particuliers. Retiennent l'attention, entre autres, l'avant-propos que signe le traducteur de l'ouvrage, ou le directeur d'une publication collective, ou encore le responsable d'une œuvre composée d'entretiens entre une personnalité dont la carrière fait l'objet du livre et l'intervieweur qui en assume la rédaction. Les caractéristiques générales de l'avant-propos s'y appliquent, sous réserve d'ajustements commandés par chaque cas ou par les circonstances entourant la publication.

Règles d'écriture

À titre d'écrit relevant de l'initiative de l'auteur, l'avant-propos est souvent rédigé à la première personne du singulier. Peut également avoir cours, l'emploi du « nous » de modestie : ce pronom sujet commande l'accord du verbe au pluriel, mais exige le singulier et l'accord en genre des adjectifs et des participes.

Un élément particulier, l'expression des remerciements, peut trouver place dans le texte de l'avant-propos. Souvent attesté, cet usage offre l'avantage de réduire le nombre des composantes liminaires du livre. Par ailleurs, la nature de l'écrit, l'importance de la rubrique ou quelque autre motif peuvent inciter à réserver un feuillet distinct aux remerciements d'usage.

Lorsque la nouvelle édition d'un livre justifie un avant-propos renouvelé, ce dernier a évidemment priorité sur l'original. L'un et l'autre sont intitulés en conséquence : *Avant-propos de la première édition*, *Avant-propos de l'édition de poche*, *Avant-propos 2006*. Les publications scientifiques, notamment les éditions critiques, reproduisent, le cas échéant, les avant-propos successifs de l'ouvrage et les références ou les données spécifiques de chacun.

Emplacement et pagination

L'avant-propos est inséré après la préface et, s'il y a lieu, après les remerciements, mais avant l'introduction proprement dite de l'ouvrage. L'avant-propos écrit par l'auteur n'exige pas de signature; il peut s'achever par l'indication du lieu et de la date de sa rédaction, ordinairement rejetée à la marge de droite.

À l'instar des autres pages liminaires, le texte de l'avant-propos porte un titre courant à partir de la deuxième page, soit le titre même de la partie. Il est alors paginé en chiffres romains ou en chiffres arabes, selon la pratique choisie pour le foliotage des feuillets préliminaires.

Il est à noter cependant que la tendance actuelle favorise la pagination continue — en chiffres arabes — de l'ensemble du volume.

Exemples

L'illustration en bonne et due forme de cette composante d'un ouvrage exigerait de reproduire intégralement les avant-propos choisis. À défaut, de larges extraits tirés d'avant-propos de nature différente essaient d'offrir un aperçu significatif de chacun.

– Avant-propos de type général rédigé par Michel Charles, auteur de *L'arbre et la source*[4].

> Que dit ce livre ? [...]
>
> Je suis parti des hypothèses suivantes: la littérature n'est que par une relation, que par le rapport que nous entretenons avec elle; et, pour réfléchir sur le sens de cette pratique, il est sans doute nécessaire de comprendre quelques mécanismes culturels fondamentaux: une société donnée a un certain nombre de textes qui garantissent son identité et dessinent son imaginaire; plusieurs types de rapports d'une société à ces

4. Paris, Seuil, coll. « Poétique », 1985, p. 11-13 *passim*.

textes, qui sont ses textes, sont envisageables ; on peut y voir la clef d'attitudes intellectuelles fondamentales. [...].

La première partie de ce livre est théorique et pose des formes idéales de différents discours secondaires (discours sur les discours) dont la combinaison me paraît pouvoir rendre compte et d'un certain nombre de partages méthodologiques et idéologiques et d'une dynamique intellectuelle. La seconde partie est historique ; elle étudie trois moments de notre histoire intellectuelle moderne sous l'angle du rapport à la littérature et, plus généralement, aux textes : la crise de la scolastique médiévale, l'équilibre fragile du système classique, la fondation d'une nouvelle scolastique à la fin du XIXe siècle et ses difficultés, qui sont les nôtres.

Sur la manière, une phrase seulement : ce préambule veut en être l'image ; il s'agit de proposer des instruments d'analyse dans la plus grande netteté possible, quitte à forcer un peu sur les hypothèses ; l'assertion, ici, ne dit pas l'assurance, mais le risque.

Quant au titre ?

La source est l'emblème du commentaire, qui se laisse porter par l'eau vive et remonte le flot en quête d'une origine, mais toujours s'aventure dans les emportements et les tourbillons du texte. L'arbre est l'emblème de la rhétorique, qui classe et divise, décrit et ordonne une vivante architecture où tout se tient et tout a une fonction : la branche, la feuille et le fruit. [...]

Il me plaisait que les deux objets de l'analyse fussent à la fois distincts et associés par le biais des métaphores. Allez savoir pourquoi.

– Avant-propos de la réédition d'écrits « regroupés » par l'auteur de l'ouvrage *Ce pays comme un enfant. Essais sur le Québec (1988-1996)*[5].

[...] Avant tout, et au risque de décourager aussitôt un certain lectorat, je dois avouer que je n'entretiens guère d'illusions quant à ce que l'on pourrait appeler la scientificité des textes ici réunis, dont le Québec constitue à tout prendre moins l'objet d'étude qu'il n'en est le présupposé récurrent. [...]

Aussi, le moment venu de regrouper ces essais, ai-je tenu à en respecter l'ordre chronologique de parution, [...] celui-ci m'apparaissant tel quel traduire, mieux qu'un ordre thématique par exemple, l'unité que je me crois fondé à revendiquer après coup pour des interventions pourtant ponctuelles, auxquelles n'a présidé nul plan d'ensemble. [...]

5. Serge Cantin, Montréal, L'Hexagone, coll. « La ligne de risque », 1997, p. 11-14 *passim*.

> En révisant ces essais pour la présente édition, je me suis surpris parfois à relever et à déplorer l'insuffisance d'une argumentation, à nuancer une position péremptoirement soutenue quelques années plus tôt, bref à me juger à distance. Mais [...], j'ai résolu de déroger le moins possible au sens initial, quitte à remanier fréquemment la lettre du texte pour en décanter l'esprit.
>
> [...] Je ne doute pas, au demeurant, que le lecteur prendra par lui-même le recul nécessaire et exercera, comme il se doit, son jugement critique.

– Avant-propos de Gabrielle Chamarat et d'Alain Goulet, directeurs de la publication des Actes d'un colloque sur le thème de *L'Auteur*[6].

> L'Auteur est une notion faussement simple. Même lorsqu'il déclare, en 1968, « la mort de l'auteur », Barthes ruse : l'auteur n'est pas mis à mort, mais se mue en sujet de l'écriture : « Dès qu'un fait est *raconté*, [...] la voix perd son origine, l'auteur entre dans sa propre mort, l'écriture commence. » Ce n'est pas bien différent de ce que consacrait l'épopée proustienne par exemple : l'avènement d'un auteur devenu voix, écriture, style.
>
> Si l'auteur disparaît, provisoirement, dans le travail de son écriture, c'est cependant l'œuvre, en tant que création originale, qui définit l'auteur. N'importe quel juriste le dira : point d'œuvre, point d'auteur. *Auctor*, il est étymologiquement celui qui augmente, fait croître, et aussi, en droit, le garant d'une vente, garant donc de cette œuvre que le génie humain a ajoutée à la création. Voilà qui nous renvoie à la problématique de l'auteur qui a fait l'objet du colloque [...]
>
> L'auteur dans tous ses états ou, comme la mariée, mis à nu, tel était à peu près le projet de ces entretiens qui ont constitué une étape importante d'une réflexion en cours [...]. Nous avons pris le parti de confronter des points de vue, des éclairages et des compétences fort divers au sujet de cet auteur-écrivain [...]. Sans doute prendra-t-on la mesure que l'Auteur, notion ou instance faussement évidente, demeure un insaisissable Protée.

– Avant-propos d'un ouvrage collectif (spécimen qui inclut les remerciements de circonstance) sous la signature de Marie-Odile Goulet-Cazé, assignée à la direction de la traduction française des textes[7].

---

6. Centre de recherche « Textes, histoire, langages », Université de Caen, Colloque de Cerisy-la-Salle (1995), Presses universitaires de Caen, 1996, p. 7.

7. Diogène Laërce, *Vies et doctrines des philosophes illustres*, sous la direction de Marie-Odile Goulet-Cazé, Paris, Librairie générale française, coll. « Classiques modernes », 1999, p. 5-7 *passim*.

La présente traduction couvre les dix livres des *Vies et doctrines des philosophes illustres* de Diogène Laërce. Elle s'appuie sur le texte grec de l'édition d'Oxford publié en 1964 par H.S. Long, seul texte complet qui se fonde sur la collation des trois manuscrits de base [...].

Face à l'ampleur de la tâche qui, au départ, nous avait été confiée [...], nous avons fait appel à plusieurs spécialistes, chercheurs et universitaires, qui, en fonction de leurs compétences et de leurs intérêts respectifs, se sont réparti le travail [...].

Les *Vies* de Diogène Laërce combinent le genre de la biographie et celui de la doxographie, d'où leur importance pour l'histoire de la philosophie antique. [...] c'est un texte difficile à traduire où s'enchevêtrent ajouts et digressions. [...] Nous avons essayé de respecter le plus fidèlement possible le texte grec et d'en expliquer, chaque fois que nous en étions capables, les obscurités. [...]

Je remercie tous les collaborateurs du projet, qui non seulement ont assumé leur propre part de travail, mais ont tous accepté de relire d'autres livres que ceux dont ils avaient personnellement la charge. [...] Quant à [celui] qui a harmonisé nos documents hétérogènes, en a assuré la mise en page finale et qui a compilé les index saisis par les différents collaborateurs, qu'il reçoive ici l'expression de notre reconnaissance collective.

Enfin, à notre collègue [...] qui, avec une grande générosité, a relu l'ensemble du manuscrit, je dis et redis notre dette. Grâce à lui, nombre de traits qui restaient énigmatiques ont pris sens ! Sa connaissance intime de la langue grecque et de la culture antique, tout comme son expérience de traducteur hors pair, nous ont ainsi évité à tous bien des erreurs.

En conclusion, il importe de rappeler que seul le parcours intégral de ces avant-propos — de types fort différents — permettrait d'apprécier leur qualité respective, leur valeur exemplaire, chacun en son genre. La longueur des extraits y supplée difficilement.

11 ▪ La préface

La préface, ou plus globalement l'activité préfacielle, s'offre comme un thème d'analyse aux contours incertains. Seuls les lexicographes se permettent — peuvent se permettre — d'enclore la notion complexe de « préface » dans une définition du type suivant : « Texte placé en tête d'un ouvrage pour le présenter et le recommander au lecteur, en préciser éventuellement les intentions ou développer des idées plus générales[1]. »

Cette entité dite *préface* est de tous les textes liminaires celui dont le statut est le plus radicalement miné par la controverse. De fait, la préface est indûment exploitée par les uns, vivement décriée par les autres, rarement présentée sous un jour favorable, plus rarement élaborée selon les règles de l'art. La charge est lourde. Et d'hier à aujourd'hui, les témoins se relaient pour l'alourdir à satiété entre XVIIe et XXIe siècle.

Boileau sonne l'alarme : « Un auteur à genoux, dans une humble préface, au lecteur qu'il ennuye, a beau demander grâce, il ne gagnera rien sur ce juge irrité, qui lui fait son procès de pleine autorité[2]. »

Kierkegaard renchérit, inexorablement : « [Les préfaces] sont longues ou courtes, hardies ou retenues, guindées ou négligées, anxieuses jusqu'au remords, osées jusqu'à l'insolence, frappées de cécité sur les faiblesses du livre ou parfois les voyant, ou les reconnaissant mieux que personne, donnant enfin un avant-goût de l'ouvrage, quand ce n'est pas un arrière-goût[3]. »

---

1. TLF, t. III, 1988, *s.v.* préface. — Il arrive que la matière préfacielle soit insérée par l'auteur en d'autres parties du livre : elle peut se dissimuler sous le masque d'une dédicace, se glisser dans l'avant-propos ou dans la conclusion.

2. Boileau, « Satire IX », dans *Œuvres complètes*, Gallimard, 1966, « Bibliothèque de la Pléiade », n° 188, p. 53.

3. Sören Kierkegaard [sous le pseudonyme de Nicolaus Notabene], « Préfaces », Copenhague, 1844, dans *Œuvres complètes*, Paris, Éd. de l'Orante, 1973, t. VII, p. 261.

L'écrivain Jorge Luis Borges, pour qui le livre est la « valeur suprême », se fait mordant ; il écrit : « La préface, la plupart du temps, hélas !, ressemble à un discours de fin de banquet ou à une oraison funèbre et elle abonde en hyperboles gratuites que le lecteur qui n'est pas dupe prend pour de simples clauses de style[4]. »

Et cette charge pourrait s'alourdir encore. Un auteur contemporain, Michel Pierssens, en donne le présage : « [...] le genre de la Préface en général, écrit-il, [...] est un genre sinistré. Je ne suis pas sûr qu'on puisse encore faire quelque chose pour le sauver[5]. »

Il demeure que l'histoire de la préface ne saurait se réduire à celle des critiques dont elle fut la cible ni à celle des griefs qu'on lui décoche volontiers. Il convient d'y jeter un autre regard à défaut d'en garantir la réhabilitation. La visée actuelle se situe en marge de la polémique. Elle a pour but de saisir la nature de la préface, puis d'en dégager la raison d'être et les fonctions ; elle ambitionne en outre d'esquisser la technique propre à ce texte liminaire sous forme d'indications qui en valorisent la teneur, sous forme d'exemples qui en illustrent l'écriture.

Nature de la préface moderne

Pratique liée à l'existence du texte imprimé (XVIe siècle), la préface moderne se distingue de toute forme de préface intégrée au texte proprement dit et faisant corps avec lui : elle constitue une entité autonome, différente de l'avant-propos et, fort heureusement, toujours facultative.

Son statut est celui d'un discours, d'un « énoncé dans lequel quelqu'un s'adresse à quelqu'un ». S'y entremêlent souvent des données concernant l'auteur, la genèse de l'œuvre, les circonstances de sa rédaction, sa portée spécifique. Quel est le « quelqu'un » qui s'adresse à l'éventuel lecteur ? La question admet plus d'une réponse.

- Le signataire de la préface peut être l'auteur du livre : c'est le cas le plus largement attesté au cours de l'histoire ; progressivement, cette façon de faire est devenue plus rare ; aujourd'hui, elle est très rare, voire rarissime.

4. *Livre de préfaces*, traduit de l'espagnol par Françoise Rosset, Paris, Gallimard, 1980, p. 12.

5. « Les malheurs de la Préface », dans *Études françaises*, vol. 24, n° 1, 1988, p. 112.

- Selon l'usage le plus courant, le signataire de la préface est une autorité reconnue dans le domaine dont relève l'ouvrage ou bien auquel il apporte une contribution.
- À titre exceptionnel, lorsque l'écrit comporte une action et des personnages, l'auteur peut juger bon de confier symboliquement à l'un d'eux la signature de la préface.
- Enfin, le signataire de la préface peut être toute personne ayant quelque titre en regard de l'auteur du livre, du sujet traité, des circonstances de la publication, etc.

Fonctions de la préface

La préface vise essentiellement deux buts : susciter l'intérêt du lecteur ; lui permettre d'accéder au contenu de l'ouvrage de la façon la plus adéquate possible. Les perspectives qui s'offrent à cet égard sont multiples et infiniment variables selon les disciplines en cause, le genre littéraire ou scientifique du document, la personnalité de l'auteur. Il importe donc de mettre en œuvre les moyens adaptés en conséquence, moyens qu'on ne peut évoquer que sommairement.

Les motifs favorables à une lecture satisfaisante du livre peuvent tenir à la valorisation de l'œuvre sous les chefs suivants : importance du sujet, excellence de la méthode, originalité de l'approche, aspects inédits de la démarche, apport significatif de l'écrit. Bref, une valorisation objective de l'ouvrage et, indirectement, de l'auteur.

À cet égard, l'usage actuel prend ses distances par rapport à la tradition : le propos valorisant s'estompe ; les mots pour le dire se font plus réservés ; mieux encore, la valorisation demeure implicite, la priorité étant mise sur le contenu ou la substance de l'écrit. Ce type de préface est une porte d'accès à la pensée de l'auteur, une source d'information qui déborde le cadre du texte préfacé, une forme de critique latérale qui situe le texte dans le champ plus vaste du sujet traité.

Dans le cas d'un ouvrage collectif, la préface peut remplir une véritable fonction éditoriale en étant principe unificateur de la diversité des textes, en situant l'ouvrage à un niveau qui transcende la somme de ses parties. La préface développée dans cette optique n'a rien d'un résumé de livre ni d'un panégyrique d'auteurs.

En bref, dans tous les cas, une préface consistante et bien structurée a chance d'aiguiser l'intérêt du lecteur et de servir les intérêts de l'éditeur. En d'autres mots, une préface engageante, donc réussie, a chance de prémunir l'ouvrage contre le mauvais sort évoqué en ces termes par l'écrivain Malcolm Lowry: « J'aime les préfaces. Je les lis. Parfois, je ne vais pas plus avant[6]. »

Dans une perspective axée sur la pratique, il convient d'illustrer les types majeurs de préfaces, selon qu'elles portent ou non la signature de l'auteur de l'ouvrage.

Préfaces d'auteur ou auctoriales

Dans le premier cas, celui des préfaces d'auteur, le choix s'arrête d'abord à Descartes, auquel il revient d'avoir fixé à maints égards la forme classique du genre.

Une préface de Descartes – Cette préface témoin présente une figure originale. Elle se trouve en tête de l'édition française des *Principes de la philosophie*, sous le titre « Lettre de l'auteur à celui qui a traduit le livre, laquelle peut ici servir de préface ». Descartes s'en explique auprès de son traducteur, donnant par là sa propre conception de la préface:

> J'appréhende [...] que le titre n'en rebute plusieurs [...] et cela me fait croire qu'il serait bon d'y ajouter une préface qui [...] déclarât quel est le sujet du livre, quel dessein j'ai eu en l'écrivant, et quelle utilité on en peut tirer. Mais encore que ce serait à moi de faire cette préface, à cause que je dois savoir ces choses-là mieux qu'aucun autre, je ne puis rien obtenir de moi-même sinon que je mettrai ici en abrégé les principaux points qui me semblent y devoir être traités; et je laisse à votre discrétion d'en faire telle part au public que vous jugerez être à propos.

Or c'est la lettre de Descartes à son traducteur, la lettre tout entière, qui sera publiée en tête des *Principes de la philosophie*.

Cette préface établit d'abord la relation entre le titre et le texte, à savoir que la philosophie, étude de la sagesse, est nécessairement une connaissance déduite [...] des principes. Elle expose ensuite avec force développements la relation entre l'auteur et le texte; c'est ce que Descartes nomme son « dessein ». Enfin, elle décrit le rapport entre le lecteur et le texte, c'est la démonstration exhaustive de l'utilité de l'ouvrage. De là suit l'invitation à parcourir le livre, invitation qui

---

6. *Au-dessous du volcan*, Paris, Gallimard, coll. « Folio », n° 351, 1959, p. 21.

s'accompagne d'un « avis » touchant la manière de faire, soit le parcourir « d'abord tout entier ainsi qu'un roman » ; le relire une deuxième fois, plume à la main ; puis, une troisième fois, voire une quatrième, s'il en est besoin.

Compte tenu du fait que les variations ultérieures en matière de préface relèvent surtout de choix circonstanciels et non d'une réelle évolution du genre, l'exemple cartésien trouve écho au chapitre des fonctions de la préface moderne. Toutefois, cela ne dispense pas de considérer une préface plus récente. S'offre comme un exemple de choix, la très belle préface qu'avait rédigée Albert Camus pour introduire *Le Malentendu* : préface non datée, retrouvée dans ses archives[7].

Une préface d'Albert Camus – L'auteur s'applique à révéler la vraie nature de son œuvre, à exposer les circonstances difficiles alors vécues, à préciser leur impact sur l'ouvrage et surtout à mettre en relief la fine pointe de l'écrit, sa visée ultime, celle que doit saisir le lecteur.

D'entrée, il déclare : « *Le Malentendu* est certainement une pièce sombre. » Il fait ensuite la description du contexte d'écriture qui explique ce fait, une description bellement résumée en quelques mots : « Elle porte les couleurs de l'exil. » De là suit une justification de l'œuvre qui oriente l'interprétation du lecteur sans s'imposer à lui : « Mais je ne crois pas qu'elle soit une pièce désespérante. » Puis, au cœur même de ce texte préfaciel, qui compte moins de vingt lignes, s'inscrit la visée première et dernière de l'écrit, son ouverture à un espoir fondé sur ce que Camus appelle le « dire vrai » :

> *Le Malentendu* tente de reprendre dans une affabulation contemporaine les termes anciens de la fatalité. C'est au public à dire si cette transposition est réussie. Mais la tragédie terminée, il serait faux de croire que cette pièce plaide pour la soumission à la fatalité. Pièce de révolte, au contraire, elle pourrait même comporter une morale de la sincérité.

La suite n'est que l'explicitation sobre et brève de cette assertion fondamentale. Et la préface s'achève sur ces mots : « [si l'homme dit vrai], il mourra sans doute, mais après avoir aidé les autres et lui-même à vivre ». C'est la confirmation de l'énoncé de départ sur le sens de l'œuvre : « je ne crois pas qu'elle soit une pièce désespérante ».

7. Albert Camus, *Théâtre, Récits, Nouvelles*, Gallimard, « Bibliothèque de la Pléiade », nº 161, 1963, p. 1785.

Préfaces allographes

À côté de la préface d'auteur s'impose à l'attention la préface qui porte la signature d'un autre que l'auteur : la préface dite *allographe*. Ce type de préface remonte au milieu du XVIe siècle ; toutefois sa période faste se situe au XIXe siècle et les exemples choisis sont du XXe.

Une préface de Roland Barthes – Il s'agit de la préface à l'ouvrage de François Flahault, *La parole intermédiaire*[8]. Elle est considérée comme exemplaire ; mieux encore, elle est qualifiée de « véritable petit organon de la préface allographe[9] ».

Le texte de Barthes se développe en quatre longs paragraphes couvrant plusieurs pages ; on en retient d'abord le premier qui traite justement du *préfacier* et par ricochet de la préface elle-même :

> J'imagine volontiers que le rôle du préfacier consiste à énoncer ce que l'auteur ne peut dire, par pudeur, modestie, discrétion, etc. Or, en dépit des mots, il ne s'agit pas là de scrupules psychologiques. Un auteur peut certes dire « je », mais il lui est difficile, sans susciter quelque vertige, de commenter ce *moi* par un second « je », forcément différent du premier. [...] le préfacier, agissant comme une voix seconde, entretient avec l'auteur et le public un rapport de parole bien particulier, en ce qu'il est ternaire : préfacier, je désigne l'une des places où j'aimerais beaucoup que François Flahault fût reconnu par un tiers, qui est son lecteur. Ce faisant, j'illustre d'une façon topique la théorie qui est défendue dans ce livre : la préface est en effet l'un de ces actes « illocutoires » dont notre auteur se fait ici l'analyste[10].

Après cette phrase clé qui introduit à l'ouvrage, Barthes prolonge l'exposé, accompagnant ainsi le lecteur à travers une synthèse qui situe l'œuvre préfacée en contexte interdisciplinaire. Le début du dernier paragraphe résume l'analyse à laquelle il s'est appliqué et résume en même temps l'apport exemplaire de cette préface :

---

8. Paris, Seuil, 1978, p. 7-10 : « Préface » de Roland Barthes.

9. Gérard Genette, *Seuils*, coll. « Poétique », 1987, p. 253. *Organon* est entendu au sens d'instrument, d'outil.

10. Le terme *topique* est employé au sens didactique suivant : « Qui se rapporte exactement au sujet dont on parle » ; par ailleurs « tout acte de parole réalisant ou tendant à réaliser l'action dénommée » est qualifié d'illocutoire. (J. Dubois *et al.*, *Dictionnaire de linguistique*, Paris, Larousse, 1973, p. 250, *s.v.*)

> Une recherche n'est intéressante (soyons précis : n'a de valeur publique, ne mérite le livre) que si elle implique et fait deviner une *vision ;* car c'est par la vision qu'elle cesse d'être une simple technique et prend place dans l'Histoire, c'est-à-dire dans le flux des morts et des résurrections. L'*homme parlant* que décrit François Flahault est un sujet dialectiquement libre et contraint. [Le travail de l'auteur] exprime bien l'enjeu du moment : « passer [...] à une topologie des paroles ».

La préface de Barthes s'achève par le rappel des différentes « visions » de l'homme : celle des moralistes classiques et celle des romanciers, puis la vision de la phénoménologie et celle de la psychanalyse dans le mouvement desquelles se situent François Flahault et son livre, *La parole intermédiaire*. C'est une préface qui conduit au-delà du texte : elle interpelle le lecteur, elle l'invite à parcourir l'ouvrage ; elle renseigne sur l'essence d'une préface, sur l'ineffable puissance de la parole.

Une préface d'Emmanuel Le Roy Ladurie – La seconde préface allographe retenue comme exemple date de 1999. Son mérite premier est de n'être pas non plus un résumé du livre, mais une source d'information présentée au lecteur comme un éclairage d'accompagnement, comme un chemin menant au cœur de l'œuvre. Sous la signature de Le Roy Ladurie, historien de notoriété internationale, cette préface prend la forme d'un itinéraire qui révèle, sans la décrire, l'intention profonde de l'ouvrage d'Erato Paris, *La genèse intellectuelle de l'œuvre de Fernand Braudel*[11].

Cette préface s'étale comme un substrat pétri d'une vaste culture et d'une riche connaissance du sujet traité, substrat qui donne au livre préfacé un supplément d'être. Témoin à qui rien de ce que relate l'ouvrage d'Erato Paris n'est étranger, le préfacier devance le lecteur, il s'en fait tantôt le compagnon, tantôt le guide, mais sans jamais se substituer à l'auteur du livre ni à l'œuvre de l'auteur. Pour l'auteur de l'ouvrage, « historienne d'origine grecque », le préfacier est caution indéfectible ; judicieux critique ; maître élogieux, sans flagornerie. À cela s'ajoute le fait que cette préface est écrite d'une plume alerte, harmonieuse et teintée de poésie, à l'occasion.

---

11. L'ouvrage porte en sous-titre *La Méditerranée et le monde méditerranéen à l'époque de Philippe II (1923-1947)*, Athènes, coll. « Institut de recherches néo-helléniques », n° 73, 1999.

Préface modèle ou préface repère : c'est une préface qui informe, qui met en relief la valeur du livre, qui en décuple la portée. C'est une préface qui se lit deux fois plutôt qu'une ; mais surtout qui se transforme en incitatif à parcourir la genèse intellectuelle de l'œuvre du célèbre historien Braudel, œuvre retracée par une historienne de talent que Le Roy Ladurie honore d'un immense crédit et qu'il recommande à tous, spécialistes ou non.

Emplacement de la préface

Étant donné l'étymologie du mot *préface* [*pré-*, avant] et la logique que commande cette étymologie, il semble aller de soi que la préface se trouve en début d'ouvrage, immédiatement après la page de titre et toujours avant l'introduction, qui est directement liée au propos du livre.

Cet emplacement souligne le caractère paradoxal de la préface : rédigée au moment où l'ouvrage est achevé, elle parle au présent pour régler l'avenir d'un livre écrit avant elle, et dont elle revendique une place sur les feuillets de tête.

Justification de la préface

Quels critères justifient la présence de la préface ? mais faut-il une préface dans tous les livres ? Une réflexion dont la source est une préface oriente — subtilement — vers une certaine réponse : « J'ai toujours l'impression, écrit le préfacier Eliot, que les quelques livres qui valent la peine d'être préfacés sont précisément ceux qu'il est impertinent de préfacer[12]. »

Le propos tend vers la négative, mais la réponse n'est pas carrément négative. En nuançant quelque peu, il est permis de comprendre que certains livres peuvent s'accommoder d'une préface ; d'autres, non. Renforçant la nuance, il semble loisible d'ajouter : « Il est des livres qui peuvent tirer avantage d'une préface. » Dans cette perspective s'offre au choix « réfléchi » de l'auteur l'une ou l'autre des options décrites ci-après.

---

12. Thomas Stearns Eliot, signataire de la préface du livre *Le Bois de la nuit* de Djuna Barnes, traduit de l'américain par Pierre Leyris, Paris, Seuil, 1937, p. 9. En réalité, cette préface est intitulée « Introduction ».

Première option : Renoncer à toute préface. Suivre en cela le conseil de Voltaire : « C'est à votre livre à parler pour lui, s'il parvient à être lu[13]... » Ou bien, modernité oblige, s'inscrire à l'école de Jacques Derrida qui, au terme d'une longue analyse, conclut plus ou moins explicitement à la non-pertinence de la préface par rapport à l'ouvrage auquel on la destine[14].

Deuxième option : Préfacer soi-même son livre. Hypothèse exceptionnelle qui pourrait s'avérer utile pour présenter un ouvrage-événement dans la carrière de l'auteur ; ou bien, encore, qui s'imposerait pour lancer un écrit polémique, une œuvre-choc, dont la préface tiendrait lieu de manifeste.

Troisième option : Solliciter une préface. C'est une hypothèse communément retenue. L'éventualité exige cependant la prise en compte d'un impératif : que l'ouvrage soit — à un degré variable, mais vérifiable — à la hauteur du parrainage littéraire, scientifique ou idéologique sollicité, souhaité.

Ce dernier trait offre l'occasion de mettre au ban les préfaces sollicitées par courtoisie, abstraction faite de la compétence (en la matière) de l'éventuel préfacier : le milieu administratif pratique volontiers ce genre de préface.

En toute hypothèse et en toutes circonstances, il est bon de tenir ou de retenir que la finalité de la préface n'est pas d'abord l'apologie de l'auteur ; c'est l'ouvrage préfacé qui est en cause. Et l'expérience séculaire, qui trompe rarement, atteste que la qualité de l'œuvre et la compétence de l'auteur se révèlent — ou non — au fil de la lecture : le dire élogieux de la préface n'y change guère ; et souvent, n'y change rien.

---

13. *Œuvres complètes de Voltaire*, Paris, Garnier Frères, 1878, [t. XVII], dans *Dictionnaire philosophique I*, p. 498, *s.v.* Auteurs.

14 « Hors livre, préfaces », dans *La dissémination*, Paris, Seuil, coll. « Tel Quel », 1972, p. 9-67.

12 ▪ La présentation

Ouvert à de multiples acceptions, utilisé en plusieurs domaines, le terme *présentation* figure dans la série des titres désignant une composante éventuelle du livre. De l'analyse des définitions de ce mot, il ressort que *présentation* conserve alors le sens général suivant : « Texte servant à introduire un sujet ». Est-ce à dire qu'il serait loisible d'employer l'un pour l'autre les vocables *présentation* et *introduction* ? Non. Vraiment pas.

De soi, l'introduction est étroitement liée au propos même du livre ; elle constitue une véritable entrée dans le traitement du sujet. De son côté, la présentation concerne le livre d'une façon générale et non l'objet spécifique que celui-ci étalera au fil des pages. Par ailleurs, la présentation a des similitudes avec l'avant-propos et la note liminaire, alors que l'introduction s'en distingue. Il suit de là que présentation, avant-propos et note liminaire peuvent servir des fins analogues ; présentation et introduction ont chacune des finalités propres.

Le parallèle établi ci-dessus est l'argument de départ pour fonder le caractère distinct de la présentation par rapport à l'introduction. Un second argument repose sur l'observation de l'usage, usage illustré par de nombreux exemples.

Ouvrage didactique – S'offre d'abord la *présentation* qui donne accès à des ouvrages didactiques. En règle générale, cette présentation décrit les objectifs du document, identifie les destinataires auxquels il s'adresse en priorité, mentionne ou explicite la méthode choisie et les ressources particulières du livre.

> Exemple : Jocelyn Létourneau, *Le coffre à outils du chercheur débutant. Guide d'initiation au travail intellectuel*[1]. « Présentation », p. viii-xi.

1. Toronto, Oxford University Press, 1989.

Édition critique – Constitue un type important de *présentation*, l'exposé préalable à l'édition critique d'une œuvre. Le propos de cet écrit scientifique peut toucher l'établissement du texte, l'état des manuscrits, leurs rapports avec d'autres écrits de l'auteur ou avec l'ensemble de sa production, toute autre donnée pertinente en la matière, laquelle est nécessairement variable d'un cas à l'autre.

Exemple : Hubert Aquin, *Journal 1948-1971*, édition critique établie par Bernard Beugnot avec la collaboration de Marie Ouellet[2]. « Présentation », p. 15-37.

Ouvrage collectif – S'inscrit sur la liste des attestations exemplaires la présentation d'ouvrages dont le sujet est traité à l'occasion de congrès, de conférences nationales ou internationales ou d'autres événements similaires. Trois ouvrages mentionnés ci-dessous illustrent ce genre de présentation ; un bref commentaire suit la mention de chacun d'eux.

Premier exemple : *Penser par lettre*[3], sous la direction de Benoît Melançon. « Présentation », p. 7-12.

L'auteur de la présentation situe les travaux de chercheurs réunis en colloque en vue de répondre à la question « Peut-on penser par lettre ? ». Le colloque devait servir de « forum de réflexion sur les rapports entre une forme d'écriture (la lettre) et le travail de la pensée, cela au fil des siècles, dans des espaces différents, sous des contraintes variables ». Le présentateur explique ensuite le mode de regroupement des textes en trois sections : « Penser le social : la médiation épistolaire », « La République des lettres », « Une pensée duelle ». Une brève explicitation de chacune des parties complète la présentation.

Deuxième exemple : Odile Jacob, éditeur, *Promesses et menaces à l'aube du XXIe siècle. Conférence des lauréats du prix Nobel à Paris* (18-21 janvier 1988)[4]. « Présentation », p. 7-14.

---

2. Bibliothèque québécoise [BQ], 1999.
3. *Actes du colloque d'Azay-le-Ferron* (mai 1997), Fides, 1998. — Est à noter le fait que la dernière page de la présentation est réservée à la mention de crédits et de remerciements.
4. Textes recueillis et présentés par l'éditeur, Paris, Odile Jacob, 1988.

Le paragraphe final de la présentation récapitule le propos et la tâche que se sont assignée les participants de cette rencontre « insolite », selon l'expression même de l'éditeur, soit : « Prendre la mesure des horreurs et des menaces sans pour autant condamner notre siècle, mettre en évidence les forces positives pour mieux les utiliser contre la barbarie et l'inhumanité. »

Troisième exemple : *Fernand Dumont. Un témoin de l'homme*[5], entretiens colligés et présentés par Serge Cantin. « Présentation », p. 9-15.

Cette présentation est un exposé méthodique de l'œuvre de Fernand Dumont et des tâches auxquelles sont appelés l'auteur du livre et ses lecteurs. Ces quelques lignes en suggèrent la nature :

> Le volume est divisé en quatre parties [...]. À travers les six chapitres qui [...] composent [la première partie], le lecteur est convié à suivre les principales étapes du cheminement personnel et intellectuel de Dumont et à découvrir comment, à partir de quelles zones plus obscures de sa recherche, sont nées les idées maîtresses autour desquelles s'est cristallisée sa pensée. Les trois autres parties correspondent à des foyers de réflexion dumontienne qui sont comme autant de défis qu'elle nous adresse : la foi et la religion ; l'éthique et la politique ; la société québécoise (p. 14).

Réédition d'écrits épars – Une présentation d'un caractère particulier introduit la réédition d'écrits qui se trouvent en divers lieux ou documents, selon les circonstances du parcours d'un penseur, d'un professeur, d'un auteur réputé.

Exemple : Marie-Dominique Chenu, o.p., *La Parole de Dieu*, t. I, *La Foi dans l'intelligence ;* t. II, *L'Évangile dans le temps*[6]. « Présentation », p. 7-8 et p. 7-11.

La présentation de chacun de ces volumes est un excellent exemple, un modèle du genre. En quelques pages, l'auteur expose les fruits d'une longue réflexion théologique qui a fait l'objet de publications d'autorité, disséminées ici et là au fil de sa carrière. La synthèse très dense que constituent les « présentations » est en quelque sorte une nouvelle pièce de son œuvre.

---

5. Montréal, L'Hexagone, coll. « Entretiens », n° 7, 2000.
6. Paris, Cerf, coll. « Cogitatio fidei », n° 10, 1964, 416 p. ; n° 11, 1964, 704 p.

Autres genres – La mention d'autres exemples de présentation, dont la source échappe au critère de classification adopté, complète et enrichit la liste des spécimens.

– Est particulièrement original le recueil de sentences intitulé *Le Livre de la Sagesse nègre*[7]. La présentation de l'auteur ne l'est pas moins. Introduite par un exposé succinct sur la civilisation africaine, elle décrit l'objectif de l'auteur : « Prouver, une fois de plus, la profonde unité de la race humaine. »

– Est également exemplaire la « Présentation par Pierre Emmanuel » du recueil d'Anne Hébert, *Le Tombeau des rois*. Il s'agit d'une page remarquable qui s'étale en beauté depuis les premiers mots : « Il y a une solitude de la poésie. [Celle] d'Anne Hébert en est peut-être l'un des témoins les plus irrécusables », jusqu'à ces derniers mots : « On peut faire l'expérience des déserts de l'âme [au] Québec aussi bien qu'en Arabie pétrée[8]. »

– Est digne de mention comme modèle à plus d'un titre, la présentation du premier numéro des cahiers *Questions de culture*[9]. Sous la signature de Fernand Dumont, directeur de la publication, le texte agence en l'unité d'un même écrit la genèse de l'Institut québécois de recherche sur la culture, l'exposé des idées directrices qui motivent et orientent ces chercheurs, la justification du thème de la première livraison : « Cette culture que l'on appelle savante ».

– Entre dans la même catégorie la présentation placée en tête d'un numéro de revue axé sur un thème. La publication *Études françaises* en contient plusieurs exemples, dont « Internet et littérature : nouveaux espaces d'écriture ?[10] ». La signataire de la présentation, Régine Robin, décrit le propos des divers auteurs d'articles ; en particulier, elle développe la notion d'hypertexte (écriture non séquentielle) et en évalue l'importance par rapport au livre.

---

7. *Sentences exemplaires* recueillies par Elian-J. Finbert, présentées par René Maran, Paris, Robert Laffont, 1950, p. 11-20.

8. Dans *Œuvre poétique 1950-1990*, Montréal, Boréal, coll. « Boréal compact », nº 40, 1993, p. 9-11.

9. *Questions de culture*, [vol. I, nº 1], Ottawa, Leméac, 1981, p. 9-11.

10. Régine Robin, « Présentation », dans *Études françaises*, vol. 36, nº 2, 2000, p. 5-9.

Règles d'écriture

Les règles d'écriture suivantes s'appliquent généralement à ce type d'écrit. Des dispositions particulières ont cours dans le cas de certaines collections.

– La présentation commence sur la première belle page qui suit la page de titre, étant sauve la priorité accordée à la préface et, éventuellement, à d'autres textes liminaires.

– Le titre « présentation » peut être d'une taille légèrement supérieure à celle du texte de la présentation, lequel ne diffère pas du corps principal du livre[11].

11. L'italique peut être substitué au romain en vue de marquer la disjonction entre l'une ou l'autre des composantes liminaires du livre et le corps de l'ouvrage. Généralement appliquée avec parcimonie, cette mesure relève de la mise en page éditoriale.

La matière

Pour évoquer la richesse de sens du terme *matière* dans le présent contexte, il faut se reporter à la racine latine de ce mot : *materia*, puis en retrouver l'histoire. Terme de la langue rustique qui signifie proprement « substance dont est faite la *mater* », le tronc de l'arbre, *materia* désigne en effet la partie dure de l'arbre, par opposition à l'écorce et aux feuilles.

Le mot *matière* est d'abord apparu en français avec la valeur concrète de « substance dont est faite une chose » ; dès le XIIe siècle, il avait emprunté au latin ses sens abstraits recouvrant l'« idée d'objet, point de départ ou d'application de la pensée » ; ainsi, vers 1125, il désigne « le sujet d'un ouvrage » et, sur cette voie, il conduit directement au propos en cours.

En effet, on reconnaîtra sans peine que « les préliminaires » — objet de la première partie du présent ouvrage — jouent le rôle d'une « entrée en matière » ; que la substance, le corps même d'un livre, dont traitera la deuxième partie, en est « la matière » ; que cette matière sera schématisée dans ce qu'on nomme justement la « table des matières ».

13 ▪ L'introduction

La définition adéquate de cette partie d'un livre ne va pas de soi, du moins pour qui souhaite dégager cette définition de l'analyse de spécimens d'introduction représentatifs. Cette assertion repose sur le constat suivant : certaines introductions sont nommées préfaces, d'autres prennent figure d'avant-propos, d'autres encore s'avèrent des discours inclassables.

L'introduction n'est pas une préface. Du point de vue de la communication, la préface est logiquement extérieure au discours de l'ouvrage, alors que l'introduction lui est intérieure : celle-ci présente le sujet et fait corps avec lui.

Dans l'introduction, c'est l'auteur, historien, scientifique, philosophe ou littéraire, qui amorce le livre projeté, qui en situe les éléments principaux pour lui-même et pour son lectorat éventuel. Dans le cas de la préface rédigée par l'auteur, il peut s'agir, par exemple, d'une parole qui engage une polémique et qui en évoque l'argumentaire. Toutefois, plus communément, la préface porte la signature d'un autre que l'auteur : autorité en la matière ou personnalité choisie à un autre titre.

L'introduction n'est pas davantage un avant-propos, même si ce dernier est parfois défini comme une « courte introduction ». En regard du développement du sujet, l'avant-propos est un discours préalable qui peut véhiculer des éléments divers, selon les objectifs et les intentions de l'auteur. Ainsi l'avant-propos peut décrire les circonstances de l'étude, donner un aperçu de la méthode adoptée, ouvrir des perspectives sur le champ disciplinaire, permettre l'expression de remerciements. En revanche, l'introduction, de longueur variable, est axée sur le thème majeur de l'ouvrage : elle trace la route vers le cœur du sujet. Par son contenu, elle est liée au développement même de celui-ci en lequel elle trouve sens et finalité.

Que l'introduction n'ait rien d'un discours inclassable devrait être une évidence. La démonstration amorcée en témoigne ; la définition du terme apportera à cet égard un complément approprié. Passant en revue les acceptions que le mot *introduction* a prises successivement entre le XIIIe et le XVIIIe siècle, le *Dictionnaire historique de la langue française* consigne, en finale, la description suivante : « Du sens de "préambule" vient celui plus large et devenu courant de "texte préliminaire et explicatif à la tête d'un ouvrage" » ; le lexicographe situe au début du XVIIIe siècle (1726) la première attestation écrite du mot utilisé en ce sens.

À peu de nuances près, le *Grand Robert de la langue française* reprend cette définition en y ajoutant la remarque suivante : « l'introduction est plus étroitement liée au sujet, [elle est] plus didactique que la préface ». Pour sa part, le *Grand Larousse de la langue française* enregistre une observation analogue, mais sous la forme d'un simple exemple.

Le modèle choisi à titre d'illustration est emprunté à l'ouvrage intitulé *Questions de rhétorique. Langage, raison et séduction*, dont l'auteur, Michel Meyer, s'impose comme un théoricien de la discipline[1]. Exceptionnellement, en l'occurrence, cette introduction comporte un titre qui campe en trois mots la visée de l'œuvre, soit « La modernité comme réalité rhétorique ».

Brève et concise, cette introduction est rigoureusement axée sur le sujet du livre. Didactique avant tout, elle pose le problème en ces termes : « La rhétorique renaît toujours lorsque les idéologies s'effondrent. » À partir de ce constat, étayé par une description succincte des moments « rhétoriques » que sont la Démocratie athénienne, la Renaissance italienne et la Modernité actuelle, l'auteur dénonce l'usage ambivalent, toujours possible, de la rhétorique.

Celle-ci, résume-t-il, s'offre comme un « instrument démoniaque » qui instaure « les artifices du langage » et « les fausses pensées », ou bien, à l'opposé, s'avère un « antidote [aux] abus de langage » et aux « fermetures idéologiques ». Au terme de l'analyse de la pensée contemporaine, l'auteur affirme que toutes les sciences humaines ont été

1. Paris, Librairie générale française, coll. « Livre de poche », 1989, « Introduction », p. 7-11.

« marquées par la condition rhétorique »; puis, il se demande : « Mais qui a raison, qui a la “bonne” conception de la rhétorique ? Le droit, la sémiotique, la science cognitive et la psychologie, la théorie littéraire, ou encore, la logique argumentative ? »

Sa réponse démontre que l'introduction qu'il développe est un modèle. Il poursuit : « en raison du rôle crucial et généralisé de la rhétorique dans les démocraties contemporaines, il devient urgent de revenir à ses sources, à ses fondements, à son unité. Tel est le but que se propose cet ouvrage ». Renouant avec l'intitulé de départ, il complète le tout au fil de ce paragraphe synthèse qui clôt l'introduction :

> Qu'on le veuille ou non la rhétorique s'est insinuée peu à peu dans notre esprit en envahissant le réel quotidien de ses multiples formes, et même de ses contraintes, modifiant nos façons de penser et de déchiffrer la réalité. Plus que jamais, pour s'en défendre ou simplement pour comprendre ce qui tisse notre modernité, la question de l'unité et du fonctionnement du discours dans les multiples rapports qu'entretiennent les hommes entre eux comme à leurs valeurs se doit d'être posée, expressément et systématiquement.

Quelques types d'introduction

En un second temps, le processus d'illustration évoque d'autres exemples présentés plus succinctement, mais représentatifs chacun en son genre.

Introduction couvrant plusieurs chapitres – D'une conception particulière, ce type d'introduction se justifie notamment lorsque l'auteur doit d'abord expliciter des données essentielles au traitement du sujet ou de la théorie qui fait l'objet de l'étude. Ainsi, Ferdinand de Saussure consacre sept chapitres à l'introduction de son *Cours de linguistique générale*[2]. De même, Michel Despland, auteur du livre *Les hiérarchies sont ébranlées. Politiques et théologies au XIXe siècle*, développe en trois chapitres une introduction de caractère sociologique qui conditionne et sous-tend la compréhension de l'ensemble de l'écrit[3].

---

2. Paris, Payot, 1962, « Introduction », chap. I-VII, p. 13-61.
3. Fides, coll. « Héritage et projet », n° 61, 1998, « Introduction. Croyance en Dieu, mœurs et morale aux lendemains de la Révolution », p. 11-66.

Introduction à un dictionnaire spécialisé – Ce type d'ouvrage commande un exposé scientifique et technique de l'objet, une explicitation de la problématique considérée, une délimitation de l'ampleur du développement. Les auteurs du *Dictionnaire encyclopédique des sciences du langage*[4] présentent une telle introduction: « Le titre de cet ouvrage, concluent-ils, comporte deux particularités, qui répondent à deux options fondamentales que nous nous devons d'expliquer ici: le pluriel de sciences, le singulier de langage. » La démonstration présentée illustre la qualité de cette introduction.

Introduction à un ouvrage collectif – Ce type d'ouvrage peut être un recueil constitué des actes d'un colloque ou d'un congrès, ou encore d'une série de conférences regroupées sous un thème qui englobe les communications particulières. Le schème le plus courant d'une introduction de ce genre se limite à une nomenclature des sujets, assortie de brefs commentaires; cette simple énumération du contenu ne suscite généralement qu'un faible intérêt.

En revanche, il est des cas qui présentent une vue originale et exhaustive de la question traitée. Le schème développé ouvre alors des perspectives qu'aucune des communications ne saurait offrir à elle seule, mais que l'ensemble a charge de déployer et d'étayer. Il en est ainsi de l'introduction aux Actes du colloque international de Clermont-Ferrand, *Le point final*, présentés par Alain Montandon. Témoignant d'une vaste culture littéraire et philosophique, l'auteur apporte au lecteur une touche d'inédit que ne suggère pas spontanément le sujet en question. Il trace ainsi un chemin d'accès original aux exposés qui composent l'ensemble de l'ouvrage[5].

Introduction à une œuvre traduite – L'introduction que signe le traducteur d'un ouvrage peut être une précieuse ressource pour le lecteur qui connaît peu l'auteur ou son œuvre. L'introduction de Roger Asselineau à l'œuvre du poète Whitman (1819-1892), *Leaves of Grass*,

4. Oswald Ducrot et Tzvetan Todorov, Paris, Seuil, 1972, « Introduction », p. 7-12.

5. *Le point final*, Actes du colloque international de Clermont-Ferrand, coll. « Faculté des Lettres et Sciences humaines », nouvelle série, fasc. nº 20, 1984, « Introduction », p. 5-9.

dont il assume la traduction, illustre ce cas[6]. Il esquisse d'abord une biographie sommaire de l'auteur; puis, avec sensibilité et justesse, il trace un portrait émouvant de l'artiste qu'il situe hors du commun dans l'histoire et devant l'histoire:

> De son vivant, écrit-il, Walt Whitman fut ou bien porté aux nues et considéré comme l'égal d'Homère et de Shakespeare, ou bien traîné dans la boue comme auteur de poèmes obscènes dont on ne savait à vrai dire s'ils étaient de la prose ou des vers. De nos jours [...], il est à peu près universellement regardé comme le plus grand poète américain.

Le traducteur présente ensuite une analyse détaillée et bien documentée de l'écrit et de l'écriture, expression de la personnalité et de l'esthétique de l'auteur. Une dernière note touche la traduction proprement dite dont le résultat «est parfois décevant», reconnaît le traducteur lui-même, mais qui permet aux *Feuilles d'herbe* de remplir leur office: «éveiller le lecteur à la poésie», l'inciter à connaître le poète Whitman et à goûter ses *Leaves of Grass*.

* * *

Partie intégrante du développement du sujet, l'introduction suit les composantes liminaires du livre; elle se place immédiatement avant le chapitre premier.

---

6. Walt Whitman, *Feuilles d'herbe. Leaves of Grass*, Introduction, traduction et notes par Roger Asselineau, Paris, Aubier, «Collection bilingue», 1989, «Introduction», p. 9-30.

14 ▪ La collection

Dans le présent contexte le terme *collection* évoque une « indication générique » touchant un ouvrage, à la manière d'un titre ou d'un sous-titre. Nombre de définitions du mot *collection* employé en ce sens déçoivent : elles prennent en compte des caractéristiques très générales, ou quelque peu insolites, ou exclusivement d'ordre matériel.

Ainsi le *Grand Robert de la langue française* se borne à consigner cette vague description : « Série d'ouvrages, de publications ayant une unité. » Le *Grand Dictionnaire terminologique* en propose la définition suivante sous le vocable « collection d'éditeur » : « Regroupement d'ouvrages qui sont publiés par un même éditeur et qui sont réunis dans le but d'organiser son fonds d'édition[1]. » Le *Dictionnaire encyclopédique du livre* n'y voit qu'une « série d'ouvrages de même format ou de même présentation, ou destinés au même canal de vente, publiés par le même éditeur[2] ».

La collection d'éditeur se situe au-delà de ces traits peu signifiants : d'où l'intérêt d'investiguer sa nature propre, d'en mesurer l'importance éditoriale, de dégager les conditions de sa mise en œuvre, de signaler les règles d'usage qui s'y appliquent, de compléter le circuit en jetant un regard sur des collections qui puissent avoir valeur d'illustration, d'inspiration.

Nature de la collection

Reconnue à des indices matériels, la collection est essentiellement un « produit éditorial » ; elle concerne le genre, le contenu, la teneur des

1. Office québécois de la langue française : <http://w3.granddictionnaire.com/btml/fra/r_motclef/fiche.asp>. Consulté le 13 juin 2005. La définition précédente est empruntée au GRLF, t. II, 2001, *s.v.* collection.

2. Philippe Schuwer, [Paris], Cercle de la librairie, 2002, *s.v.* collection, 2e partie, p. 570.

ouvrages qu'elle désigne. En ce sens, la définition qu'en donne le *Dictionnaire de l'Académie française* relève des traits pertinents, soit: « Recueil de plusieurs ouvrages qui ont rapport à une même matière ou qui appartiennent à un même genre; série d'ouvrages consacrés à un même thème ou rassemblés sous une même présentation[3]. »

Cet énoncé fait écho à la définition du terme *bibliothèque* désignant par métonymie une « compilation d'ouvrages de même nature ou portant sur le même sujet ». De fait, la collection a d'abord été nommée *bibliothèque*. Utilisé en ce sens jusqu'au milieu du XIXe siècle[4], le nom est encore attesté comme appellation générique de collections célèbres, dont celles de Gallimard, entre autres, « Bibliothèque de la Pléiade » et « Bibliothèque des Idées ».

Assimilée à une « indication générique », l'inscription d'un ouvrage dans une collection a raison d'annexe du titre de ce livre, dont elle partage les ressources sémantiques[5]. De soi, cette marque représente une valeur ajoutée: elle s'offre comme une surdétermination du sujet, un dédoublement d'empreinte apposée au texte, une seconde clé de l'œuvre. De plus, elle a chance d'orienter vers un point idéel où se croisent les vues de l'éditeur, de l'auteur et du lecteur.

En particulier, la collection est pour l'éditeur un excellent moyen d'ouvrir une voie inédite dans un champ déterminé des œuvres de l'esprit et d'y canaliser des forces créatrices en des projets à long terme. Fondée sur l'identification de besoins spécifiques et sur l'analyse des courants de pensée en émergence, la collection donne réponse à des attentes à demi formulées. Elle a chance de joindre de nouvelles recrues: auteurs et lecteurs; elle permet d'alimenter le programme éditorial et de mieux contrôler la nature et le volume des manuscrits proposés; elle favorise le choix de publications à l'efficacité éprouvée, sinon assurée; enfin, elle contribue à fidéliser des auteurs, voire à établir leur réputation d'écrivains.

---

3. Paris, Imprimerie nationale, 1992, t. I, *s.v.* collection.
4. Voir Philippe Schuwer, art. cité.
5. La définition suivante corrobore ce rapprochement: « La collection est un ensemble de publications distinctes qui portent, en plus de leur titre particulier, un titre collectif s'appliquant à leur totalité » (*Dictionnaire historique, thématique et technique des littératures*, dir. Jacques Demougin, Paris, Larousse, t. I, 1985, p. 347). À cet égard, un rapprochement s'impose avec la portée hautement significative du titre d'un ouvrage.

Source d'avantages à la fois pour l'éditeur et pour l'auteur, la collection est au service du lecteur à qui elle offre une bibliothèque particulière et un système de repérage bibliographique. Dans cette perspective, le linguiste maintes fois cité, Gérard Genette, observe que la collection « indique immédiatement au lecteur potentiel à quel type, sinon à quel genre d'ouvrage, il a affaire »; l'éditeur Hubert Nyssen va plus loin en affirmant que le sigle de la collection parle « au lecteur *avant* le texte lui-même »; un autre spécialiste considère la collection comme un véritable « pont idéologique » entre l'ouvrage et le lecteur[6].

Ces propos effleurent à peine le sujet. Il reviendrait à l'histoire de l'édition de mettre en relief la fonction structurante du patrimoine d'œuvres et de textes groupés sous des titres de collection et, corrélativement, de mesurer l'impact de ce système éditorial sur la réception des ouvrages par le lectorat et la critique. Dans l'immédiat, il importe de souligner que les avantages prévus ou anticipés n'adviennent qu'au prix de conditions multiples, doublées de convergences favorables.

Mise en œuvre d'une collection

Il serait aussi vain que prétentieux de vouloir dégager l'ensemble des conditions et des convergences aptes à garantir le succès d'une collection; il s'agit plutôt de « nommer » les principes d'action et les modalités courantes d'une telle mise en œuvre. Éditeur et directeur de collection participent à cette entreprise, mais le cahier de leurs charges respectives peut varier considérablement d'un cas à l'autre.

Au premier chef s'impose le rôle stratégique de l'éditeur. Par-delà le réseau des structures et le tracé des organigrammes, celui-ci participe à des degrés divers à toutes les fonctions de la chaîne éditoriale. De ce nombre, figurent en bonne place la création, le développement et le maintien d'une ou de quelques collections comme pièces de choix au catalogue de la maison.

---

6. Ces assertions sont extraites des documents suivants, dans l'ordre : *Seuils*, Paris, coll. « Poétique », 1987, p. 25 ; *Du texte au livre, les avatars du sens*, Paris, Nathan, coll. « Le texte à l'œuvre », 1993, p. 31 ; Jacques Michon, « La collection littéraire et son lecteur », dans *Paratextes. Études aux bords du texte*, textes réunis et présentés par Mireille Calle-Gruber et Elisabeth Zawisza, Paris, L'Harmattan, 2000, p. 159.

Créer une collection, c'est faire place à un créneau d'édition capable de s'harmoniser avec la politique générale de l'entreprise; idéalement, le projet advient comme une mise en relief d'une ligne d'action déjà esquissée, comme une mise au jour d'une prospective éditoriale venue à terme. Un double préalable s'impose alors: la sélection du public éventuel au bénéfice duquel le projet sera concrétisé; l'identification d'auteurs offrant l'expertise souhaitée pour répondre aux besoins de ce public. L'éditeur veille ensuite à l'arrimage de ces deux axes.

Fruit d'une analyse du milieu social, politique, littéraire ou scientifique, résultat d'une connaissance expérimentale des ressources intellectuelles du milieu (penseurs, chercheurs, essayistes, romanciers, autres auteurs), l'enracinement de la collection tient à l'unité de conception et de direction qui la promeut. Pour une large part, cette unité trouve ses assises et ses garanties d'avenir en la personne du directeur de collection.

Associé de loin ou de près aux activités préalables déjà évoquées, pourvu d'un leadership créateur et d'un style éditorial approprié, le directeur de collection prend le relais de l'éditeur à titre de collaborateur privilégié. Personnalité dynamique, doué d'un esprit clair et d'une saine rigueur, il sera le maître d'œuvre d'un projet intellectuel défini, axé sur un secteur de la production éditoriale.

En harmonie avec l'éditeur, le directeur de collection est appelé à assumer les charges suivantes ou — plus vraisemblablement — un certain nombre d'entre elles: explicitation des objectifs de la collection, planification de son développement à long terme, conception d'un prototype fixant l'identité de la collection, mobilisation d'auteurs nouveaux et de contributions originales, collaboration avec les agents de la production, élaboration d'argumentaires à l'intention des représentants, contacts avec la presse, diligence en regard des résultats commerciaux, souci de traduire en bénéfices diversifiés le capital symbolique de la collection.

À l'évidence, cette nomenclature — qui n'est pas nécessairement exhaustive — présente des traits idéalistes, voire « surréalistes ». En fait, elle situe la zone d'influence de l'authentique directeur de collection; elle le poste en vigie, à l'avant-garde, à l'extrême opposé de celui qui se borne à laisser imprimer son nom en page liminaire des livres de la collection; elle témoigne de la multiplicité des exigences qui concourent à des résultats variables, étalés selon une courbe ascendante entre la simple efficacité, le succès honnête, la réussite notoire, le prestige reconnu.

Quel que soit le mode de direction exercée, des critères généraux et particuliers régissent l'édition des livres d'une collection, critères dont le directeur est le garant attitré.

Critères généraux

Les critères généraux en cause touchent au premier chef les points suivants : le titre ou le « nom propre » de la collection, le droit d'entrée d'un livre dans une collection, le libellé de la référence bibliographique relative à la collection.

Il faut d'abord redire que le choix du nom d'une collection est aussi important que celui du titre d'un d'ouvrage, voire plus important à certains égards, du fait que la dénomination s'applique à une série d'ouvrages et non à un seul. Par ailleurs, il n'existe pas de code théorique capable de guider ce choix; le nom peut surgir des objectifs mêmes de la collection ou de l'objet auquel elle s'intéresse ; il peut être inspiré par des considérations factuelles qui échappent aux normes courantes.

À ce propos, on peut estimer que la désignation d'une collection par un générique comme « littérature » ou « histoire » risque fort d'être comprise comme une simple indication du genre d'ouvrage. De même, on peut s'interroger sur l'efficacité de dénominations hermétiques de ce genre : collection « alors : » ou collection « Titre courant[7] ». Enfin, dans un contexte où il est bon d'être accordé à l'air du temps, on reconnaîtra que le nom d'une collection peut « se couler » dans une formule symbolique ou poétique, ou bien se démarquer par un fort indice d'originalité, ou encore se déployer en des termes à saveur publicitaire. Le dernier mot sur le sujet, la qualité d'une telle dénomination sera largement tributaire du genre d'ouvrages de la collection.

---

7. Voir *Anthropologie de l'écriture*, sous la direction de Robert Lafont [*sic*], Paris, Centre Georges Pompidou, coll. « alors : », 1984; René Démoris, *Le Roman à la première personne. Du classicisme aux Lumières*, Genève, Droz, coll. « Titre courant », nº 25, 2002.

Il appartient au directeur de juger du droit d'entrée d'un livre dans une collection. En règle générale, selon la nature même du processus de mise en œuvre du projet, cette entrée est l'issue normale et prévisible d'un cheminement conforme aux objectifs recherchés. Par contre, il peut arriver qu'un ouvrage initialement paru « hors collection » ait un succès qui le désigne comme tête de série d'une collection. De même, un ouvrage publié dans une collection peut être porté ultérieurement dans une autre, jugée plus appropriée[8]; enfin, un manuscrit peut tomber sur le bureau de l'éditeur comme un fruit mûri à point pour enrichir une collection existante.

Le titre d'une collection s'identifie à une marque protégée; il peut être l'objet d'un dépôt officiel. Toutefois, des titres de collection présentant peu d'originalité, comme « Points » ou « Débats », sont exploités librement; bien vite marqués au chiffre de la maison d'édition, ils ont chance de demeurer exclusifs à l'éditeur qui les a adoptés le premier.

Dans la notice bibliographique, le mot *collection* s'abrège, sauf s'il fait partie intégrante, donc indissociable, du nom même de la collection. Le titre de la collection s'inscrit entre guillemets; il peut porter un numéro d'ordre; cette notation fait alors partie de la description bibliographique complète, dite « description de base ».

Exemples en mode d'illustration

L'intention qui sous-tend cette rubrique est moins de donner des exemples que de traiter de collections qui portent témoignage sur « la » collection proprement dite, qui en illustrent la valeur par-delà leur vocable propre ou la nomenclature de leurs composantes. Deux spécimens sont retenus à cette fin: une collection diffusée à l'échelle internationale, « Que sais-je ? »; une très belle collection québécoise à connotation patrimoniale, la « collection du Nénuphar ».

Collection « Que sais-je ? » – Au lendemain de la défaite française de 1940, les Presses universitaires de France, qui connaissent une crise majeure de trésorerie depuis une quinzaine d'années, décident

8. On relève plus d'une attestation en ce sens: ainsi, l'ouvrage de Pierre Nepveu, *L'écologie du réel*, Boréal, coll. « Boréal compact », n° 98, 1999, a d'abord paru dans la collection « Papiers collés », 1988.

de lancer une collection encyclopédique de poche, « Que sais-je ? ». Le créateur et directeur de la collection, Paul Angoulvent, fait de ce projet novateur à maints égards une mesure privilégiée de redressement de l'entreprise, un moyen capable de maintenir l'essentiel de la production intellectuelle des décennies précédentes alors sérieusement menacée[9].

Le titre « Que sais-je ? » peut sembler banal : il ne l'est pas. En fait, il renvoie à la devise sceptique empruntée par Montaigne à l'œuvre d'un philosophe ancien, dont le répertoire contient nombre d'expressions du genre[10]. Replacée dans son contexte d'origine, l'interrogation existentielle radicale « Que sais-je ? » ouvre un espace d'investigation illimité. L'histoire de la collection en est la preuve. Sa page d'accueil sur la Toile (*World Wide Web*) en est la confirmation : pour y qualifier le genre « Que sais-je ? », l'éditeur écrit ou plus exactement s'écrie : « Tout sur tout ! »

Considéré comme principe de succès à long terme, « Que sais-je ? » connaît une réussite immédiate du fait que l'initiative éditoriale est pleinement adaptée aux circonstances de l'heure. « Nos frontières étant provisoirement fermées, enregistre un rapport du conseil d'administration de cette période, il fallait produire des publications destinées à la seule population française, et les concevoir à la mesure de ses aspirations, de ses préférences, de ses moyens matériels[11]. »

Trois innovations caractérisent le projet. La première concerne le nouveau public à trouver et à servir. Ce public des Presses universitaires de France va devoir inclure, outre les étudiants et les professeurs d'université, les élèves de l'enseignement secondaire ainsi que la foule anonyme des autodidactes ; plus globalement, la nouvelle collection pourra enfin satisfaire les requêtes multiples en faveur d'une vulgarisation de qualité.

La deuxième innovation concerne le format et la couverture du « Que sais-je ? ». Son aspect est inédit — il devance de vingt ans celui

---

9. Les données factuelles relatives à la collection « Que sais-je ? » sont extraites de l'ouvrage de Valérie Tesnière, *Le Quadrige. Un siècle d'édition universitaire 1860-1968*, Paris, Presses universitaires de France, 2001, p. 311-350 *passim*.

10. Montaigne avait adopté la devise du sceptique grec Sextus Empiricus, auteur des *Esquisses pyrrhoniennes*.

11. Valérie Tesnière, *ibid.*, p. 331-332.

du livre de poche qui s'imposera dans les années 1960. Jamais modifié depuis, cet aspect est renforcé par le volume réduit de la brochure dont le nombre de pages est rigoureusement limité à 128. La première de couverture qui porte la rose des vents, symbole de la boussole, est en belle harmonie avec le titre; de plus, l'image de cet instrument d'orientation a chance de frapper les esprits habités par l'incertitude de l'avenir. La judicieuse exploitation de la métaphore marine, le « point », complète l'illustration et se coule en des mots qui échappent à l'emprise du temps : « Le point des connaissances actuelles ». Enfin, la sobriété des couleurs qui distinguent les sous-composantes de la collection offre une touche qui a dû plaire alors, qui ne déplaît pas aujourd'hui.

La troisième innovation, déterminante, repose sur le concept éditorial de la collection : encyclopédie condensée en de petits livres indépendants, ouverte à tous les thèmes du savoir, portant les signatures autorisées de spécialistes et de professionnels. Le produit laisse le lecteur entièrement libre d'y naviguer à sa guise; la formule garantit à l'éditeur la souplesse requise pour exploiter, à point nommé, des thèmes névralgiques, pour mettre à jour, au bon moment, des sujets déjà traités[12].

Ce sont là autant de critères soigneusement définis dès la première heure, attentivement redéfinis par la suite, observés le plus rigoureusement possible en cours de route, qui ont fait de « Que sais-je ? » l'une des collections phares des Presses universitaires de France. Sans doute, le cas s'inscrit-il dans un contexte exclusif; il a néanmoins valeur d'illustration de la mise en œuvre d'une collection modèle et de principes garants d'une réussite éditoriale hors de pair.

Collection du Nénuphar – Créée à Montréal à la même époque, en 1944, la « collection du Nénuphar » est devenue une collection majeure des Éditions Fides, maison fondée en 1937 et que dirige alors le père

12. La politique en vigueur à cet égard est particulière. Du fait de leurs multiples rééditions ou actualisations, des titres, des auteurs et même des numéros peuvent changer alors que le sujet demeure le même. L'éditeur précise à cet égard : « nous avons choisi de mettre, pour les titres encore en édition, les auteurs qui ont écrit le livre le plus récent ». URL : <http://www.bibliopoche.com/collection/Que_sais-je/424.html>. Consulté le 29 juin 2005.

Paul-Aimé Martin[13]. Proposé à titre d'illustration, cet exemple se développe selon les lignes du schème théorique adopté ci-dessus. On y retrouve les points suivants: conjoncture de départ; conditions préalables de mise en œuvre; objet et objectifs; appellation et symbole; réalisations.

La conjoncture créée par la guerre de 1939 dans le monde de l'édition — notamment les entraves à la libre circulation du livre entre le Canada et la France, et les conséquences financières qui en résultent — constitue l'élément déclencheur. Aux yeux de l'éditeur, il s'avère impératif d'éditer les « œuvres littéraires canadiennes » plutôt que la production française favorisée jusque-là; dans une optique plus large et plus ambitieuse, il faut « tenter de renouveler le corpus des "classiques canadiens" ».

La voix de l'expérience, renforcée par l'analyse de déconvenues récentes[14], rappelle les conditions préalables au lancement d'une collection, soit: l'attention accordée au public qui sera éventuellement le public lecteur; la clairvoyance pour recruter des auteurs dont la réputation suscite l'intérêt ou l'admiration et qui soient à la hauteur des attentes. Dans le cas, le public visé, le public de la littérature, s'exprime par ses représentants: critiques, professeurs, membres de comités de lecteurs choisis par les maisons d'édition. Quant au recrutement d'auteurs réputés ou de noms prometteurs, il doit emprunter les voies incertaines des circonstances, il doit avant tout miser sur des critiques et des écrivains « dotés d'un certain capital symbolique[15] ».

En l'occurrence s'impose comme décisive la rencontre de l'éditeur de la maison Fides avec l'auteur de *Menaud, maître-draveur*, Félix-Antoine Savard, dont la réputation littéraire est déjà bien établie.

---

13. Voir Jacques Michon, *Fides. La grande aventure éditoriale du père Paul-Aimé Martin*, Fides, 1998. Les renvois ultérieurs à cette source seront abrégés comme suit: *Fides. La grande aventure éditoriale.* — Voir aussi, du même, « La "Collection du Nénuphar" », dans *L'Action nationale*, 88, 2, février 1998, p. 28-37.

14. Il s'agit de l'échec de collections littéraires lancées vers la même période, échec « qui a pu reposer en grande partie, affirme le père Martin, sur la faible renommée des collaborateurs responsables du projet et du choix des livres » (*Fides. La grande aventure éditoriale*, p. 123-124).

15. Cette expression est tirée de *Fides. La grande aventure éditoriale*, p. 126, source des données du paragraphe.

Couronné par l'Académie française en 1938, titulaire du prix David[16] en 1939, Félix-Antoine Savard est reconnu d'emblée comme « l'écrivain qu'il faut s'attacher pour lancer une collection patrimoniale[17] ». Délibérations, rencontres, échanges de lettres se multiplient à cette fin entre 1940 et 1943. Les démarches mettent en présence, outre l'éditeur et l'écrivain, le secrétaire de ce dernier, Luc Lacourcière, alors jeune professeur à l'Université Laval (Québec). Le directeur des éditions de Fides, responsable à ce titre de toutes les publications, se joindra bientôt aux promoteurs de la collection. Un autre acteur entrera « virtuellement » en scène ; son nom s'inscrira en filigrane ; il s'agit du peintre et illustrateur André Morency.

Bien définis avant que s'engage le processus en cours, l'objet (la matière première) et l'objectif de la collection se confondent. Les formules attestées traduisent indistinctement l'un et l'autre : éditer « les œuvres littéraires canadiennes » et « tenter de renouveler le corpus des "classiques canadiens" » sont les objectifs de l'éditeur. Au moment de nommer la collection, l'objet en cause s'affiche sous les expressions suivantes : *classiques canadiens*, ou *choix d'auteurs canadiens*, ou *les meilleurs auteurs canadiens.*

L'accord de principe sur l'objectif de la collection semble avoir été donné d'emblée, mais tacitement. Par contre, l'attribution de la marque « classiques canadiens » aux ouvrages appelés à composer cette collection soulève de sérieuses réserves chez Félix-Antoine Savard. L'analyse rigoureuse qui s'impose est centrée sur le titre de la collection, et cela, particulièrement en référence à *Menaud, maître draveur*, considéré comme la première œuvre de la série. La tentative de porter cet ouvrage au deuxième rang n'y change rien : le problème est ailleurs. Et le littéraire Savard en pressent l'acuité mieux que quiconque, lui « qui connaît la faible légitimité de la littérature canadienne dans les milieux intellectuels[18] ».

---

16. Couronné par l'Académie française en 1938, Savard avait reçu le prix David en 1939, prix littéraire créé en 1922 par le secrétaire de la province de Québec, Athanase David. Ce prix se distingue substantiellement du prix Athanase-David, l'un des Prix du Québec, dont Félix-Antoine Savard a été lauréat pour l'ensemble de son œuvre en 1969.

17. Jacques Michon, « La "Collection du Nénuphar" », *ibid.*, p. 30.

18. *Fides. La grande aventure éditoriale*, p. 127.

Les efforts déployés pour dénouer l'impasse donnent quelques résultats au début du printemps 1944. Dans une communication adressée à l'éditeur, Lacourcière traduit la pensée de Savard dont les réticences touchent la piètre conception qu'entretient la communauté littéraire au sujet des classiques canadiens. Suit la proposition imprévue, imprévisible[19]: « Monsieur Savard, écrit son secrétaire, est un poète et il suggère un titre symbolique qui ne manque pas de charme. Pourquoi, dit-il, ne pas appeler cette collection *"La Collection du Nénuphar"*, et en sous-titre, en plus petit, "choix d'auteurs canadiens"? » La suggestion a une valeur nettement stratégique : elle tend à éviter les débats prévisibles en marge de la formule « les classiques canadiens » ; en même temps elle ouvre un chemin de valorisation des œuvres canadiennes.

C'est le motif déterminant. Un motif d'appoint en faveur du choix du « nénuphar » comme symbole de la littérature nationale s'y ajoute : « Monsieur Savard [...], poursuit son secrétaire, prétend que le nénuphar, bien plus que l'érable, au point de vue strictement botanique, symbolise le Canada, parce que c'est une fleur que l'on retrouve jusque dans l'extrême nord et sur presque tous nos lacs. » Et, coïncidence ou concordance, l'esquisse de la fleur-symbole est déjà prête : c'est un dessin d'André Morency que l'écrivain Savard lui-même met à la disposition de l'éditeur[20].

La proposition est acceptée, le dessin de Morency est agréé, *Menaud, maître-draveur* est retenu comme premier titre de la collection. Enfin, à l'initiative du directeur des éditions, quelques traits de la maquette de couverture sont proposés : « liséré noir et bleu ou noir et rouge, imitant vaguement une ceinture fléchée », symbole traditionnel des paysans d'ici. « La couleur du cadre indiquera le siècle auquel appartient l'œuvre publiée : bleu, pour le XIXe siècle, rouge, pour le XXe siècle. » Nulle provision pour le XXIe siècle : on s'en tiendra allègrement au rouge.

Le premier ouvrage paraît en 1944. L'inscription « les meilleurs auteurs canadiens », placée sous le nénuphar noir épanoui sur fond

19. *Ibid.*, p. 128-129; les extraits cités aux trois paragraphes suivants sont extraits de la page 129.

20. Né à Montréal en 1910, le peintre André Morency a étudié à l'École des Beaux-Arts (Montréal). Le dessin que Félix-Antoine Savard a mis à la disposition de Fides serait une gracieuseté de l'artiste à son célèbre ami.

de vagues, est écrite « en plus petit » et en italique sans aucune capitale. Dans leur présentation, les éditeurs adoptent un ton modeste, écho des réserves évoquées au cours du processus qui a vu naître la collection.

Un jugement rétrospectif consacre la valeur patrimoniale de cette collection « qui constitue sans doute, reconnaît-on, la meilleure bibliothèque de la littérature québécoise de la première moitié du XXe siècle », une collection qui « a fixé l'image de marque de l'éditeur et assuré une pérennité à des œuvres qui, sans elle, n'auraient pas connu une diffusion aussi grande et sur une aussi longue période[21] ». Il y a plus ; toujours vivante, la collection s'enrichit encore aujourd'hui de joyaux de la littérature québécoise.

Deux titres récents témoignent de ce fait : *Choix de poèmes (1955-1997)* de Fernand Ouellette, paru en l'an 2000 ; Émile Nelligan, *Poésies complètes 1896-1941*, publié en 2004. Ces ouvrages font mémoire du passé en des mots accordés au présent. La mention suivante figure en regard de leur page de titre :

Fondée en 1944
par Luc Lacourcière, Félix-Antoine Savard
et Paul-Aimé Martin
LA COLLECTION DU NÉNUPHAR
rassemble des œuvres marquantes
de la littérature québécoise.

Dans le cas du premier, la critique parle avec enthousiasme « des morceaux choisis rassemblés sous la couverture crème de la belle collection du Nénuphar ». Et la remarque vaut pour le second qui contient en outre la note suivante :

Cette édition spéciale
est publiée à l'occasion
du centenaire de la première édition
des poésies *Émile Nelligan et son Œuvre*
établie par Louis Dantin
et du soixantième anniversaire
de la collection du Nénuphar.

21. *Fides. La grande aventure éditoriale*, p. 148.

Vient ensuite — précieuse indication bibliographique — le numéro d'ordre de l'ouvrage dans la collection, numéro qui fait corps avec la formule traditionnelle de la dernière page du livre: « Cet ouvrage, le soixante-douzième de la collection du Nénuphar, a été achevé d'imprimer en septembre de l'an deux mille quatre » pour les Éditions Fides.

15 ▪ Le titre

Le titre : un mot tout simple, un sujet relativement complexe, un large domaine d'investigation. D'entrée de jeu, s'impose le constat suivant : ce vocable traîne une nombreuse famille à sa suite ; il se prête à une foule d'emplois. D'abord se présente le titre de l'ouvrage, qualifié de titre propre ou de titre principal, qui peut être assorti d'un sous-titre ou d'un complément, ou des deux à la fois. Puis, vient le faux titre qui s'inscrit, solitaire, avant la page de titre. Il y a ensuite les titres courants qui traversent le livre de bout en bout. Au passage, se glissent les intertitres ou titres intérieurs, à savoir les titres de division du livre — partie, chapitre, section, etc. — qui se multiplient en cours d'écriture et qui peuvent réclamer une place dans la table des matières.

Tous ces termes renvoient à une notion commune, mais n'en conservent pas moins leur identité propre, spécifique de leur contexte d'emploi et de leur rôle respectif. En vue de tenir compte de cette réalité multiforme, la présente analyse traite expressément du titre principal de l'ouvrage, indissociable, en l'occurrence, du sous-titre et de tout élément complémentaire. L'essentiel devrait s'y trouver, ouvert aux adaptations requises par les autres titres.

Ni la description étymologique du mot « titre », reléguée dans l'oubli, ni la définition lexicographique, décevante à souhait, ne nous apprennent grand-chose sur le fonctionnement complexe de celui-ci. Il s'impose néanmoins d'étayer cette assertion. L'étymologie renvoie à l'ère des papyrus, à l'étiquette portant le nom de l'auteur ou la matière de l'œuvre, soigneusement ou négligemment appendue à l'extrémité du bâton sur lequel est enroulée la bande écrite. Quant aux lexicographes, chacun définit le titre à sa manière, sans grande rigueur ni acuité : deux sources suffisent à le démontrer.

Le *Trésor de la langue française* enregistre ces définitions du titre : « Inscription au début d'un ouvrage pour indiquer son sujet ; nom donné par son auteur à une œuvre littéraire ou artistique et qui évoque plus ou moins son contenu, sa signification ». L'édition récente du *Grand Robert de la langue française* prend quelque distance par rapport à la description communément attestée : la mention de l'auteur y est omise et le titre devient, sans plus, une « expression qui présente ou évoque le contenu d'un livre et correspond au nom de l'œuvre ».

Un essai de conciliation de ces données peut se traduire par la définition minimaliste suivante : le titre est « la désignation ou la dénomination d'un ouvrage ou d'une œuvre ».

Fonctions du titre

Le titre a pour fonction première de « nommer » l'ouvrage, d'en établir l'identité, d'en épeler le nom propre ; cette fonction est dite *référentielle*. En dépendance de ce rôle, le titre remplit une *fonction descriptive*, à coefficient variable : il oriente, directement ou non, vers le contenu ou vers le thème de l'ouvrage. La troisième fonction du titre, et non la moindre, c'est d'assurer le contact entre l'écrit et le public lecteur. Il serait trop vite fait de ne voir là qu'un rôle de séduction ; il s'agit d'un véritable *rôle de persuasion* qui met l'intelligence en alerte pour susciter une image, une émotion, un acquiescement. Orientée vers la mise en valeur du livre, expression anticipée ou évocation subtile du sens de l'œuvre, cette fonction sous-tend le propos de l'écriture et pointe vers l'intention de l'auteur.

Établir l'identité du livre est la fonction à la fois primaire et primordiale du titre. Les éléments de cette désignation peuvent se réduire à une dénomination simple : *Le langage du droit* ; ou comporter en outre un sous-titre : *Khalil Gibran. Un prophète et son temps* ; ou un complément d'ordre factuel : *Les mots et les images. Choix d'écrits* ; ou circonstanciel : *Les yeux ouverts. Entretiens avec Matthieu Galey*[1]. Le sous-titre précise ou explique le titre auquel il se rapporte ; le complé-

1. Dans le présent texte, les références bibliographiques des spécimens proposés en série sont groupées sous un même appel de note ; de ce fait, la clarté exige de répéter les premiers mots du titre ; un point-virgule sépare les notices l'une de l'autre. Jean-Louis Sourioux et Pierre Lerat, *Le langage du droit*, Paris, Presses universitaires de France, coll. « SUP. Le juriste », 1975 ; Robin Waterfield, *Khalil Gibran*, trad. de l'anglais par Paule Noyart, Fides, 2000 ; René Magritte, *Les mots*, choix établi par Éric Clémens, Bruxelles, Labor, coll. « Espace Nord », 1994 ; Marguerite Yourcenar, *Les yeux ouverts*, Paris, Le Centurion, coll. « Les interviews », 1989.

ment du titre indique la forme, le contenu, le motif ou l'occasion de la publication.

La dynamique de cette fonction référentielle est surexploitée : le titre s'affiche sur la première de couverture, il figure sur la page de faux titre, il prend statut officiel sur la page de titre, il est inscrit au dos du volume, il est souvent rappelé en quatrième de couverture. Bref, le titre saute aux yeux; il déclenche la première impression, souvent décisive.

Que l'importance du titre de l'ouvrage lui accorde un statut privilégié, que cette importance lui assure une certaine autonomie, cela ne signifie en rien qu'il soit indépendant du texte qu'il désigne. La fonction qualifiée de descriptive témoigne de ce rapport entre titre et texte; elle renvoie au contenu de l'écrit : contenu annoncé en toutes lettres ou à demi-mot, en figure ou même en filigrane.

Sous quelque registre qu'il s'inscrive, le titre ne prend finalement son sens que dans son rapport logique ou métaphorique au texte qu'il nomme. Cela va de soi dans le cas d'une désignation explicite, comme *Le clonage humain*, ou encore *Alimentation et vieillissement*[2]. Cela se révèle *a posteriori*, par le jeu même du texte, dans le cas d'intitulés sémantiquement vides, dont l'obscur *S/Z* de Roland Barthes est un exemple[3]. Cela ne s'impose pas moins dans les titres évocateurs de symboles ou porteurs d'énigmes, à la manière de cette formule étonnante de Francis Ponge : *Comment une figue de paroles et pourquoi*, et de cette autre, que signe Vladimir Jankélévitch : *Le Je-ne-sais-quoi et le presque-rien*[4].

---

2. Henri Atlan, Marc Augé *et al.*, *Le clonage*, Paris, Seuil, 1999; Guylaine Ferland, *Alimentation*, Montréal, Presses de l'Université de Montréal, coll. « Paramètres », 2003.

3. Roland Barthes, *S/Z. Essais*, Paris, Seuil, coll. « Tel Quel », 1970. Ce livre au titre hermétique « est la trace d'un travail qui s'est fait au cours d'un séminaire (1968 et 1969) tenu à l'École pratique des Hautes Études » (p. 7); il y est question de *Sarrasine*, une œuvre peu connue de Balzac; Barthes y explique (p. 113) que *S/Z* renvoie à une anomalie orthographique : « conformément aux habitudes de l'onomastique française, écrit-il, on attendrait SarraZine [...] le Z est donc tombé dans quelque trappe ». Puis, de l'analyse circonstanciée du Z, il passe au rapport « d'inversion graphique » entre S et Z avant d'aboutir à la fonction de la barre oblique. Le principe est sauf : le titre trouve sens dans son rapport au texte.

4. *Comment une figue de paroles*, Paris, Flammarion, coll. « Digraphe », 1977; *Le Je-ne-sais-quoi*, Paris, Presses universitaires de France, coll. « Publications de la Faculté des Lettres de Paris », 1957.

Ces spécimens — illustrations d'un titre littéral, d'un « titre code » et d'un titre à connotation métaphorique — sont d'une seule venue. Prennent place à côté de ces titres « simples », les nombreux intitulés à plus d'un volet. La relation au contenu du livre s'exprime alors autrement : elle repose sur chacun des éléments, selon des modalités variables.

S'offre d'abord la structure classique où le premier élément du titre principal est réduit au nom du héros, alors que le second, introduit par la conjonction « ou », révèle plus ou moins nettement le sujet en cause. Qualifié d'« alternatif », ce deuxième élément appartient au titre principal de l'ouvrage. En sont des spécimens connus *Le Barbier de Séville ou la Précaution inutile*, *Candide ou l'Optimisme*, *Émile ou De l'éducation*[5].

Ce modèle, où le titre principal est assorti d'un titre alternatif, connaît des applications modernes en lesquelles le deuxième élément peut assumer de multiples rôles, comme marquer une opposition ou une reprise du sens de l'énoncé : *Nouvelle Critique ou nouvelle imposture* ; circonscrire le thème principal : *Sartre ou la Théologie de l'absurde* ; proposer un équivalent suggestif : *Les mots trompeurs ou le délire verbal* ; articuler une démonstration : *Barcelone ou Comment refaire une ville ;* indiquer l'axe de développement du sujet annoncé : *Fellini ou la Satire libératrice* ; créer un effet inattendu en faisant dévier le cours normal d'une allusion : *Don Juan ou l'Amour de la géométrie*[6].

Toutefois, ce mode d'intitulé fait souvent place à une forme plus souple et plus simple qui répartit la valeur connotative entre le titre et le sous-titre. Le titre pose le thème, en clair ou en clair-obscur ; au sous-titre revient la charge de situer ce thème, d'en suggérer la teneur,

---

5. Pierre A. C. de Beaumarchais, *Le Barbier*, édition présentée, annotée et commentée par Pierre Testud, Larousse, coll. « Classiques Larousse », 1992 ; Voltaire, *Candide*, édition présentée, annotée et commentée par Jean Goldzink, Larousse, coll. « Classiques Larousse », 1990 ; Jean-Jacques Rousseau, *Émile*, texte établi par Charles Wirz, présenté et annoté par Pierre Burgelin, Gallimard, coll. « Folio. Essais », n° 281, 1995.

6. Raymond Picard, *Nouvelle Critique*, Pauvert, coll. « Libertés », n° 27, 1965 ; Régis Jolivet, *Sartre*, Paris, Fayard, coll. « Le Signe », 1965 ; Robert Le Bidois, *Les mots trompeurs*, Paris, Hachette, 1970 ; Béatrice Sokoloff, *Barcelone*, Montréal, Presses de l'Université de Montréal, 1999 ; Paul Warren, *Fellini*, Montréal, VLB, coll. « Les champs de la culture », 2003 ; Max Frisch, *Don Juan*, trad. de l'allemand par Henry Bergerot, Gallimard, coll. « Le manteau d'Arlequin », 1991.

d'en circonscrire l'envergure, d'en préciser l'angle de traitement, etc. C'est là une ressource fort exploitée, et souvent d'une façon originale, dans les œuvres qui conjuguent érudition et humanisme. Nombreux sont les ouvrages qui, tous domaines et tous genres confondus, révèlent la puissance expressive d'un tel agencement des composantes du titre.

Les spécimens suivants en donnent une illustration diversifiée: *Miroirs d'encre. Rhétorique de l'autoportrait* (Michel Beaujour); *Paul Ricœur. Les sens d'une vie* (François Dosse); *Du Canada au Québec. Généalogie d'une histoire* (Heinz Weinmann); *Les sources du moi. La formation de l'identité moderne* (Charles Taylor); *Le hasard et la nécessité. Essai sur la philosophie naturelle de la biologie moderne* (Jacques Monod); *Éloge du flou. Aux frontières des mathématiques et de l'intelligence artificielle* (Arturo Sangali)[7].

Par ailleurs, le titre principal peut remplir sa fonction descriptive sous un libellé générique. De tels énoncés font référence explicite au genre littéraire, au type ou au mode d'écriture adopté, à la structure de l'écrit ou à la forme de présentation choisie. Ils n'isolent pas un élément de l'œuvre: ils nomment l'ensemble d'un mot qui couvre le contenu entier du livre. De nombreux spécimens attestent la popularité de cette formule. Certains portent la marque classique, traditionnelle: *Chroniques*, *Dialogues*, *Écrits*, *Entretiens*, *Essais*, *Journal*, *Lettres*; d'autres font appel à des formules plus libres, comme *Album*, *Autoportrait*, *Carnets*, *Divagations*, *Microlectures*, etc.

Les exemples abondent. L'éloquente sobriété des titres retenus comme illustration devrait compenser l'arbitraire qui préside nécessairement à un tel choix: *Chroniques I et II* (Arthur Buies); *Trois essais sur l'insignifiance* (Pierre Vadeboncoeur); *Écrits sur l'histoire* (Fernand Braudel); *Microlectures* (Jean-Pierre Richard); *Album Nelligan. Une biographie en images* (Paul Wyczynski); *Journal de l'An I du troisième millénaire* (Jean Paré); *Lettre aux successeurs de Jean-Paul II* (Olivier Le Gendre)[8].

---

7. *Miroirs*, Paris, Seuil, coll. «Poétique», 1980; *Paul Ricœur*, Paris, La Découverte, 1997; *Du Canada*, Montréal, L'Hexagone, 1987; *Les sources*, Montréal, Boréal, 1998; *Le hasard*, Paris, Seuil, 1970; *Éloge du flou*, Montréal, Presses de l'Université de Montréal, 2001.

8. Complément de références des ouvrages cités, dans l'ordre: *Chroniques*, Montréal, Presses de l'Université de Montréal, coll. «Bibliothèque du Nouveau

En corollaire de ces propos sur les rapports structurels entre le titre et le sous-titre, il faut souligner que les énoncés titulaires ne devraient pas s'étaler sur plus de deux niveaux. Des intitulés à trois niveaux, alourdis de signes de ponctuation ou grevés d'une cohérence interne mal assurée, sont souvent des titres « perdus » au regard du public, en regard de l'intelligence de l'œuvre annoncée[9].

L'importance majeure du titre réside dans sa force de persuasion. Cette vue s'impose de soi en contexte d'édition. C'est cette importance qu'évoque le mot savoureux d'Antoine Furetière : « [...] un beau titre est le vray proxenete d'un livre[10] ». C'est cette importance que souligne l'observation courante : un bon titre doit être « accrocheur ». En fait, la valeur persuasive du titre a des connotations qui vont bien au-delà de cet *a priori* éditorial : elle concerne le rapport de sens qui tient en l'unité le titre et l'œuvre, aussi bien que l'œuvre et la visée de l'auteur.

À la façon de l'exorde d'un discours qui doit capter la bienveillance de l'auditoire, le titre a charge de « parler » pour persuader et pour convaincre. À cette fin, il doit mener au-delà de la simple information, il doit atteindre le niveau de la communication, engager le dialogue de l'œil avec l'objet intitulé, se traduire en incitation à parcourir l'ouvrage ; bref, il doit mettre en place une attente, une attente vive et surtout une attente que l'écrit sera en mesure de combler.

Il n'y a pas de technique infaillible pour obtenir ce résultat. Néanmoins, il existe des ressources qui permettent d'inventer de beaux et

---

Monde », éd. critique par Francis Parmentier, vol. I, 1986 ; vol. II, 1991. [Les « Notes sur l'établissement du texte », vol. I, p. 48-50, rapportent les titres des ouvrages groupant les *Chroniques* journalistiques d'Arthur Buies, éditées ou rééditées entre 1873 et 1884] ; *Écrits*, Paris, Flammarion, coll. « Science », 1969 ; *Trois essais*, Montréal, L'Hexagone, 1983 ; *Microlectures*, Paris, Seuil, coll. « Poétique », 1979 ; *Album Nelligan*, Fides, [dans le cadre de la coll. « Le Vaisseau d'Or »], 2002 ; *Journal*, Montréal, Boréal, 2002 ; *Lettre*, Paris, Desclée de Brouwer [2002].

9. Le spécimen suivant d'un titre réparti sur trois niveaux, *Vous, lumière du monde... La vie morale des chrétiens : Dieu parmi les hommes*, illustre la remarque. Il est néanmoins des exemples plus limpides, comme *Albert Camus : œuvre fermée, œuvre ouverte ?*

10. *Le Roman bourgeois* [1666], édition présentée, établie et annotée par Jacques Prévot, Gallimard, coll. « Folio », nº 1277, 1981, p. 233. — Furetière enregistre un propos encore plus mordant dans son *Dictionnaire universel* (1690) : « Ce *titre* est le proxenete d'un livre, ce qui le fait vendre. »

bons titres, et parfois d'excellents : ressource première en jeu dans l'invention d'un titre, l'auteur de l'ouvrage ; ressource spécialement autorisée, l'éditeur ; ressources générales, au service de l'un et de l'autre, qui tendent à assurer l'éloquence du titre auprès du public, auprès du lecteur.

Invention ou choix du titre

Le choix du titre est le lieu par excellence d'exercice du « droit de l'auteur » : au principe, il y a donc — inviolable et indiscutable — l'inspiration première, l'intention profonde de ce dernier. Maître de la conception de l'œuvre et de sa réalisation, il est en situation privilégiée pour la désigner, pour lui donner un « nom propre » venu à maturité dans l'écriture elle-même. L'histoire bibliographique offre de nombreux exemples du souci déployé à cet égard par les auteurs et les écrivains. Deux titres choisis entre plusieurs autres en témoignent.

Chez Paul Valéry, le titre *La Jeune Parque* connaît une douzaine d'états successifs ; on relève *Hélène*, *Pandore*, *Alpha de la lyre*, *Élégie intérieure*, *La Parque*, devenue fort bellement *La Jeune Parque*. Retraçant l'itinéraire de l'auteur, Antoine Nadal, critique et éditeur du fac-similé de l'œuvre, fait à ce propos une remarque instructive :

> Valéry invente enfin un titre neuf : *La Jeune Parque*, véritable création ou poésie. L'épithète *jeune* transforme entièrement le destin et le nom même des Parques fileuses de la mort. Il fait de la mort la « dent secrète » qui ne ronge pas le mort, mais le vivant, l'absence ou le néant éternellement installés au cœur de l'être.

Par ailleurs, au cours de l'analyse du processus d'invention du titre, Nadal observe : « Nouvelle preuve de rigueur et de volonté chez Valéry dans le choix et l'abandon de ces titres successifs qui, chaque fois, s'efforcent de serrer de plus près le propos, la substance et la figure même du poème[11]. »

Le titre du roman d'Émile Zola, *Germinal*, est également bien adapté au propos. Ce titre qui conduit le lecteur dans les galeries de la misère noire aurait été retenu au vingt-troisième essai. Figurent,

---

11. *La Jeune Parque*, manuscrit autographe, texte de l'édition de 1942, états successifs et brouillons inédits du poème. Présentation et étude critique des documents par Antoine Nadal, Gallimard, 1967, p. 291 et p. 286.

entre autres, dans la série des titres abandonnés: *Coup de pioche*, *L'Assiette au beurre*, *Les Affamés*, *Le Sang qui germe*, *La Maison craque*. Et la justification du choix définitif montre l'importance de celui-ci aux yeux de l'auteur:

> Je cherchais un titre exprimant la poussée d'hommes nouveaux, écrit Zola, l'effort que les travailleurs font, même inconsciemment, pour se dégager des ténèbres si durement laborieuses où ils s'agitent encore. Et c'est un jour, par hasard, que le mot *Germinal* m'est venu aux lèvres. Je n'en voulais pas d'abord, le trouvant trop mystique, trop symbolique, mais il représentait ce que je cherchais, un avril révolutionnaire, une envolée de la société caduque dans le printemps. Et, peu à peu, je m'y suis habitué, si bien que je n'ai jamais pu en trouver un autre. [...] il est devenu pour moi comme un coup de soleil qui éclaire toute l'œuvre[12].

Cette prérogative de l'auteur en regard du titre de l'ouvrage laisse place à l'action de l'éditeur. Celui-ci dispose en la matière d'un champ de manœuvre solidement fondé, mais circonstanciel.

L'éditeur partage avec l'auteur la responsabilité du titre de l'ouvrage publié sous sa raison sociale. Cette justification repose sur le lien contractuel entre l'auteur et l'éditeur. En particulier, l'éditeur donne sa caution à l'ouvrage à paraître, et donc au titre sous lequel le livre s'affiche; en outre, l'éditeur sera appelé à promouvoir cet ouvrage, à en assurer la diffusion, à l'inscrire au catalogue de l'entreprise, etc. Mais il y a plus: l'intuition de l'éditeur, tout comme son expérience — volontiers confondue avec son « expertise » — peuvent féconder les vues de l'auteur, l'orienter vers un choix plus approprié, et souvent des plus heureux.

Le penseur allemand Theodor W. Adorno écrit en ce sens, dans son ouvrage intitulé *Notes sur la littérature*: « On pourrait définir la capacité d'arracher son titre à un texte comme la vertu propre de l'éditeur. [Celui-ci] décide de la publication d'un texte selon qu'il en jaillit un titre. » Et Adorno d'illustrer cette perception en rappelant le rôle de son éditeur dans le choix du titre en cause: les « *Notes sur la littérature*, écrit-il, ne sont pas nées sous cette appellation. Je

12. « Lettre de Zola à Van Santen Kolff », 6 octobre 1889, dans *Les Rougon-Macquart III*, Paris, Fasquelle et Gallimard, coll. « Bibliothèque de la Pléiade », nº 173, 1964, p. 1884. — *Germinal* évoque historiquement l'émeute d'avril 1795: le 12 germinal an III.

les avais baptisées [...] *Paroles sans romances*. Cela me plaisait. J'y tenais. » Mais les échanges de vues décisives avec son éditeur, le célèbre Peter Suhrkamp, inspirent à l'écrivain une conclusion chargée de sens, une conclusion de haute portée : « Cette controverse m'a appris que les bons titres sont ceux où les pensées sont venues habiter pour s'y dissoudre[13]. »

De fait, l'histoire des rapports entre éditeurs et auteurs révèle nombre de cas où ces derniers ont avantageusement cédé aux requêtes de leur éditeur en matière de titres : *Alice au pays des merveilles* de Lewis Carroll a fort joliment supplanté « Les aventures d'Alice sous terre », titre du manuscrit déjà mis en circulation par l'auteur. De même, c'est à l'initiative expresse de l'éditeur Gallimard que « Melancholia », œuvre « profondément personnelle » de Jean-Paul Sartre, deviendra *La Nausée*, titre qui a fait fortune et qui demeure très étroitement associé au prestige de l'écrivain[14].

En définitive, la création et le choix d'un titre « surgissent » d'une pensée capable d'inventer une parole à la fois éloquente et adéquate, appropriée aux fonctions spécifiques de ce genre littéraire — car c'en est un. Ce surgissement obéit aux règles classiques de l'argumentation toujours et partout à l'œuvre en la matière. D'où la considération de « ressources générales » qui viennent à la fois étayer et compléter les ressources spécifiques mentionnées ci-dessus.

Ressources générales

Ces ressources au service de l'éloquence du titre, c'est-à-dire de sa force persuasive, sont prises en compte par l'auteur et par l'éditeur ; de plus, elles peuvent toucher l'ensemble des fonctions du titre. Paradoxalement, dans bien des cas, le public est mis en condition par des concepts qui en appellent à l'expérience, qui renvoient à des

---

13. Traduit de l'allemand par Sibylle Muller, Paris, Flammarion, 1984, p. 242-243.

14. Le sens fondamental de cette œuvre est considéré comme inséparable d'une crise (phase mélancolique d'une névrose) que subit Sartre à partir de février 1935, d'où le titre du livre, « Melancholia », d'après la célèbre gravure d'Albrecht Dürer (1514). Voir « La Nausée », *Œuvres romanesques*, Gallimard, coll. « Bibliothèque de la Pléiade », n° 295, 1987, sous « Notice », p. 1667-1668, et « Notes et variantes », p. 1718, n. 1.

valeurs communément reçues, qui font écho à des faits de société ou de culture, à des idées qui colorent l'air du temps, à des énoncés qui ouvrent un large espace à l'interprétation et, surtout, à la mobilisation affective ou intellectuelle[15]. Deux exemples, deux titres empruntés à des contextes diamétralement opposés, mais qui partagent un même pouvoir : celui de susciter un intérêt spontané, un accueil favorable auprès du lecteur.

Premier exemple, le célèbre *J'accuse!* d'Émile Zola[16], titre qui s'impose comme un cri de ralliement autour d'une valeur fondamentale, la justice. Témoigne de l'efficacité de ce titre choc l'usage répété qui en est fait, avec d'infimes variantes, au cours des XIXe et XXe siècles. Second exemple, un énoncé des plus ordinaires : *Tout le monde est occupé*. Si ordinaire que chacun s'y reconnaît dès l'abord : voilà l'essentiel pour donner le goût d'ouvrir le livre. Et l'incident qui validera le choix de ce titre fera tache d'encre sur le fond clair du récit où s'étale le bonheur d'un couple, de ses trois enfants, et d'animaux familiers : il va de soi que cet incident clé se produise un jour où « tout le monde est occupé », où justement parce qu'« ils sont tous occupés », Rembrandt, le chat, dévore Van Gogh, le canari. Et l'auteur, Christian Bobin, de conclure : « Voilà ce qui arrive quand tout le monde est occupé : un meurtre[17]. »

Présentent des similitudes avec cette catégorie de titres, du point de vue de leur rôle persuasif, ceux qui font écho à la sagesse populaire (*Ça mange pas de pain!*), aux proverbes (*Qui trop embrasse...*), aux maximes (*Il ne faut jurer de rien*), aux échos journalistiques (*20 h 17, rue Darling*), aux mots de tous les jours (*Faites de beaux rêves*)[18].

---

15. Le titre agit sur le lecteur éventuel à la façon d'un argument par rapport au contenu annoncé. L'assertion repose sur ce principe classique : « toute argumentation dépend [...] de ce qui est accepté, de ce qui est reconnu comme vrai, comme normal et vraisemblable, comme valable » (Chaïm Perelman, *Le champ de l'argumentation*, Bruxelles, Presses universitaires de Bruxelles, 1970, p. 26).

16. « Lettre à M. Félix Faure, président de la République », imprimée en brochure avant de paraître à la une de *L'Aurore*, le 13 janvier 1898, sous la rubrique « J'accuse...! » [Cette rubrique est attribuée à Georges Clemenceau]. Désormais connu sous ce titre et considéré comme l'un des « plus grands écrits de combat », *J'accuse!* présente une autonomie qui permet d'en faire ici un exemple approprié.

17. Paris, Mercure de France, 1999, p. 81.

18. Jacques Cellard, *Ça mange pas de pain! 400 expressions familières ou voyoutes de France et du Québec*, Paris, Hachette, 1982 ; Pierre-Jean Remy, *Qui trop embrasse...*, Paris, Albin Michel, 1993 ; Alfred de Musset, *Il ne faut jurer de rien*,

S'inscrivent à un registre analogue, dont les ressources sont illimitées, des titres évocateurs de poésie (*Les Nuits attiques*) ou de scepticisme (*Quoi? L'Éternité*); des titres aux éléments contradictoires (*Apologie de la docte ignorance*) ou particulièrement insolites (*Le chant d'amour des concombres de mer*); des titres marqués au sceau du mystérieux (*Grands Secrets, grandes énigmes*) ou du merveilleux (*La Montagne magique*)[19].

S'apparentent à cette catégorie les titres à résonance qualitative ou quantitative, exploitant un mot, une note, qui met en relief soit l'infime (*Si peu*) ou l'exclusif (*Dans le meilleur des mondes*); soit l'inédit (*En 13 points Garamond*) ou l'excentrique (*Comme les huit doigts de la main*); soit l'impressionnant (*6 180 000 litres d'eau par seconde*) ou l'exorbitant (*Cent mille milliards de poèmes*)[20], etc.

À côté de ces titres qui déclenchent l'intérêt en tablant sur l'opinion commune ou la culture ambiante, il en est une infinité d'autres qui s'adressent à des auditoires particuliers, aux spécialistes d'une discipline ou d'une activité donnée: scientifique, juridique, philosophique, théologique, littéraire, etc. Ces titres se caractérisent par l'emploi d'un langage spécialisé, propre à tel domaine de connaissances, adapté à tel public, conforme à la vérité du sujet. Se présentent également des titres où spécialisation et vulgarisation s'harmonisent de telle sorte que l'ouvrage puisse capter l'intérêt de publics diversifiés.

Dans tous les cas doivent être mis en œuvre les ressorts d'une argumentation pertinente. Plus l'objet du livre fait référence à un

---

Paris, Seuil, [1947]; Bernard Émond, *20 h 17*, Montréal, Lux, 2003; Jacques Poulin, *Faites de beaux rêves*, Montréal, L'Actuelle, 1974.

19. Aulu-Gelle [Rome, *ca* 130], *Nuits attiques. Noctes atticae*, texte établi et trad. par René Marache, Paris, Les Belles Lettres, 1967. [La formulation dans une autre langue que le titre de l'ouvrage est appelée «titre parallèle»]. Marguerite Yourcenar, *Le labyrinthe du monde*, t. III, *Quoi? L'Éternité*, Gallimard, 1988; Nicolas de Cues, *Apologie*, Paris, Cerf, coll. «Sagesses chrétiennes», 1991; Bertrand Jourdan, *Le chant d'amour*, Paris, Seuil, coll. «Science ouverte», 2002; Alain Decaux, *Grands Secrets*, Paris, Perrin, coll. «Présence de l'histoire», 1970; Thomas Mann, *La Montagne*, trad. de l'allemand par Maurice Betz, Paris, Fayard, 1961.

20. Jean Grosjean, *Si peu*, Paris, Bayard, coll. «Qui donc est Dieu?», 2001; Jean Cayrol, *Dans le meilleur*, Paris, Seuil, coll. «Les Cahiers du Rhône», 1947; Jacques Hébert, *En 13 points*, Trois-Pistoles, éd. Trois-Pistoles, coll. «Écrire», 2002; Stephen Jay Gould, *Comme les huit doigts*, Paris, Seuil, coll. «Science ouverte», 1996; Michel Butor, *6 180 000 litres*, Gallimard, 1965; Raymond Queneau, *Cent mille*, Gallimard, 1961.

champ disciplinaire spécialisé, plus le titre doit désigner cet objet directement, sobrement, rigoureusement. C'est là que s'affiche sa force de persuasion, indissociable de l'autorité de l'auteur, voire de sa notoriété. Des titres comme *L'univers d'Héraclite*; *Une histoire de la lecture*; *L'avenir de la philosophie est-il grec?*; *Genèse de la société québécoise*; *La défaite de la pensée*; *Traité de biopharmacie et pharmacocinétique*; *Histoire sociale des idées au Québec (1760-1896)*; *Les manuscrits de la mer Morte et le judaïsme*; *L'autobiographie. Écriture de soi et sincérité*, sont des titres-programmes[21]. L'intérêt du sujet annoncé est capable d'emporter l'adhésion: l'autorité de l'auteur, la qualité et la validité du contenu, l'exhaustivité du développement décideront de la suite.

À côté des ouvrages scientifiques en toutes disciplines, aux titres ciselés à la fine mesure de l'objet, font bonne figure des titres dont la rigueur se pare de notes poétiques, d'évocations ludiques, de traits énigmatiques, tels sont: *Échec et maths*; *Deux siècles chez Lucifer*; *Quand la ville dort mal... Le sentiment d'insécurité*; *L'humanité improvisée*; *Le crépuscule des pensées*; *Maurice Blanchot, partenaire invisible. Essai biographique*; *Raconter et mourir. Aux sources narratives de l'imaginaire occidental*[22].

Enfin, un titre qui semble voiler le contenu du livre doit, par la voix du texte, devenir révélateur du sens de l'œuvre et de l'esthétique de l'auteur: miroir ou reflet, le titre a mandat de « nommer » le livre, de « dire » l'œuvre.

---

21. Jean-Pierre Bernard, *L'univers*, Belin, coll. « L'extrême contemporain », 1998; Alberto Manguel, *Une histoire*, essai traduit de l'anglais par Christine Le Bœuf, coll. Babel, n° 416; *L'avenir de la philosophie*, dir. Catherine Collobert, Fides, coll. « Noesis », 2002; Fernand Dumont, *Genèse*, Boréal, 1993; Alain Finkielkraut, *La défaite*, Gallimard, 1987, coll. « Folio. Essais »; *Traité*, dir. Pierre-Paul Leblanc, Montréal, Presses de l'Université de Montréal, 1997; Yvan Lamonde, *Histoire sociale*, Fides, 2000; Lawrence H. Schiffman, *Les manuscrits*, trad., révisé et mis à jour par Jean Duhaime, Fides, 2003; Jean-Philippe Miraux, *L'autobiographie*, Paris, Nathan, coll. « 128 Histoire », 1996.

22. Stella Baruk, *Échec et maths*, Paris, Seuil, 1973; Maurice Clavel, *Deux siècles*, Paris, Seuil, 1978; Jacques Girardon, *Quand la ville*, Paris, Stock, 1980; Pierre Vadeboncoeur, *L'humanité*, Bellarmin, coll. « L'essentiel », 2000; [Emil Michel] Cioran, *Le Crépuscule*, trad. du roumain par Mirella Patureau-Nedelco, éd. de l'Herne, coll. « Le Livre de poche », n° 4185, 1991; Christophe Bident, *Maurice Blanchot, partenaire invisible*, Seyssel, Champ Vallon, 1998; Thierry Hentsch, *Raconter*, Presses de l'Université de Montréal, 2002.

Le titre comporte au moins quatre emplacements jugés obligatoires ; à chacun correspondent des modalités d'inscription particulières.

Titre en première de couverture

En première de couverture prend place le « bloc titulaire » généralement composé des données suivantes : le prénom et le nom de l'auteur (ou des auteurs) ; le titre et le sous-titre, ou tout autre complément du titre ; le nom de l'éditeur. Dans bon nombre de cas, figure également le nom de la collection à laquelle appartient l'ouvrage.

Exception faite de quelque rare signe de ponctuation faisant partie intégrante du titre, il n'est aucune ponctuation en fin de ligne de chacune des entrées du titre, quel qu'en soit l'emplacement.

Page de faux titre

Au début (comme à la fin) d'un volume est insérée une feuille blanche nommée feuillet de garde. Selon l'usage généralisé au XVIIIe siècle, la première page impaire, dite belle page, qui suit ce feuillet de garde porte une seule entrée : le faux titre. Pourquoi faux ? Parce que l'énoncé ne contient qu'une mention succincte du titre (généralement sans le sous-titre) ? Parce que ce titre semble jeté là négligemment, coupé de tout lien avec son auteur ? Non, pas vraiment.

Sans reconstituer l'histoire de la page de faux titre, complexe et difficile à retracer, force est de tenir qu'en dépit de son nom, cette page est bel et bien la page de « vrai » titre, alors que la prétendue page de titre est une page de signalement général du livre, dont le titre n'est qu'une composante.

Selon une hypothèse bien étayée, le faux titre trouverait son origine dans la page de titre frontispice introduite au XVIIe siècle : page de titre entièrement gravée portant décoration et écriture. Cette page frontispice est alors redoublée par une page de titre typographique. Mais les deux pages diffèrent quelque peu, diffèrent de plus en plus ; puis, d'étape en étape, le frontispice illustré disparaît, demeure le « frontispice du pauvre », la page de faux titre[23].

---

23. Voir Roger Laufer, « Les espaces du livre », dans *Histoire de l'édition française*, dir. Henri-Jean Martin et Roger Chartier, Promodis, t. II, 1984, p. 130-131. La formule « frontispice du pauvre » est de Laufer.

Page de titre

Dans le présent contexte, la pièce majeure est la mention de l'intitulé du livre sur la « page de titre », elliptiquement appelée « titre » et placée en belle page à la suite du faux titre. Cette mention fixe l'« état civil » du livre; elle a valeur de carte d'identité. En règle générale, y figurent l'ensemble des renseignements suivants: prénom et nom de l'auteur (très exceptionnellement accompagnés de titres ou de noms de fonction); titre intégral de l'ouvrage; à cela peut devoir s'ajouter la mention de certains titulaires de responsabilité: éditeur scientifique ou intellectuel, directeur de la publication, signataire de la préface, traducteur, etc. Complètent ces données le nom de la maison d'édition, souvent doublé du logotype, ainsi que l'adresse de l'éditeur et l'année de publication.

Cette règle générale est mise en œuvre en conformité de la politique de l'éditeur. Dans nombre de cas, les entrées de cette dernière zone se limitent au nom de la maison d'édition: l'indication de l'adresse est omise, notamment lorsque la réputation éditoriale est bien établie. En toute éventualité, l'année et, dans certains cas, le lieu de parution figurent sur la page de renseignements techniques obligatoires en conformité des règles nationales. À défaut, l'achevé d'imprimer, placé à la fin du livre, peut constituer un recours supplétif, bien que cette source ne soit pas jugée prioritaire pour établir la référence bibliographique.

Certaines circonstances de publication imposent la mention d'éléments particuliers ou complémentaires en page de titre. Le cas le plus fréquent est celui d'un ouvrage collectif édité sous la direction intellectuelle ou scientifique d'un ou de plusieurs auteurs: exposés, conférences, communications faisant l'objet d'un colloque, d'un congrès ou d'une activité équivalente. La page de titre peut faire état de ces données ainsi que de toute mention de responsabilité pertinente, en évitant toutefois la surcharge.

Titre au dos du livre

Depuis le début de la période moderne, le titre principal figure obligatoirement au dos du livre; s'y trouvent également le nom (et, éventuellement, le prénom) de l'auteur et celui de l'éditeur; ce dernier peut être réduit au symbole graphique de la maison. Dans nombre de cas, les contraintes d'espace obligent à imprimer le titre, et parfois le nom de l'auteur, dans le sens de la hauteur du livre. Dans la tradition anglo-saxonne, les titres se lisent de haut en bas, alors que c'est le contraire dans la tradition française.

Est-il besoin de signaler que de multiples ressources graphiques et typographiques entrent en jeu pour assurer la qualité et l'élégance des titres ? Peut-être est-il permis de l'affirmer, mais sans rien ajouter ; car pour l'artiste, poète de l'image au service de l'édition, tout ajout serait superflu, toute règle, malvenue.

16 ▪ Les titres intérieurs et les intertitres

En référence aux divisions et aux subdivisions d'un ouvrage, il peut être question de titres intérieurs et d'intertitres. Toutefois, les caractères respectifs des uns et des autres sont vaguement définis et rarement pris en compte, d'où leur inscription sous une même rubrique et leur traitement à peine dissocié.

Titre intérieur – Sous l'article « titres intérieurs », le *Lexique des règles typographiques en usage à l'Imprimerie nationale* enregistre la nomenclature hiérarchisée des titres éventuellement utilisables dans la composition d'un ouvrage. La liste comporte une douzaine d'entrées qui vont du tome ou du volume à l'alinéa, en passant par la partie, le chapitre, la section, l'article et le paragraphe[1]. Pour sa part, le *Lexique de l'édition et des techniques éditoriales* limite l'application du terme aux « parties » d'un ouvrage[2].

Titre intérieur et intertitre – Le théoricien linguiste Gérard Genette considère ces divers titres comme synonymes ou équivalents; il affirme tout de go: « Les intertitres, ou titres intérieurs, sont des titres et comme tels ils appellent le même genre de remarques. » Il y ajoute une description aux contours mal définis: « L'intertitre, écrit-il, est le titre d'une section de livre: parties, chapitres, paragraphes d'un texte unitaire, ou poèmes, nouvelles, essais constitutifs d'un recueil[3]. » D'autres auteurs appliquent le vocable « titre intérieur » aux grandes divisions d'un ouvrage, nommées divisions supérieures (tome, livre,

1. Paris, Imprimerie nationale, 1990, p. 171-172, *s.v.* titres intérieurs. Le *Lexique* n'enregistre pas l'« intertitre »; ce mot est néanmoins attesté dans les grands dictionnaires de langue; ceux-ci en confinent cependant l'usage au vocabulaire du journalisme et du cinéma.

2. Jacques Berthelot, Paris, Hachette, coll. « Technique », 1992, p. 145, *s.v.* titre intérieur.

3. Gérard Genette, *Seuils*, Paris, coll. « Poétique », 1987, p. 271-272.

partie, chapitre), en réservant l'appellation « intertitre » aux subdivisions du chapitre lui-même (section et sous-section)[4]. La classification est claire et précise.

En complément de ces notions, il convient de signaler que les divisions et subdivisions d'un ouvrage ne sont pas nécessairement annoncées par des titres intérieurs ou des intertitres: elles peuvent résulter d'un saut de page, de l'insertion d'astérisques ou d'autres symboles typographiques; elles peuvent consister en une judicieuse répartition des blancs. Ces diverses mesures sont dites « divisions muettes ».

Critères d'usage

Contrairement au titre de l'ouvrage, indispensable à l'existence publique ou officielle du livre, les titres intérieurs ou les intertitres n'ont rien d'une condition impérative: leur présence est nécessaire à d'autres égards. L'observation critique de livres de différents genres permet d'en dégager les critères d'usage; ceux-ci peuvent se répartir sous trois chefs distincts: critères liés à la fonction du titre, critères relatifs au plan de l'ouvrage, critères afférents au libellé du titre.

– Le choix des titres intérieurs est commandé par leur fonction majeure qui est d'établir et de manifester l'unité architecturale de l'œuvre. À cette fin, ils doivent dévoiler progressivement les ramifications du titre principal, traduire les étapes logiques du développement, constituer un réseau articulé que reflétera la table des matières, être sources de compréhension du livre et auxiliaires de lisibilité.

– Le plan de l'ouvrage fonde la structure de l'ensemble des titres et permet de les situer à leur niveau respectif. Ainsi hiérarchisés, les titres indiquent l'importance de la portion de texte qu'ils annoncent et, conséquemment, ce texte devient le lieu de vérification de la justesse et de la pertinence du titre. Il suit de là qu'une arborescence trop fractionnée des titres intérieurs risque de desservir l'œuvre et de dérouter le lecteur.

---

4. Confirme à demi cette assertion la définition suivante de l'intertitre: « Titre de moindre importance intervenant à l'intérieur d'un chapitre, d'un paragraphe. » (Jacques Berthelot, *ibid.*, p. 87). — On peut regretter l'imprécision des mots « de moindre importance », tout comme la mention du « paragraphe », lequel ne s'accommode pas communément de subdivisions ni d'intertitres.

– Les critères afférents au libellé des titres ont trait à la structure de chacun d'eux, à leurs rapports réciproques, à leur relation à l'ensemble du réseau. Des titres de même catégorie ou de même niveau doivent avoir une même structure lexicale et syntaxique; en outre, ils doivent avoir une valeur sémantique comparable. Titres intérieurs et intertitres ont avantage à être concis, en demeurant néanmoins adéquats par rapport au contenu qu'ils désignent; des titres ambigus ou inutilement complexes sont à éviter. Considérés globalement, c'est-à-dire dans leurs relations entre eux et avec l'ensemble, les titres doivent avant tout être homogènes: cette exigence touche indissociablement la qualité stylistique des intitulés, leur valeur significative en regard du texte qu'ils coiffent, leur justesse et leur cohérence par rapport au développement des parties et des chapitres.

– L'ordre classique ou traditionnel des divisions et subdivisions d'un livre est généralement établi et libellé comme suit: Première partie, Deuxième partie; Chapitre premier, Chapitre II; viennent ensuite, dans l'ordre, les chiffres romains, les lettres majuscules, les chiffres arabes, les lettres minuscules.

– Selon le système numérique international, les divisions et subdivisions sont marquées en chiffres arabes, sous la forme suivante[5]: 1, 1.1, 1.1.1, 1.1.2, 1.1.2.1. Attesté dans nombre d'ouvrages scientifiques, dans les traités juridiques, les écrits techniques ou didactiques, cet emploi a rarement cours dans les autres types de publications; il n'a aucune raison d'être dans les œuvres littéraires[6]. La norme en question recommande à juste titre de « limiter le nombre de niveaux afin que les numéros des différentes parties restent aisés à retrouver, à lire et à citer ».

– La numérotation continue des chapitres au cours de l'ensemble d'un ouvrage, abstraction faite des subdivisions qui s'intercalent entre eux, s'avère une pratique de plus en plus usitée en raison de ses avantages fonctionnels pour le lecteur et le chercheur.

---

5. *Norme internationale ISO 2145-1978* (F), corrigée et réimprimée en 1983. On notera l'absence de toute ponctuation à la fin du numéro désignant le niveau; les virgules qu'on utilise dans l'énoncé sont requises pour séparer les éléments de l'énumération; elles n'appartiennent pas à la graphie de ces éléments.

6. L'exploitation judicieuse de la déclinaison des caractères typographiques: police, corps (taille), face (romain maigre ou gras), casse (capitales, petites capitales, bas-de-casse), s'ajoute aux autres recours utilisables pour établir les niveaux.

– Les procédés typographiques et les jalons énumératifs utilisés doivent être cohérents les uns par rapport aux autres et homogènes d'un bout à l'autre du livre.

Exemple

L'exemple choisi illustre sommairement la mise en application des critères répertoriés. Il est emprunté à l'ouvrage *Apprendre à être*, publié par l'Unesco, sous la direction d'Edgar Faure[7]. Il compte trois parties traitées en neuf chapitres; les chapitres comportent généralement deux niveaux, ce qui représente une hiérarchie de titres de quatre niveaux.

Première partie
CONSTATS

Chapitre premier
L'éducation en question

L'héritage du passé
L'éducation, nécessité biologique
L'éducation, nécessité sociale
Aux portes du temps présent
Repères actuels
Trois phénomènes nouveaux
L'éducation précède
Contestation

Chapitre II
Progrès et impasses

Besoins et demande
Définitions
Sociologie de la demande
Répartition régionale de la demande
Les termes du possible
Expansion accélérée
Recrutement des enseignants
Potentiels extra-scolaires

7. Edgar Faure *et al.*, Paris, Fayard et Unesco, 1972, 368 p. Les intitulés cités sont reproduits textuellement, mais la nomenclature en est incomplète et certains éléments typographiques sont modifiés.

17 ▪ Les titres courants

Les titres courants, dont l'usage remonte au XVe siècle, ne retiennent guère l'attention. En règle générale, leur présence laisse indifférent et leur absence passe inaperçue. Sans doute, cela explique-t-il le fait que la plupart des codes typographiques et des ouvrages similaires en réduisent le traitement à de brèves indications d'ordre technique.

Témoignent en ce sens les extraits suivants qui épuisent leur source respective en la matière :

– Le premier emprunte à un typographe professionnel cette définition du titre courant : « Texte qui est répété au haut des pages [d'un] livre, souvent sur la même ligne que le folio. Il peut comporter le titre du livre sur toutes les pages. Il peut aussi comporter le titre du livre sur les pages paires et celui du chapitre sur les pages impaires[1]. »

– Le second porte la signature d'un littéraire qui se démarque du typographe en proposant une définition dont les premiers mots laissent songeur : « Le titre courant, écrit-il, est un résumé d'au plus une ligne, imprimé en tête de chaque page, reprenant, sur la page de gauche, le titre du livre, sur celle de droite, le titre du chapitre (ou la rubrique, dans le cas d'un dictionnaire)[2]. »

Pour utiles qu'ils soient, ces propos omettent des aspects essentiels. Les titres courants ont de soi une double raison d'être : permettre au lecteur de situer dans l'ensemble de l'ouvrage la page qu'il a sous les yeux ; faciliter la consultation ou étayer la recherche. De plus, certains misent sur leur valeur esthétique ; d'autres leur attribuent une fonc-

1. Aurel Ramat, *Le Ramat de la typographie*, Montréal, Aurel Ramat éditeur, 2005, p. 31. L'auteur adopte comme titres courants de chacune des pages le titre du livre et le titre du chapitre en cours.

2. Bernard Dupriez, *Gradus. Les procédés littéraires (Dictionnaire)*, Paris, Union générale d'éditions, coll. « 10/18 », n° 1370, 1980, p. 454, *s.v.* titre d'œuvre, rem. 3. Cet ouvrage ne comporte pas de titres courants.

tion de second ordre, soit permettre de retrouver le port d'attache d'un feuillet perdu[3].

Ces diverses raisons ne justifient cependant pas la présence de titres courants dans tous les livres: les recueils de poésie en excluent généralement l'usage; bon nombre de romans s'en dispensent; les mémoires, la correspondance ou le journal intime, dont le déroulement est scandé par les dates, les omettent ou les simplifient à l'extrême[4].

En revanche, les ouvrages d'érudition, les traités scientifiques, les manuels d'enseignement exigent un choix de titres courants accordé à la structure de l'œuvre et à la nature de son contenu. S'apparentent à cette catégorie un nombre imposant de livres en tout genre où les titres courants ne s'imposent pas avec la même rigueur, mais peuvent néanmoins servir de repères utiles.

En principe, le libellé des titres courants relève de la compétence de l'éditeur, mais c'est l'auteur qui en crée la matière par le choix des titres de son livre: titre principal, titres de chapitres et intertitres. Il appartient donc à ce dernier d'exprimer ou de justifier ses intentions à ce propos; en toute hypothèse, les titres courants doivent refléter au mieux le plan de l'ouvrage.

Teneur et formulation

La pratique la plus communément attestée comporte l'inscription du titre du livre ou de la partie sur les pages de gauche; la mention du titre de chapitre sur les pages de droite. L'ouvrage de Philippe Sollers, *Éloge de l'infini*, présente le titre du livre à gauche[5]; celui de Claude

---

3. Sans se présenter comme un spécialiste en la matière, Stendhal marque l'importance des titres courants dans une lettre à celui qui a collaboré à la mise au point de son *Histoire de la peinture en Italie*: « Une chose fera un mauvais effet si elle n'est pas soignée, ce sont les titres au haut des pages. [...] il ne faut pas les imprimer sans vérifier s'ils se rapportent à la matière. [...] Je les mets parce que cela intéresse à l'ouverture du livre. » (À Louis Crozet, [Grenoble, 16 juin 1816], dans Stendhal, *Correspondance I, 1800-1821*, Gallimard, coll. « Bibliothèque de la Pléiade », n° 158, 1962, p. 814-815).

4. Exemples d'œuvres ne comportant pas de titres courants: Anne Hébert, *Œuvre poétique 1950-1990*, Boréal, coll. « Boréal compact », n° 40, 1992; Thomas Mann, *Journal 1918-1921* [et] *1933-1939*, texte établi par Peter de Mendelssohn, Gallimard, coll. « Du monde entier », 1985.

5. *Éloge de l'infini*, Gallimard, coll. « Folio », n° 3806, 2001.

Geffré, *Profession théologien*, mentionne à cet endroit le titre de la partie ; les deux font du titre de chapitre le titre courant inscrit sur la page de droite[6].

Est relativement fréquente et bien adaptée à la raison d'être du titre courant l'indication du titre de chapitre en page de gauche, celle des subdivisions de chapitre en page de droite. En offre un exemple l'ouvrage d'André Goose, *La "nouvelle orthographe". Exposé et commentaires*[7].

Certains types d'ouvrages (dictionnaires, lexiques, anthologies) entrent dans une catégorie spéciale en regard du libellé des titres courants, lesquels doivent constituer des repères adaptés à la nature de l'écrit et aux besoins de la consultation. Bien que leur diversité appelle des modalités particulières, la règle suivante s'applique communément : le titre courant de la page paire (gauche) rappelle la première entrée de cette page (mot ou sujet) ; celui de la page impaire (droite) reproduit la dernière entrée de cette page. Qu'il s'agisse de mots ou de sujets, la mention en toutes lettres est la plus commode ; toutefois, comme il s'agit d'une inscription par ordre alphabétique, l'entrée peut se limiter aux premières lettres du terme.

Enfin, il est des cas où le libellé des titres courants se distingue par une présentation originale. Le livre de Giovanni Calabrese, *Entretiens avec Jean Paré*, en offre un exemple[8]. Les titres courants y sont empruntés aux titres des parties du livre, titres dont la structure permet une scission en deux parts, la première devenant le titre courant de la page de gauche ; la seconde, le titre courant de la page de droite. D'où les titres courants « Sous le signe » [et] « de la liberté », qui s'offrent respectivement à l'œil en tête des pages paires et des pages impaires de la partie intitulée : « Sous le signe de la liberté ». Adaptés

---

6. Entretiens avec Gwendoline Jarczyk, *Profession théologien. Quelle pensée pour le* XXIe *siècle ?*, Paris, Albin Michel, 1999.

7. Louvain-la-Neuve, Duculot, 1991. — *The Chicago Manual of Style*, un classique de l'édition, remarque en ce sens que les lecteurs connaissent le titre du livre qu'ils sont à lire et préfèrent disposer de titres courants leur indiquant *where they are in it*. (The University of Chicago Press, 14th ed., 1993, p. 39, § 1.94). La 15e édition [2003] ne reprend pas cet argument qui n'a pourtant rien perdu de sa pertinence.

8. *Un grand reportage sur le Québec contemporain*, Montréal, Liber, coll. « De vive voix », 1994.

à leur raison d'être, ces titres courants offrent — de surcroît — un bel effet esthétique.

En complément de ces données sur les divers genres de titres courants, l'exploration critique de l'usage suggère quelques remarques.

– En règle générale, le sous-titre d'un ouvrage n'entre pas dans le titre courant; par ailleurs, le titre principal peut être abrégé, au besoin; cette abréviation ne saurait être suivie de *etc.* ou de points de suspension.

– La répétition du titre de l'ouvrage tout au long du livre, en page de gauche et en page de droite, mérite une cote d'utilité voisine de zéro ou carrément nulle[9]. À ce sujet, l'auteur des *Directives pour la confection d'une monographie scientifique* est plus radical encore; il affirme sans ambages: « Le titre courant n'ayant d'autre intérêt que d'indiquer à quel endroit de l'ouvrage on se trouve, il est dépourvu de sens de répéter tout au long d'un volume le même titre courant[10]. » Il n'est pas sans intérêt de rappeler que le XIXe siècle a milité — sans succès — en faveur de titres courants « qui signalent le contenu [de l'ouvrage] de manière plus fine en répétant les intitulés textuels du niveau le plus bas ». De tels titres, qui changent presque à chaque page, font « l'office de poteaux indicateurs [... du] sujet spécial traité à la page où l'on se trouve[11] »: clarté et facilité de recherche y gagnent à coup sûr.

---

9. Le lecteur du livre d'Alain-Fournier, *Le Grand Meaulnes* (Paris, Émile-Paul, 1963), dont les trois parties comportent des chapitres aux titres brefs et suggestifs, jugerait sans doute plus utile de retrouver successivement ces titres en tête des pages impaires, plutôt que d'y voir répétée à gauche et à droite la mention du titre de l'œuvre. — Même lorsqu'un ouvrage ne comporte aucun intertitre, la répétition de page en page du titre principal comme titre courant s'avère discutable. C'est le cas du titre « *Ulysse* », repris 703 fois dans la traduction de l'œuvre de James Joyce, parue chez Gallimard, coll. « Du monde entier », 1948. Il est permis de parler alors de retour du titre « à un rythme obsédant », selon l'expression de Christian Poncelet, dans *Essai sur le titre en littérature et dans les arts*, Lyon, BOF éditeur, 1972, p. 84.

10. Fernand Van Steenberghen, Louvain, Éditions de l'Institut supérieur de philosophie, 1949, p. 69.

11. Voir Roger Laufer, « L'espace graphique du livre au XIXe siècle », dans *Romantisme* (Revue de la Société des études romantiques), vol. 14, n° 43, 1984, p. 65-72. L'auteur cite notamment l'ouvrage de Daupeley-Gouverneur: *Le compositeur et le correcteur typographique* (1880).

– Dans un ouvrage collectif, il est d'usage de retenir comme titres courants, à gauche, le nom de l'auteur de la contribution individuelle ; à droite, le titre de cette contribution — qui est l'équivalent du titre de chapitre. Largement attestée, cette pratique est utile pour le lecteur et rend un juste crédit aux auteurs, dont le nom ne figure pas toujours sur la page de titre de ces ouvrages ; c'est le cas, entre autres, de publications d'actes de congrès ou de colloques.

– Toute partie liminaire ou annexe d'un livre (dite composante *péritextuelle*) : préface, avant-propos, chronologie ou repères chronologiques, liste des sigles ou des abréviations, annexe, appendice, bibliographie, index, etc., qui s'étend sur plus d'une page porte un titre courant (à partir de sa deuxième page). Ce titre est celui de la partie, c'est-à-dire de l'objet dont il s'agit (par ex. Bibliographie) ; il figure à la fois sur les pages paires et sur les pages impaires, à l'exclusion du titre de l'ouvrage et de tout élément autre que le folio.

– Dans le cas de l'appendice, il est d'usage de porter au recto (page impaire) la mention de l'objet de l'appendice et d'indiquer au verso (page paire) le mot « Appendice », suivi de la lettre ou du numéro d'ordre, s'il y a lieu[12]. Lorsqu'il y a plus d'un index, il importe que le titre courant spécifie l'objet de chacun (par ex. Index des sujets, Index thématique).

– Ne portent pas de titre courant (ni de folio), les pages de titre ; les pages qui contiennent exclusivement une illustration ou une table ; la première page d'un chapitre, tout comme la première page des composantes *péritextuelles* énumérées ci-dessus.

– Lorsque les notes et les références bibliographiques sont regroupées en une section à la fin du volume, les titres courants de ces pages doivent comporter une indication claire et précise, soit, par exemple, « Notes du chapitre II » ou « Notes des pages 47-92 ». Quand l'espace disponible le permet, il est utile d'y ajouter le titre du chapitre.

Emplacement et règles d'écriture

Le titre courant se place en tête de page, selon l'une ou l'autre des trois modalités suivantes : au centre de la justification ; à la marge intérieure

---

12. Voir *The Chicago Manual of Style*, 15th edition, 2003, p. 32, § 1.97 *Running heads in back matter.*

du livre ; à droite ou à gauche du folio, selon qu'il s'agit des pages paires ou des pages impaires. L'inscription du titre courant à la verticale, dans les marges de gauche et de droite du livre, peut être appropriée dans certains cas, à la condition, toutefois, de ne pas réduire la lisibilité de ce titre. L'inscription du titre courant en bas de page est pour le moins insolite.

Lorsque le folio est placé sur la même ligne que le titre courant, ce qui est généralement le cas, il doit en être raisonnablement distancé, et cela tant d'un point de vue pratique qu'en raison de l'esthétique. Le titre courant doit entrer sur une seule ligne ; il ne prend aucune ponctuation.

Enfin, le titre courant doit pouvoir être distingué du texte au premier regard. Le choix des caractères typographiques permet de respecter cette exigence.

18 ▪ L'appel de note

Chronologiquement l'appel de note est premier; la note est seconde. Logiquement la note est première: elle est déjà conçue lorsque survient l'appel; elle est porteuse de sens. De soi, le lien entre les deux commanderait un traitement unique; néanmoins la nature de leurs traits respectifs autorise à les dissocier le temps d'une investigation.

L'appel de note est un signe placé dans le cours d'un texte pour annoncer la présence — en note — d'une référence, d'un commentaire ou d'une explication, que l'usage ou le propos de l'auteur justifient de porter en dehors du texte, soit en bas de page, en fin de chapitre, en fin de document ou, plus rarement, en marge. L'appel relie un point du texte à un lieu d'information complémentaire ou supplémentaire.

Formes d'appel et types d'emploi

Bien que tout symbole puisse, par convention, servir d'appel de note, l'usage recourt aux formes suivantes: un astérisque; un chiffre supérieur (généralement sans parenthèses); un chiffre inscrit entre parenthèses sur la ligne de base du texte; une lettre minuscule[1].

– L'astérisque s'avère particulièrement approprié aux documents scientifiques: il empêche de confondre l'appel de note avec les exposants, les tableaux de chiffres, les formules mathématiques et autres. Il peut convenir dans les poèmes et les écrits similaires; on l'utilise

1. Dans le cas d'une composition des notes en marge du texte, l'appel peut prendre une autre forme au choix de l'auteur ou de l'éditeur; de plus, toutes les notes peuvent alors être annoncées par un signe identique, voire n'être indiquées par aucun signe étant donné que « le pied de la première ligne de la note marginale s'aligne avec celui de la première ligne du texte contre lequel elle est placée ». (*Le Nouveau Code typographique*, Paris, Fédération de la communication, 1997, p. 163, nº 167).

volontiers dans les textes courts ne comportant que de rares appels; très exceptionnellement, il peut figurer dans les titres[2].

– Comme l'astérisque, la lettre minuscule peut servir d'appel de note dans les documents scientifiques; elle s'inscrit en italique, entre des parenthèses en romain, sur la ligne même du texte. On y recourt aussi comme marque de renvoi dans les fiches et autres documents terminologiques; elle est alors en romain et placée en exposant.

– Le chiffre supérieur sans parenthèses est la forme d'appel la plus communément usitée.

Règles d'écriture

À ce chapitre, les propos ne sont pas toujours unanimes et des contradictions s'affichent ici et là. Néanmoins, des convergences se dessinent et des règles communes s'imposent[3].

– « L'appel de note, enseigne un maître typographe, se place toujours avant le signe de ponctuation, qu'il se rapporte au mot qui précède ou à la phrase[4]. »

– L'appel de note doit être des plus discret, d'où la préférence communément marquée pour l'usage d'un chiffre composé en romain maigre, placé à la façon d'un exposant, sans parenthèses, de même caractère que le texte, dans un corps inférieur d'au moins deux points.

– L'appel de note se met à l'endroit le plus approprié logiquement et pratiquement, c'est-à-dire après le mot ou la partie de texte dont traite la note. On doit éviter de le placer après un chiffre ou une date, de l'accoler au nom d'un auteur, de l'insérer au cours de la présentation du texte qui fait l'objet de la référence.

– L'appel est placé immédiatement après le mot ou le groupe de mots auquel il se rapporte. Il en est séparé par une espace fine si le logiciel utilisé le permet; sinon, il y est accolé, sans espace. S'il porte sur

---

2. L'usage limite à trois le nombre d'astérisques par page. — Dans la mesure du possible, la présence de l'appel de note dans un titre est à éviter.

3. Voir Marie Malo, *Guide de la communication écrite*, Montréal, Québec Amérique, 1996, p. 3-5. La présente analyse y emprunte des données.

4. Aurel Ramat, *Le Ramat de la typographie*, Montréal, Aurel Ramat éd., 2005, p. 29.

l'ensemble d'une phrase ou d'un paragraphe, l'appel se place tout contre la dernière lettre de l'énoncé, avant la ponctuation finale de la phrase ou du paragraphe.

– Dans le cas d'une citation, l'appel de note se place après et tout contre le dernier mot du texte cité, avant toute ponctuation et avant le guillemet fermant.

Exemples :

Dans une lettre à l'adresse d'un ami imprimeur, George Sand affirme que « la ponctuation a sa philosophie comme le style[5] ».

« La littérature est un "lieu" de liberté qui condense et disperse les violences de l'histoire contemporaine[6]. »

On observera la place respective de la ponctuation finale et du guillemet fermant dans ces deux cas. La règle suivante s'applique : si la partie entre guillemets commence par un bas-de-casse (exception faite d'un nom propre), la ponctuation finale se place à l'extérieur. Si la partie entre guillemets commence par une capitale (non exigée par un nom propre) — indiquant donc qu'il s'agit d'un énoncé ou d'une phrase autonome, la ponctuation finale se place à l'intérieur.

– Dans le cas d'une citation qui se termine par un point d'interrogation ou un point d'exclamation, l'appel de note se place exceptionnellement après ce signe ; vient ensuite le guillemet fermant et, s'il y a lieu, la ponctuation finale de la phrase[7].

Exemples :

L'ouvrage posthume, *Une petite fin du monde*, rapporte cette question de l'auteur : « Des réflexions sur la mort seraient-elles nécessairement plus valables parce que provenant d'un penseur conscient qu'il va lui-même bientôt mourir ?[8] ».

---

5. « À Charles Edmond » (1871. Nohant, août) dans *Impressions et souvenirs*, Présentation de Georges Lubin, Éditions d'aujourd'hui, 1976, p. 91.
6. Simon Harel, « Préambule », *Un boîtier d'écriture. Les lieux dits de Michel Leiris*, Montréal, Trait d'union, coll. « Spirale », 2002, p. 7.
7. Voir Guy Laflèche, *Le Manuscrit moderne*, Montréal, Guérin Universitaire, 1998, p. 68-69.
8. Laurent-Michel Vacher, *Une petite fin du monde. Carnet devant la mort*, Montréal, Liber, 2005, p. 41.

Après avoir exprimé le vœu que les grands écrivains débarrassent la langue française de certaines anomalies, George Sand s'exclamait: « Hélas! non, tant qu'il y aura des académies gardiennes de la lettre morte, et qu'ils voudront tous en être![9] ».

– En conformité de la première règle d'écriture énoncée ci-dessus, en conformité de l'enseignement d'un maître typographe, l'appel de note se place après et tout contre la dernière lettre d'un mot suivi de points de suspension, donc avant les points de suspension.

Exemple:

Avis aux rédacteurs perfectionnistes[10]...

Toutefois, en bonne logique, dans le cas d'une citation se terminant par des points de suspension, il s'impose de placer l'appel après les points de suspension qui appartiennent à la citation, de faire suivre l'appel du guillemet fermant et de la ponctuation finale de la phrase, s'il y a lieu.

Exemple:

« Avis aux rédacteurs perfectionnistes...[11] », ose-t-elle écrire.

– L'appel de note se place après le point abréviatif d'un mot abrégé, avant la ponctuation finale et, s'il s'agit d'une citation, avant le guillemet fermant.

Exemples:

Celui qui écrit doit user modérément de l'abréviation *etc.*[12].

Ce réviseur martèle avec conviction: « Usez modérément de l'abréviation *etc.*[13]. »

---

9. *Impressions et souvenirs*, p. 106.

10. La présente règle est incomplète: elle n'indique pas comment procéder s'il s'agit d'une citation qui se termine par des points de suspension. À ce sujet, il est couramment indiqué de placer le guillemet fermant avant les points de suspension. La suite de notre propos dispose de la question autrement.

11. L'affirmation tient simplement compte du rôle propre des guillemets; au besoin, on pourrait invoquer en outre l'appui du *Nouveau Code typographique*, Paris, 1997, p. 164, §169.

12. Dans les deux exemples, l'italique remplit la fonction de mise en relief. Ordinairement l'abréviation *etc.* s'écrit en caractères romains dans un texte en romain.

13. Cette série de signes de ponctuation est peu élégante. Elle est correcte, mais non recommandée pour autant.

– L'appel de note qui porte sur le contenu d'une parenthèse précède la parenthèse fermante. Si l'appel porte sur toute la phrase, dont la dernière partie est entre parenthèses, on le met après et tout contre la parenthèse fermante, mais avant la ponctuation finale de la phrase.

Règles de présentation

– Le signe d'appel est reproduit au commencement de la note qui y correspond.

– En règle générale, on ne met pas plus d'un appel de note par phrase.

– Il va de soi que l'appel de note ne saurait en aucun cas être rejeté en début de ligne.

– La présentation des appels de note doit être uniforme tout au long du document.

– Dans une colonne de chiffres, l'alignement vertical ne doit pas être modifié par un appel de note dans le blanc de droite ou dans celui de gauche.

19 ▪ La note

« Les notes en bas de page sont aux sciences humaines ce que les données sont aux sciences exactes », affirme l'auteur de l'ouvrage *Les origines tragiques de l'érudition*[1]. Ce propos audacieux, dont la preuve s'étale sur plus de deux cents pages, offre une « entrée royale » à l'étude projetée.

Au seuil, il convient d'arrêter le regard sur la notion exprimée par le terme *note* usité dans le présent contexte à titre de composante d'un livre, d'un document, d'une œuvre. Cette question ouvre plusieurs voies : la présente rubrique est axée sur la nature et la portée de la note, mais considérée « exemplairement » sous la figure traditionnelle de la note en bas de page — que l'usage autorise à porter en fin de chapitre ou en fin d'ouvrage, ou encore à placer en marge du texte.

Il arrive que les lexicographes soient source d'inspiration ; à défaut, et le plus souvent, ils alignent de simples définitions ou de vagues descriptions. C'est le cas au sujet du mot *note* traité comme suit dans les grands dictionnaires *Robert*. Historiquement, à partir du XVIIe siècle, le terme *note* désigne « une brève indication [...], une remarque écrite concernant un texte, un exposé succinct destiné à faire connaître quelque chose ». Sémantiquement, la note est à la fois une « remarque écrite se rapportant à un texte » et un « bref éclaircissement ou élément informatif supplémentaire (d'un texte)[2] ».

La dominante de ces notions est d'ordre quantitatif : *brève indication, exposé succinct, bref éclaircissement*. Il n'est rien là de qualitatif, rien qui suggère que la note puisse avoir raison de « valeur ajoutée »,

1. Antony Grafton, *Les origines* [...]. *Une histoire de la note en bas de page*, traduit de l'anglais (américain) par Pierre-Antoine Fabre, Paris, Seuil, coll. « La librairie du XXe siècle », 1998, « Préface », p. 7.

2. Selon l'ordre des entrées, il s'agit du *Dictionnaire historique de la langue française*, t. II, 1994, p. 1332, *s.v.*, et du *Grand Robert de la langue française*, t. IV, 2001, p. 1982 et p. 1983, *s.v.*

rien qui laisse supposer que la note soit, à l'occasion, manœuvre oratoire ou ruse du discours. Pourtant, la note peut être tout cela, et même davantage, comme en témoigne l'histoire de la pensée : on peut évoquer en ce sens le nom de Pierre Bayle, auteur du *Dictionnaire historique et critique* (1697), qui aurait fait de la note « une véritable pratique d'écriture » à des fins doctrinales et philosophiques[3].

Toutefois, ce n'est pas ce qui constitue la fonction première de la note, ni sa fonction propre. Source de savoir et véritable genre littéraire[4], la note existe, la note s'impose : elle s'impose en dépit du fait qu'elle soit reléguée en bas de page, en fin de chapitre ou en fin d'ouvrage ; elle s'impose malgré les coups durs que lui assènent joyeusement les clichés d'hier et d'aujourd'hui[5]. La note fait partie de l'ensemble de ces lieux privilégiés d'une œuvre qu'il est convenu d'appeler *paratexte*, lieux privilégiés mis à la disposition de l'auteur et au service du lecteur.

Sans être du texte, la note en est indissociable. Il existe entre le texte et la note une attente impérieuse ou tacite, un espace à combler. Attente impérieuse régie par un code dans le cas de la note de référence d'une citation textuelle. Attente implicite, occultée ou non selon la probité de l'auteur, dans le cas d'une citation d'idée. Appel d'un vide à réduire dans le cas d'une note de contenu qui vient élargir la portée du texte, préciser le contexte, prévenir une interrogation, désamorcer une critique, et tout cela sans déviation ni digression.

---

3. De fait, Bayle a multiplié les notes dans son dictionnaire au point d'en couvrir parfois plus de 90 % de la page ; il y a porté nombre de discussions offrant matière à controverse. (Voir Vincent Colonna, « Fausses notes », *Cahiers Georges Perec 1*, Paris, Paul-Otchakovsky-Laurens [POL], 1985, p. 99-100 ; voir aussi *Pierre Bayle, témoin et conscience de son temps*, choix d'articles du *Dictionnaire historique et critique*, présentés et édités par Antony McKenna, Paris, Honoré Champion, 2001, p. 18-23.)

4. Genre littéraire mineur, sans doute ; genre non officiellement reconnu, mais qui mériterait bien de l'être.

5. Armes des pédants, véritables plaies, bêtes noires, les notes et les citations sont, de l'avis de Hobbes dans *Le Léviathan* (chap. 47), « les clous de girofle de l'esprit des autres », dont usent volontiers les malins pour relever « leur doctrine corrompue ». Sous la plume du philosophe Alain, « la note, c'est le médiocre qui s'accroche au beau » (*Propos*, 18 mai 1921). Pour sa part, l'auteur de *La seconde main ou le travail de la citation* traite le sujet sous un titre pour le moins ambigu, soit : « La fosse aseptisante » (Antoine Compagnon, Paris, Seuil, coll. « Poétique », 1979, p. 339-341).

C'est dans cette perspective qu'une note se justifie; c'est dans cette optique que l'ajout d'un supplément au texte en dehors du texte peut trouver sa raison d'être. Dès lors, la note s'avère efficace : elle a chance d'être lue et reçue par tel ou tel lecteur, voire par tous.

Types et fonctions

L'usage commun ou la théorie courante distinguent deux types de notes : la note de référence et la note de contenu. C'est là une répartition commode, bien qu'en pratique contenu et référence cohabitent souvent sous un même appel de note ; de plus, en toute logique, chaque note véhicule un contenu, et ce contenu n'est pas univoque.

La note de référence renvoie à la source précise d'une citation textuelle ou d'une citation non textuelle, dite *citation d'idée*[6]. Mode de citation connu, mais pas toujours reconnu, la citation d'idée consiste à s'inspirer directement de la pensée d'autrui en faisant siennes l'argumentation ou les conclusions qu'on y trouve, bref à formuler en ses propres mots les idées d'un autre[7]. Cela peut se traduire par l'emprunt d'assertions, de preuves, de points de comparaison, de données chiffrées, etc. Dans tous les cas, qu'il s'agisse de citations textuelles ou non, la mention des sources s'impose ; elle figure généralement sous la forme de références bibliographiques.

La note de contenu peut consister en l'explicitation de termes pour mettre en relief un sens spécifique, pour élucider une acception figurée ou inédite ; cette note peut encore apporter un éclaircissement, suggérer une piste d'analyse, commenter un point sommairement évoqué, proposer un argument supplémentaire pour neutraliser une objection, etc. Un double critère entre en compte pour justifier la note de contenu : son objet et sa teneur représentent un apport qualitatif d'un intérêt certain, mais son intégration dans le cours du texte en briserait indûment la continuité.

---

6. L'expression est empruntée au guide didactique de Marc Blackburn *et al.*, *Comment rédiger un rapport de recherche. La présentation matérielle des travaux écrits*, Montréal, Leméac, 1979, p. 29.

7. Dans son ouvrage *La Vie mode d'emploi*, Georges Perec stigmatise l'injustice flagrante d'un célèbre professeur de l'Académie de médecine qui emprunte sans vergogne, « à la virgule près », sans aucune référence au manuscrit du modeste docteur Dinteville qui avait été éconduit par tous les éditeurs de son temps (Paris, Hachette, 1978, chap. XCVI, « Dinteville, 3 », p. 574-581).

Le test de vérification à ce propos repose sur le jugement de l'auteur, lequel doit adopter une logique constante dans la répartition de ce qu'il porte en note et de ce qu'il insère dans le texte. À cette fin, il doit établir une certaine hiérarchie entre les données élaborées. À la base, se situe l'expression de sa propre pensée sur le sujet. Le niveau suivant peut consister en une citation textuelle ou non : l'auteur trouve alors chez autrui un apport qui double ou qui renforce sa vision ; il s'agit d'un niveau autre, mais d'une importance égale à celui du texte. Au-delà, l'auteur peut tabler sur une enquête menée expressément pour corroborer ses vues ; en d'autres contextes, il peut juger utile d'évoquer une situation concrète à l'appui de son exposé ; d'une façon plus lointaine, moins directe, il se bornera à faire appel à des anecdotes pertinentes, à des cas fictifs appropriés, etc.

De toute évidence, ces hypothèses ne se présentent pas toutes en même temps, néanmoins elles illustrent un ordre d'importance décroissant de niveau en niveau. Dans cette optique, et selon le schème de son développement, l'auteur pourrait reporter en note tout emprunt extérieur : exemple, anecdote, cas fictif. La logique ainsi mise en œuvre aura chance d'être rapidement saisie par le lecteur qui sera en mesure de juger de l'intérêt que présente pour lui l'objet de telle ou telle note de contenu.

Présupposant le meilleur à cet égard — tant du côté de l'auteur, que du côté du lecteur — il est permis d'affirmer qu'un tel système de notes judicieusement choisies et soigneusement élaborées peut offrir, dans les écrits de sciences humaines en particulier, un second niveau de discours capable de donner du relief au texte ou de ménager au lecteur de délicieuses surprises[8].

Deux témoignages en ce sens viennent conforter les « adeptes » de la note. Le premier est tiré de Georges Perec qui affirme, preuve à l'appui : « J'aime beaucoup les renvois en bas de page, même si je n'ai rien de particulier à y préciser[9]. » Et cet autre témoin, Gérard Genette, qui renforce la valeur de la note en lui attribuant une fonction rare-

8. Le bien-fondé du recours aux notes de bas de page, de quelque type qu'elles soient, est défendu avec conviction et érudition par Gertrude Himmelfarb, « Where have all the Footnotes gone ? », *On Looking into the Abyss. Untimely Thoughts on Culture and Society*, New York, A. Knoff, 1994, p. 122-130.

9. *Espèces d'espaces*, Paris, Galilée, coll. « L'espace critique », 1974, p. 19, note 1.

ment dite, sinon inédite: « Le principal avantage de la note, écrit-il, est [...] de ménager dans le discours des effets locaux de nuance, de sourdine, ou, comme on dit encore en musique, de *registre*, qui contribuent à réduire sa fameuse et parfois fâcheuse linéarité[10]. »

Emplacement

Notes de contenu et notes de référence peuvent se placer en bas de page, en fin de chapitre ou en fin de document ou d'ouvrage; exceptionnellement, ces notes peuvent figurer en marge du texte courant.

– Mises à part les considérations éditoriales en la matière, l'emplacement idéal des notes est le bas de la page sur laquelle figure l'appel correspondant; il s'agit des notes *infrapaginales*. Cet emplacement est à privilégier en raison de l'accessibilité qu'il offre à tous: auteur, lecteur, chercheur. En plus de favoriser la consultation rapide et immédiate des notes, cette façon de faire évite le va-et-vient fastidieux et distrayant entre la page en cours de lecture et la page où repérer la note — quelque part — en fin de chapitre ou en fin d'ouvrage.

– Placée en marge du texte courant, la note marginale, dite aussi *manchette*, est d'un emploi plutôt rare[11]. Des raisons d'esthétique ou d'économie peuvent en limiter l'usage: l'espace vertical consacré à ce type de note reste en blanc dans une proportion certaine, et surtout variable; de plus, la mise en page peut s'avérer onéreuse, et le résultat, décevant. Par contre, cet emplacement est d'une accessibilité à nulle autre pareille: la note commence au niveau de la ligne de base du texte portant l'appel; elle s'étale à proximité du mot ou de la phrase, objet de la référence ou du commentaire.

À ces considérations générales sur l'emplacement des notes, s'ajoutent des caractéristiques propres à quelques-unes d'entre elles.

– La note infrapaginale doit être placée au bas de la page qui porte l'appel correspondant; elle peut se poursuivre sur la page suivante.

---

10. *Seuils*, Paris, Seuil, coll. « Poétique », 1987, p. 319.

11. À titre d'exemples, on relève *La chambre claire. Note sur la photographie* de Roland Barthes, Gallimard, coll. « Cahiers du cinéma », 1981 ; *Degrés*, revue de synthèse à orientation sémiologique, Bruxelles; les ouvrages de la collection « Foliothèque », dont *Pascal Durand présente* Poésies *de Stéphane Mallarmé*, Gallimard, 1998; *Anne Roche commente* W ou le souvenir d'enfance *de Georges Perec*, Gallimard, 1997.

Si la dernière page du chapitre est creuse, les notes infrapaginales peuvent être rapprochées du texte au lieu d'être maintenues en pied de page.

– La note infrapaginale est séparée du texte courant soit par une ou deux lignes en blanc, soit par un filet maigre, appuyé à gauche, étalé sur la justification totale de la page, soit par l'amorce d'un filet maigre couvrant moins du tiers de la justification. Il y a lieu de laisser au moins deux interlignes entre le texte courant et le filet; un seul, entre le filet et la note.

– Les notes reportées en fin de chapitre s'ouvrent par l'intertitre « Notes » placé à la suite du texte courant, dont elles sont séparées par un blanc de quelques interlignes marquant de façon claire le passage du texte aux notes[12]. Dans le cas, il pourrait être jugé utile que la mention « Notes » figure à la table des matières pour en faciliter le repérage.

– Les notes portées en fin d'ouvrage font l'objet de particularités relatives aux points suivants: lieu d'insertion et titre général de cette composante du livre; mention introductive aux notes de chacun des chapitres; titre courant. D'entrée, s'impose la diversité des pratiques en cette matière; les options retenues sont dictées par un impératif majeur: faciliter la lecture et la consultation des notes reléguées en fin d'ouvrage.

> Lieu d'insertion et titre: les notes de fin d'ouvrage se placent avant la bibliographie, mais après les annexes ou les appendices, le cas échéant; elles commencent sur une belle page portant le titre approprié, à savoir « Notes » ou « Notes et références ».
>
> Introduction aux notes de chacun des chapitres: cette mention reproduit le numéro et le titre du chapitre auquel renvoient les notes; dans certains cas, numérotation et titre de partie chapeautent l'indication des titres de chapitre[13].

---

12. Bien que le report des notes en fin de chapitre soit jugé peu commode, cet usage est souvent attesté. La monographie de Denis Goulet, *Histoire de la faculté de médecine de l'Université de Montréal (1843-1993)*, en offre une illustration (Montréal, VLB, 1993; voir p. 58, p. 96, p. 157).

13. L'ouvrage de Gilles Marcotte, *Littérature et circonstances*, en présente un spécimen d'une remarquable clarté et d'une efficacité certaine (Montréal, L'Hexagone, coll. « Essais littéraires », 1989, p. 333-348).

Titres courants : les usages observés à ce propos s'échelonnent entre le moins et le plus significatif en soi, le moins et le plus utile au lecteur, le moins et le plus conforme aux critères qui régissent les titres courants. Le « plus » à tous égards comporterait en page de gauche « Notes et références » ou simplement « Notes » ; en page de droite, il présenterait le titre du chapitre ou, éventuellement, celui de la partie en cause. Certains jugent préférable d'adopter comme équivalent du titre courant, aussi bien en page recto qu'en page verso, la mention « Notes » suivie de la pagination du texte auquel elles correspondent, soit : Notes des pages [...] à [...][14].

Numérotation et présentation

Les observations qui suivent ne prennent pas en compte les cas exceptionnels, comme celui des notes marginales ; elles concernent tantôt la numérotation, tantôt la présentation ; elles font état d'éléments applicables à la fois aux notes de référence et aux notes de contenu ; elles traitent globalement de caractères communs aux notes de bas de page, de fin de chapitre et de fin d'ouvrage.

– Si les notes sont peu nombreuses ou s'il s'agit d'un document relativement court, leur numérotation peut recommencer à chaque page. Dans les autres cas, l'usage préconise la numérotation continue par chapitre ou par section : c'est de loin le mode le plus approprié et le plus attesté. Il permet notamment, dans le cas des notes reportées en fin d'ouvrage, d'éviter les appels à trois ou à quatre chiffres, fort encombrants et peu esthétiques.

– Le signe d'appel porté devant la note peut être en exposant, sans aucune ponctuation (c'est l'unique possibilité dans le cas de l'astérisque) ; si le signe d'appel est ramené sur la ligne de base, il est généralement suivi d'un point. Dans l'une et l'autre hypothèse, il est séparé du texte de la note par l'espace typographique ordinaire.

– Les notes sont composées dans un caractère plus petit que celui du texte courant.

---

14. L'ouvrage d'Annie Cohen-Solal, *Sartre*, Gallimard, 1985, illustre le premier procédé (p. 667-691) ; l'ouvrage de Charles Taylor, *Les sources du moi. La formation de l'identité moderne*, Montréal, Boréal, 1998, illustre le second (p. 651-704).

20 ▪ La note de référence

La note de référence est l'indication de la source précise d'une citation : citation textuelle ou citation d'idée. Elle constitue l'une des deux formes de présentation de ce type de renseignement ; la seconde forme, établie selon la méthode de notation abrégée, dite « méthode auteur-date », consiste à indiquer la source de la citation non plus en note mais dans le texte même, et entre parenthèses.

Ces deux méthodes sont exclusives l'une de l'autre dans un ouvrage et chacune a un rapport spécifique avec la bibliographie, document de référence générale aux ouvrages cités ou utilisés.

L'objet actuellement en cause touche les modalités de présentation de la note de référence. Les composantes de cette note sont substantiellement les mêmes, quelle que soit la nature de la source : livre, partie d'ouvrage ou chapitre, article de périodique, de dictionnaire ou d'encyclopédie, etc. Toutefois les règles d'écriture qui s'y appliquent diffèrent quelque peu.

Les principaux éléments qui entrent dans l'établissement de la note de référence sont le prénom et le nom de l'auteur, le titre de l'ouvrage, l'adresse bibliographique, le numéro du tome ou du volume, s'il y a lieu, l'indication de la page ou des pages. Ces éléments sont séparés l'un de l'autre par une virgule, exception faite du prénom et du nom de l'auteur qui se suivent sans ponctuation ; la référence commence par une capitale et se termine par un point. Il est possible de réserver à la bibliographie certains éléments de la référence, tels que le nom des auteurs secondaires (traducteur, illustrateur, etc.), le sous-titre du livre, le nom de la collection[1]. Par contre, dans le cas où, pour quelque juste raison, des notices ne sont pas reprises dans la bibliographie, la référence inscrite en note doit être complète.

1. Les *Règles de catalogage anglo-américaines* [déjà citées] comportent des variantes auxquelles l'édition n'est pas contrainte de se soumettre, notamment parce qu'elles répondent à des objectifs d'un autre ordre.

Étant donné que la présentation de la note diffère selon qu'on décrit la source pour la première fois ou qu'on y revient par la suite, une distinction s'impose entre la première mention d'une référence et les mentions subséquentes de la même source ou d'un autre écrit du même auteur.

Première mention d'une référence

Prénom et nom de l'auteur – Dans la note, on met d'abord le prénom puis le nom de l'auteur. Le prénom s'écrit en toutes lettres bien que le souci d'économie d'espace puisse justifier, dans le cas — mais non dans la bibliographie proprement dite — de réduire le prénom à l'initiale. Le nom, à l'exception de sa première lettre, s'écrit en minuscules. Exemple :

> Serge Doubrovsky, *Pourquoi la nouvelle critique. Critique et objectivité*, Paris, Mercure de France, 1972, p. 171. [titre sans point d'interrogation]

Lorsqu'il y a deux ou trois auteurs, on procède de façon analogue en inscrivant le prénom et le nom de chacun selon l'ordre de leur mention dans la page de titre de la source. Exemple :

> Michel de Certeau, Dominique Julia, Jacques Revel, *Une politique de la langue. La Révolution française et les patois*, Gallimard, 1975, p. 110-121.

S'il y a plus de trois auteurs, il est convenu de ne mentionner que le premier en faisant suivre ses nom et prénom de l'abréviation latine *et al.* (mise pour « *et alii* »)[2], ou de l'équivalent français « et autres ». Certains utilisent alors l'expression abrégée « et collab. » (mise pour « et collaborateurs »)[3]. Exemples :

---

2. L'abréviation *et al.*, conforme à la norme Z 44-005 (1987) de l'Association française de normalisation (AFNOR), laquelle reproduit la norme internationale ISO 690 (1987), est de loin la plus usitée. Toutefois, son emploi est mis en question par qui préconise de limiter le plus possible le recours aux locutions latines en la matière.

3. Voir la réserve formulée au sujet de l'emploi de « et collab. » comme équivalent français de *et al.* sous la rubrique *abréviations*, en note infrapaginale. Les exemples proposés ci-après illustrent le propos : dans les deux premiers cas tous les auteurs sont sur un pied d'égalité, en conséquence on les représente sous les abréviations « *et al.* » ou « et autres » ; dans le dernier exemple, l'ouvrage *Apprendre à être*, publié à titre de « Rapport de la Commission internationale sur le développement de l'éducation », présidée par Edgar Faure, est l'œuvre de ce dernier et de ses collaborateurs.

Marc Blackburn *et al.* [ou: et autres], *Comment rédiger un rapport de recherche?*, Montréal, Centre de psychologie et de pédagogie, 1974, p. 29.

Maurice Audebert et autres [ou: *et al.*], *Peut-on se passer de métaphysique?*, René Bissières, dir. du volume, Paris, Privat, Presses universitaires de France, coll. « Nouvelle recherche », 1954.

Edgar Faure et collab., *Apprendre à être*, Paris, Fayard et Unesco, 1972, p. 120-165.

Titre et adresse bibliographique – À la suite du prénom et du nom de l'auteur ou des auteurs, viennent le titre de l'ouvrage et l'adresse bibliographique; celle-ci comporte le lieu de publication, le nom de la maison d'édition, l'année de parution. La description de ces éléments diffère selon qu'il s'agit d'un livre, d'une partie de livre ou d'un article.

Livre – Le titre de l'ouvrage s'écrit en italique. Lorsqu'il s'agit d'un livre fréquemment cité, on peut en abréger le titre à certaines conditions; cette pratique suppose, en outre, que la forme abrégée soit annoncée à la suite de la première mention intégrale du titre ou bien qu'elle figure dans une liste d'abréviations de consultation facile; ce n'est cependant pas le mode le plus courant. En toute hypothèse, ce procédé risque de gêner le lecteur. Exemples:

Livre (première mention et annonce de la forme abrégée du titre): Réjean Ducharme, *L'Avalée des avalés*, Montréal, Éditions du Bélier, 1967, p. 215-216; dans les références subséquentes, le titre sera abrégé comme suit: *AA*.

Même ouvrage, référence subséquente: Réjean Ducharme [ou selon le cas: *Id.*], *AA*, p. 257-262.

Partie de livre ou chapitre – Le titre d'une partie de livre est traité comme celui d'un ouvrage si cette partie a un statut autonome dans l'œuvre de l'auteur. Exemple:

Francis Ponge, *Proêmes*, dans *Le parti pris des choses*, précédé de *Douze petits écrits* et suivi de *Proêmes*, [Paris], Gallimard, 1967, p. 105-221.

Dans le cas contraire, la partie de livre et le chapitre sont traités comme suit: le titre de la partie ou du chapitre est placé entre guillemets; il est suivi du titre du livre (en italique). Le lien entre les deux titres peut être marqué ou non par la préposition « dans ». Exemple:

Gaston Miron, « L'indispensable compagnon de route », dans *Miscellanées en l'honneur de Gilles Marcotte*, sous la direction de Benoît Melançon et Pierre Popovic, [Saint-Laurent], Fides, 1995, p. 33-34.

Article – Le titre d'un article de périodique ou de journal s'inscrit entre guillemets à la suite du prénom et du nom de l'auteur ; suit immédiatement le titre de la source et les renseignements concernant la livraison : volume, numéro, date et autres indications, le cas échéant. Exemples :

Jean Greisch, « Les Fleurs du Rien », dans *Le Nouveau Commerce*, vol. 55, nº 1 (1983), p. 63-83.

Christian Desmeules, « Le Livre parfait ? Une sublime histoire d'amour à l'italienne de Pascale Quiviger[4] », *Le Devoir*, Montréal[5], vol. XCVI, nº 6, les samedi 15 et dimanche 16 janvier 2005, p. F 2.

La référence à un article de dictionnaire, d'encyclopédie ou de document similaire est établie selon la nature de la documentation puisée à une telle source ; elle peut emprunter aux règles de présentation d'une partie ou d'un chapitre d'ouvrage ou bien être rédigée sur le mode d'un article de périodique, sous réserve des adaptations appropriées. Exemples :

Tristan Hordé et Chantal Tanet, « L'emprunt », dans *Dictionnaire historique de la langue française*, sous la dir. d'Alain Rey, Paris, Dictionnaires Le Robert, 1994, t. I, p. 685-686.

Jean Stéfanini, « Grammaires (Histoire des) » — « Du Moyen Âge à la période contemporaine », dans *Encyclopædia Universalis*, Paris, 2002, corpus 10, p. 541-543.

Tome ou volume – Dans le cas d'un livre en plusieurs tomes ou en plusieurs volumes, il y a lieu de préciser le numéro du tome ou du volume avant le sous-titre ou, selon le cas, avant la mention du numéro de page qui termine la référence.

Il convient de rappeler que le tome correspond à une division intellectuelle d'un ouvrage ; il s'agit d'une division prévue et fixée par

4. Il s'agit du roman de Pascale Quiviger, *Le Cercle parfait*, Québec, L'Instant même, 2003, 180 p.

5. La mention du lieu comme celle du volume d'un périodique apportent une information non négligeable.

l'auteur, alors que le volume renvoie à une division matérielle, généralement proposée ou décidée par l'éditeur. Ainsi, un ouvrage qui compte trois tomes peut être édité en quatre volumes ; il va de soi que ces concepts peuvent s'appliquer concurremment ou non à un ouvrage, et indépendamment l'un de l'autre. Exemples :

> *Nietzsche. Lettres à Peter Gast*, Introduction et notes par André Schaeffner, Monaco, Éditions du Rocher, 1957, t. I, p. 93.

> Jean Hamelin, *Histoire du catholicisme québécois*, dirigée par Nive Voisine, vol. III, *Le XXe siècle*, tome II, *De 1940 à nos jours*, Montréal, Boréal, 1989, p. 109-207.

> Louise-Noëlle Malclès, *Les sources du travail bibliographique*, Préface de Julien Cain, Genève, Droz, 1950-1958, 3 t. en 4 vol., [t. Ier, 1950, 366 p. ; t. II*, 1952, 480 p. ; t. II**, 1952, p. 481-954 ; t. III, 1958, 580 p.]

Mention de page – La note de référence doit inclure la mention précise de la page ou des pages de la source citée ou utilisée ; lorsque la citation porte sur plus d'une page, il est d'usage d'indiquer les pages extrêmes. Si l'on a quelque raison de ne mentionner que la page où commence la référence, on y ajoute alors l'abréviation « et suiv. » (mise pour « et les pages suivantes »). Dans le cas où l'information est répartie sans continuité dans une portion de l'ouvrage ou de l'article, on peut utiliser le terme latin *passim* (mis pour « ici et là ») ; on peut aussi énumérer les pages en cause, à la condition que celles-ci ne soient pas trop nombreuses. Exemples :

> Pierre Vadeboncoeur, « L'opacité de la bêtise », dans *L'Inconvénient. Revue littéraire d'essai et de création*, Montréal, n° 18 (août 2004), p. 7-9.

> Robert Lalonde, *Iotékha'*, Montréal, Boréal, 2004, p. 145-147.

> Henri Tranquille, *Lettres d'un libraire*, [s.l.], Leméac, 1976, t. I, p. 82 et suiv.

> Jean Royer, « L'étape de Paris 1984 », dans *Voyage en Mironie. Une vie littéraire avec Gaston Miron*, [Saint-Laurent], Fides, 2004, p. 30-123 *passim*.

> Pierre Leroux, *Cher éditeur*, Paris, Albin Michel, 2004, p. 227-231, 238, 243-245.

Cas particuliers – Aux éléments qui viennent d'être passés en revue, s'ajoutent des cas particuliers, notamment celui de la double référence et celui de références multiples dans une même note.

Double référence – Quand on emprunte un texte à un écrit autre que la source première de celui-ci, il faut indiquer la double provenance du passage exploité. Le moyen le plus courant à cette fin est de mentionner les nom et prénom de l'auteur du texte cité et le titre de l'ouvrage d'où il est extrait, donc la source première, puis d'y ajouter l'expression: « cité dans » ou « cité par », suivie de la référence complète. Exemples:

> Roland Barthes, *Le bruissement de la langue*, Paris, Seuil, 1984, p. 122, cité dans Lise Gauvin, *La fabrique de la langue*, Paris, Seuil, 2004, p. 216.

> Élisabeth Garant, « L'école face au défi de la laïcité », *Relations*, n° 683 (mars 2003), p. 32-34, cité par Guy Durand, *Le Québec et la laïcité*, Montréal, Éditions Varia, 2004, p. 87-88.

Références multiples – S'il est fait mention de plusieurs références dans une même note, on les sépare l'une de l'autre par un point-virgule. Exemple:

> Martin Robitaille, *Proust épistolier*, Montréal, Presses de l'Université de Montréal, 2003, p. 9-17; Nicole Deschamps, « Louis Hémon à son père », *Études françaises*, vol. III, n° 1 (février 1967), p. 53-60; Chantal Bouchard, *La langue et le nombril. Histoire d'une obsession québécoise*, [Saint-Laurent], Fides, coll. « Nouvelles études québécoises », 1998, p. 207-209.

Ces cas particuliers terminent l'étape principale de l'itinéraire annoncé: celle-ci a trait à la « première mention d'une référence ». La seconde étape porte sur les « mentions subséquentes » d'un même titre ou d'un même auteur.

Mentions subséquentes

Dans le cas de mentions subséquentes — dans les notes de référence — soit d'une même source, soit d'un écrit du même auteur, il est souvent possible d'éviter les répétitions grâce aux abréviations latines suivantes: *id.*, *ibid.*, *op. cit.* et *loc. cit.*, ou à l'équivalent français approprié « ouvr. cité » ou « art. cité », au lieu de *op. cit.* ou *loc. cit.*

Les critères d'emploi de ces formes latines sont explicités sous le titre « Les abréviations »; néanmoins, s'impose comme préalable à la présentation d'exemples le rappel des conditions majeures à prendre en compte à ce sujet, soit:

– l'emploi de *id.* (le même auteur) ou de *ibid.* (au même endroit) exige que les entrées dont il s'agit soient consécutives;

– l'emploi de *op. cit.* (ou « ouvr. cité ») ou de *loc. cit.* (ou « art. cité ») exige qu'il ne soit pas fait mention d'un autre livre ou d'un autre article du même auteur entre la première référence et la référence subséquente en cause; à défaut, il faudra répéter le titre du livre ou de l'article;

– si une référence est séparée de plus de trois ou quatre pages de sa mention précédente, il convient de répéter le nom de l'auteur et le titre du texte cité même s'il n'est advenu aucune interférence de nom ou de titre entre les deux entrées en cause.

Exemples:

Livre (auteur et titre, première mention): André Fontaine, *Histoire de la guerre froide*, t. I: *De la révolution d'octobre à la guerre de Corée (1917-1950)*, Paris, Fayard, 1965, p. 32-56.

Livre (seconde mention, année et tome différents): *Id.*, *Histoire de la guerre froide*, t. II: *De la guerre de Corée à la crise des alliances (1950-1971)*, Paris, Fayard, 1967, p. 377.

Article (auteur et titre, première mention): Michel de Certeau, « Christianisme et "modernité" dans l'historiographie contemporaine », *Recherches de science religieuse*, 63, 2 (1975), p. 243-268, ou vol. 63, n° 2 (1975), p. 243-268.

Livre (auteur et titre déjà cités, mais interférence d'un auteur): André Fontaine, *op. cit.*, t. II, p. 398-399.

Livre (auteur et titre, première mention): Pierre Martineau, *La prescription*, Montréal, Presses de l'Université de Montréal, 1977, p. 254 et suiv.

Article (auteur et titre déjà cités, mais interférence d'auteurs)[6]: Michel de Certeau, art. cité, p. 258.

Auteur et titre de l'article cité à la note précédente: art. cité, p. 260.

Livre (auteur et titre, première mention): Jean-Louis Baudouin, *La responsabilité civile délictuelle*, Montréal, Presses de l'Université de Montréal, 1973, p. 98.

---

6. Dans ce cas, comme dans le suivant, il serait possible d'opter pour les abréviations latines: *loc. cit.* ou même *ibid.*

Auteur et titre du livre cité dans la note précédente: *Ibid.*, p. 94.

Auteur cité dans les deux notes précédentes, nouveau titre: *Id.*, *Les obligations*, Montréal, Presses de l'Université de Montréal, 1970, p. 42.

Auteur et titre déjà cités (interférence d'auteurs): Pierre Martineau, *op. cit.*, p. 240.

Auteur et titre déjà cités, double interférence (autre titre du même; autres auteurs): Jean-Louis Baudouin, *La responsabilité civile délictuelle*, p. 93.

Auteur, titre et page cités à la note précédente, même page: *Ibid.*

Auteur et titre cités à la note précédente, mais page différente: *Ibid.*, p. 54.

Sont complémentaires de ces éléments relatifs à la note de référence, les sujets connexes étudiés sous les titres « La bibliographie » et « Les références dans le texte ».

21 ▪ Les références dans le texte

Inscrite à l'enseigne de la méthode bibliographique dite par métonymie méthode de notation « auteur-date », la référence dans le texte est la description abrégée de la source d'une citation textuelle ou d'une citation d'idée qui trouve place dans le cours même de l'écrit, insérée entre parenthèses.

Largement usitée dans les ouvrages scientifiques de tout genre, cette méthode gagne sans cesse en popularité. On lui reconnaît l'avantage d'alléger la présentation, de délester l'ouvrage de notes de bas de page[1], de garantir la consultation immédiate (ou quasi immédiate) des références. Toutefois, on ne saurait taire les inconvénients liés à cette pratique : rupture inopinée du fil du texte ; encombrement de l'écrit par des parenthèses « à répétition » ; jeu de dates, parfois suivies de lettres-repères ; allers-retours incessants à la bibliographie pour connaître les titres des ouvrages cités.

Ce système exige que les notices qui composent la bibliographie du livre soient établies selon la méthode correspondante, « auteur-date », puisque la référence y renvoie directement[2].

Éléments de la référence dans le texte

En principe, la référence insérée dans le cours du texte contient trois éléments essentiels : le nom de l'auteur (généralement sans prénom) ; l'année de parution de l'écrit auquel on renvoie ; la page ou les pages du texte cité, analysé ou exploité. Ces éléments sont placés le plus

1. Les notes de contenu, s'il y en a, sont vraisemblablement portées hors du texte.

2. Voir *The Chicago Manual of Style*, 15th edition, 2003, p. 616-624, § 16.90 à 16.120 ; voir aussi Marie Malo, *Guide de la communication écrite*, Montréal, Québec Amérique, 1996, p. 260-263.

près possible de la citation et ils sont séparés l'un de l'autre par des virgules[3].

Des remarques complémentaires retiennent l'attention à ce propos. Il est loisible de modifier l'ordre des éléments en vue d'intégrer la référence de la façon la plus harmonieuse qui soit, en tenant compte de la structure du texte. Tout risque de confusion touchant le nom de l'auteur incite à mentionner son prénom. Le renvoi dans un même texte à plusieurs écrits d'un auteur exige précision dans certains cas : si la date de publication diffère d'un écrit à l'autre, la simple mention des dates permet de repérer aisément la publication citée ; si l'auteur a publié plus d'un écrit au cours d'une même année, les titres seront d'abord classés par ordre alphabétique et les ouvrages seront caractérisés par l'ajout d'une minuscule (a, b, etc.) immédiatement après la date, sans espace.

Les règles d'écriture de ces références se distinguent selon qu'il s'agit d'une citation textuelle ou d'une citation d'idée ; de plus chacune commande ses propres modalités d'insertion dans le cours du texte et peut faire l'objet de quelques particularités.

Règles d'écriture d'une citation textuelle

La « citation textuelle » est la reproduction intégrale d'un passage d'un auteur ou d'un extrait d'une œuvre, ce qui inclut la ponctuation, l'orthographe, la construction syntaxique de l'énoncé, voire les fautes.

Règles d'insertion – La référence d'une citation textuelle se place entre parenthèses après le guillemet fermant, avant la ponctuation finale. Exemples :

> La conférencière estime que « l'œuvre de Rabelais s'inscrit dans le mouvement de valorisation du français qui caractérise la Renaissance » (Gauvin, 2004, p. 37).

ou bien

> C'est par le rappel historique suivant : « L'œuvre de Rabelais s'inscrit dans le mouvement de valorisation du français qui caractérise la Renaissance » (Gauvin, 2004, p. 37), que la conférencière a introduit son propos.

---

3. L'usage du deux-points avant le numéro de page, de préférence à la virgule, est également attesté ; l'abréviation « p. » (pour « page ») est souvent omise.

Dans le cas où la citation elle-même comporte sa propre ponctuation finale, la parenthèse suit sans aucune ponctuation finale.

> L'auteur écrit: « L'œuvre de Rabelais s'inscrit dans le mouvement de valorisation du français qui caractérise la Renaissance. » (Gauvin, 2004, p. 37)

La question de cette ponctuation est toujours dépendante du contexte dans lequel intervient la référence insérée directement dans le texte[4].

Cas particuliers – Les cas particuliers correspondent à diverses éventualités. Par exemple, le nom de l'auteur, ou celui de l'auteur et de la date sont dans le texte. Ou bien la citation renvoie à plus d'un auteur (deux ou trois, plus de trois). Ou encore, la citation ne vient pas directement de la source, mais d'un emprunt; une double référence s'impose alors.

Les règles générales explicitées ci-dessus au sujet des références de citations textuelles s'appliquent en tenant compte des particularités.

– Le nom de l'auteur et la date de l'ouvrage sont déjà dans le texte. Exemple:

> Croyez-vous toujours valable l'avertissement que donnait Léandre Poirier en 1964, selon lequel « l'écrivain qui s'aventure à publier s'aperçoit vite des difficultés pratiques qui surgissent à tout moment » (p. v)?

– La référence porte sur une citation textuelle que signent deux auteurs. Exemple:

> On peut mettre en doute le bien-fondé de cette interrogation placée en avant-propos d'un ouvrage traitant de la recherche et des thèses (Beaud et Latouche, 1988, p. 8): « Est-ce parce que notre tradition universitaire est plus récente, mais il m'a semblé que l'approche française est plus structurée, moins éparpillée et plus attachée à respecter toutes les étapes d'une démarche que l'on veut extrêmement articulée. »

---

4. Dans le dernier exemple, c'est le principe typographique suivant qui s'applique: « Lorsqu'une citation est complète, l'usage veut que la ponctuation soit à l'intérieur des guillemets »; dans ce cas, la référence suit, entre parenthèses, sans ponctuation finale. Toutefois, si la référence était précédée de l'indication *voir*, le contenu de la parenthèse équivaudrait à une phrase exigeant de ce fait le point final avant la parenthèse fermante.

– La citation textuelle est un emprunt exigeant double référence. Exemple:

> La modernité, c'est «le transitoire, le fugitif, le contingent, la moitié de l'art, dont l'autre moitié est l'éternel et l'immuable» (Charles Baudelaire, «La modernité», dans *Œuvres complètes*, 1968, p. 553, cité par Lise Gauvin, *La fabrique de la langue*, 2004, p. 157).

Règles d'écriture d'une citation d'idée

La citation d'idée est un emprunt aux ressources ou aux richesses de la pensée d'un auteur, emprunt qui ne reproduit pas textuellement l'écrit véhiculant cette pensée. Citer une idée, c'est résumer ou énoncer en ses propres mots des opinions, intuitions, propos ou résultats qui appartiennent à un autre, en s'imposant de ne pas trahir la pensée de cet «autre», en se reconnaissant redevable à son endroit, en donnant la référence à la source.

Les éléments de la référence d'une citation d'idée sont les mêmes que ceux de la citation textuelle. Toutefois leur présentation est moins rigide: ils peuvent s'intégrer plus naturellement dans le cours de l'écrit ou faire l'objet d'une adaptation qui doit toujours respecter la pensée exprimée par l'auteur cité. Les critères généraux décrits ci-après illustrent cette latitude.

Règles d'insertion – L'interprétation des règles générales formulées ci-après sont largement dépendantes du contexte; aussi s'impose-t-il de signaler que les exemples proposés ne manifestent pas d'emblée la justesse de l'option qu'ils doivent illustrer.

– Lorsque les éléments insérés dans la parenthèse sont très étroitement liés à la citation d'idée, la ponctuation finale de la phrase suit la parenthèse fermante: le tout se présente d'une seule venue, indissociable. Exemple:

> On croit qu'il n'y aurait pas eu de guerre froide s'il ne s'était trouvé au milieu du siècle dernier deux puissances rivales aspirant chacune à la domination du monde (Fontaine, 1965, p. 15).

– Lorsque le contenu de la parenthèse est une référence plutôt globale ou lointaine par rapport à la citation, cette parenthèse comporte sa propre ponctuation finale et l'énoncé, objet de la citation d'idée, comporte la sienne. Exemple:

> C'est en 1917 qu'il faut situer les événements qui ont engendré cette rivalité, à savoir l'entrée en guerre des États-Unis et la révolution russe. (Fontaine, 1965, p. 15.)

Cas particuliers – Les règles générales d'insertion de la référence d'une citation d'idée s'appliquent, à quelques nuances près, aux cas suivants : le nom de l'auteur ou l'année de publication sont indiqués dans le texte ; l'entrée comporte une double référence, ou une référence à plusieurs textes d'un même auteur, ou encore à des textes de plusieurs auteurs. Seules sont illustrées ci-après les éventualités nouvelles, par rapport à celles de la première partie de l'étude.

– La référence à la citation d'idée comportant plusieurs textes d'un même auteur se présente selon l'ordre chronologique des ouvrages fondant la citation. Exemple :

> Fernand Dumont n'a eu de cesse, au fil de ses écrits (1968, 1981a, 1981b, 1982, 1987, 1995, 1997), d'analyser et de dévoiler les arcanes de la culture québécoise.

– La référence à la citation d'idée comportant des textes de plusieurs auteurs présente les sources des textes selon l'ordre alphabétique des noms d'auteurs, chacun étant suivi de la date de parution de l'ouvrage, dont il est séparé par une virgule ; chaque entrée « auteur et date » (exception faite de la dernière qui est accolée à la parenthèse fermante) se termine par un point-virgule. Exemple :

> À l'occasion du 150e anniversaire de naissance d'Arthur Rimbaud, plusieurs noms de ses biographes s'inscrivent au palmarès des lecteurs (Starkie, 1938 ; Bonnefoy, 1961 ; Borer, 1984, 1991 ; Steinmetz, 1991 ; Lefrère, 2001).

Aux références dans le texte, dites références « auteur-date », correspond la bibliographie présentée selon le système du même nom, distincte de la bibliographie dite « traditionnelle » (pour les besoins de la cause).

Ce parallèle est d'une logique douteuse, il est en équilibre instable, d'où le propos de disserter sur une hypothèse qui peut avoir droit de cité dans la présente démarche. Ce propos est lancé sous le titre « scolie », un mot riche d'histoire et de culture, un mot toujours présent au dictionnaire de la langue française au sens de « note critique ».

Scolie

L'expression système « auteur-date » affiche sa marque d'origine linguistique : l'anglo-américain. De plus, les termes qui la composent ne font pas rigoureusement état de la notion qu'elle véhicule. Au nom de l'auteur et à la date, devrait s'ajouter la mention de l'emplacement, le numéro de page : il s'agit du système « auteur-date-page ». Il est vrai qu'on se borne parfois aux deux premières mentions et qu'il demeure relativement facile d'invoquer le jeu de l'ellipse pour réduire la critique à néant, et son auteur, à quia.

Même en faisant abstraction de ce point, le libellé de la formule demeure discutable en référence à la notion elle-même : l'autre méthode, que l'on qualifie de traditionnelle ou de classique pour la distinguer de la nouvelle venue (dite aussi « moderne ou scientifique »)[5], ne mentionne pas moins l'auteur et la date. En bonne logique, ces éléments ne constituent pas vraiment un critère spécifique de distinction entre l'une et l'autre. Le véritable critère tient à l'emplacement respectif de chacune.

Et voilà la pointe de la scolie. Pourquoi ces références placées dans le cours du texte, par opposition à celles qui se trouvent en dehors du texte — en bas de page, en fin de chapitre ou en fin d'ouvrage —, ne pourraient-elles pas être dites « intratextuelles », à la manière dont un élément situé à l'intérieur d'une séquence est qualifié d'« intraséquentiel » ? La réflexion et la créativité pourraient bien conduire là. Dès lors il irait de soi de distinguer la référence *intratextuelle*, ainsi désignée en raison de son emplacement dans le texte, de la référence *infrapaginale*, ainsi appelée en raison de son emplacement sur la page[6].

---

5. Ces qualificatifs sont empruntés à Madeleine Griselin *et al.*, *Guide de la communication écrite*, Paris, Dunod, 1992, p. 253. Les auteurs se réclament de J.-C. Rouveyran, *Mémoires et thèses* (Paris, Maisonneuve et Larose, 1989, p. 143), lequel parle de « techniques simplificatrices ». Le moins qu'on puisse dire à la suite de ces auteurs favorables à ladite méthode jugée « plus performante » ou « la plus judicieuse », c'est qu'elle « n'est pas appréciée de tous », qu'elle est « diversement appréciée » (p. 251, note 1 et p. 144).

6. Il resterait à choisir le préfixe approprié pour nommer les références de fin de chapitre et de fin d'ouvrage.

22 ▪ Les abréviations

Le sujet n'a rien d'inédit, rien d'original, mais il impose ses droits en matière d'écriture et d'édition. Le principe d'économie de temps et d'espace — raison d'être des abréviations — trouve un large champ d'application dans un ouvrage : notes, références, indications de sources, tableaux, index, voilà autant de lieux où se multiplient les abréviations, lesquelles sont néanmoins exclues du texte courant, exception faite de certains écrits de nature technique.

Réduite au minimum, la question gravite autour d'une soixantaine d'abréviations propres au contexte du livre. Dans une perspective plus large s'offre un circuit qui mène au cœur du sujet par la grand-route de règles générales ou de traits communs, par les chemins de traverse où s'affichent des règles particulières et des normes d'écriture. S'inscriront ensuite, à titre de corollaire, quelques remarques sur des expressions latines d'usage courant ; une liste d'abréviations afférentes au contexte du livre complètera le tout.

Règles générales ou traits communs

– L'abréviation se fait par retranchement des lettres finales que l'on remplace par un point. Le retranchement se fait devant une voyelle (généralement la première voyelle de la deuxième syllabe du mot) et sans altérer, si possible, le radical de ce mot. L'abréviation ainsi obtenue se termine par une consonne ou plus. Exemples : art. (article), arch. (archives), chap. (chapitre), géogr. (géographie), graph. (graphique), suppl. (supplément).

– L'abréviation se fait en ne conservant que l'initiale du mot, initiale suivie d'un point (sauf dans les symboles et les unités de mesure). Exemples : f. (feuillet), n. (note), p. (page), t. (tome).

– L'abréviation se fait par retranchement des lettres médianes (ou intérieures) ; la finale maintenue s'écrit sans point : elle se termine par la dernière lettre du mot abrégé ; elle est souvent représentée par une ou des lettres supérieures. Exemples : v^{o} (verso), f^{o} ou f^{os} (folio ou folios).

– L'abréviation se fait en conservant l'initiale et une (ou plus d'une) consonne, intérieure ou finale ; celle-ci est suivie d'un point, sauf si la dernière lettre du mot termine l'abréviation. Exemples : mq. (manquant), ms. (manuscrit), qqn (quelqu'un).

– Les abréviations par suppression d'une seule lettre finale ne sont pas justifiées. Il existe cependant de rares exceptions agréées par l'usage[1]. Exemples : s.l.n.d. (sans lieu ni date), *i.e.* (*id est* : c'est-à-dire).

– Les abréviations par retranchement de deux lettres finales ne sont tolérées que lorsqu'elles sont reconnues comme indispensables. Exemples : liv.[2] (livre), part. (partie).

– Les abréviations sont généralement invariables. Exemples : art. (article, articles), f. (feuillet, feuillets), lat. (latin, latine), p. (page, pages). Le redoublement de la lettre *f* ou de la lettre *p* comme forme abrégée du pluriel *feuillets* ou *pages* est qualifié de vieilli.

– Certaines abréviations prennent la marque du pluriel ; elles comportent alors la ou les lettres finales du mot (sans point abréviatif). Exemples : r^{os} (rectos), mss (manuscrits).

Règles particulières

Sont groupées sous cette rubrique les règles touchant les nombres ordinaux et des particularités relatives aux divisions, subdivisions et autres éléments constitutifs d'un livre.

---

1. En raison de cette règle, le mot français « cité » (employé notamment dans l'expression « article cité » ou « ouvrage cité ») n'est pas agréé à ce titre : il ne s'abrège donc pas. Le fait que le terme latin *citato*, qui figure dans *loco citato* et *opere citato*, donne l'abréviation *cit.* ne justifie en rien l'abréviation de « cité » en « cit. ».

2. De plus, cette abréviation est une exception à la règle selon laquelle le retranchement de lettres du mot à abréger se fait normalement devant une voyelle.

Nombres ordinaux

– Le nombre ordinal « premier » ou « première » s'abrège ainsi : 1er ou 1re (singulier), 1ers ou 1res (pluriel). Généralement, l'adjectif exprimé par le chiffre *précède* le mot auquel il se rapporte. Exemples : 1er paragraphe, 1ers alinéas, 1re notice, 1res lignes. Ces mêmes formes ont cours lorsque le nombre ordinal *suit* l'un des termes suivants : tome, livre, titre, scène. Exemples : tome 1er, scène 1re.

– Les autres nombres ordinaux s'abrègent par l'ajout de la lettre « e » au singulier ; par celui de « es » au pluriel. Exemples : 2e paragraphe, 7es Jeux de la Francophonie.

– L'adjectif « second » prend les formes abrégées suivantes au masculin et au féminin, au singulier et au pluriel : 2^{d}, 2de, 2^{ds}, 2des.

– Les adverbes *primo*, *secundo*, *tertio*, etc. s'abrègent en chiffres arabes suivis de la lettre supérieure « o », et non du symbole numéral « zéro ». Exemples : 1°, 2°, 3°, etc.

Divisions et subdivisions d'un ouvrage

Sous ce titre entrent en compte une double série de questions interdépendantes en regard des abréviations : celle des divisions et subdivisions — principales ou secondaires — d'un ouvrage ; celle des nombres usités pour marquer ces divisions et subdivisions (chiffres romains, grandes ou petites capitales ; chiffres arabes).

Le principe de base déjà énoncé délimite avec rigueur ce champ d'application : les abréviations des termes exprimant les divisions et les subdivisions d'ouvrages ne s'emploient que dans les notes, les tableaux, les références, les commentaires ou parties de texte entre parenthèses, et cela à la condition qu'elles soient accompagnées d'un nombre ; ces termes ne s'abrègent ni dans les titres ni dans le texte courant.

Un principe complémentaire répartit en deux groupes les divisions et subdivisions d'un ouvrage[3]. Sont considérées comme principales, les divisions ou subdivisions suivantes : annexes, appendices, fascicules,

---

3. On trouve une liste exhaustive des divisions et subdivisions d'un ouvrage dans le *Lexique des règles typographiques en usage à l'Imprimerie nationale*, auquel on emprunte cette nomenclature. (Voir p. 125 et p. 126.)

livres, parties, sections, tomes, volumes, etc. Sont qualifiées de secondaires, les suivantes : chapitres, scènes (théâtre), strophes, etc. Le traitement de ces données est réglé selon les critères décrits ci-après.

– Dans un titre, on compose en chiffres romains, grandes capitales, les numéros de fascicule, livre, etc. à l'exception de l'ordinal « premier », qui s'écrit en toutes lettres. Exemple : Livre premier, Livre II, Livre III, etc.

– Ce passage de « Livre premier » à « Livre II » est fondé sur la règle suivante : « Il est d'usage que l'ordinal soit dans certains cas remplacé par le cardinal en chiffres romains[4] », critère auquel est *généralement* soustrait l'ordinal *premier*, sauf lorsqu'il s'agit d'un ordinal dynastique (ou de l'équivalent) appliqué à un nom de personne. Exemples : Louis-Philippe Ier, Benoît Ier.

– Dans le texte courant, on compose en chiffres romains, petites capitales, les numéros de chapitres (à l'exception du *premier*). Exemple : Le chapitre premier a retenu l'attention du lecteur ; les chapitres III et IV n'ont pu être étudiés.

– Dans les notes (ou les cas similaires), on peut écrire en abrégé les termes concernant les divisions et subdivisions d'un ouvrage. En ce qui a trait aux abréviations des chiffres marquant la numérotation, on applique les critères suivants : pour les divisions principales, on utilise les chiffres romains, grandes capitales ; pour les divisions secondaires, on emploie les chiffres romains, petites capitales. Exemples : L'auteur n'a pas pris en compte la section II du tome IV. Voir le chap. II.

– Dans le cours du texte, on compose en chiffres arabes les numéros d'ordre dans les articles de codes, les lois, les décrets, les statuts, etc. Les chiffres arabes sont également usités pour les numéros d'ordre des notes, appels de note, colonnes, paragraphes, pages, vers, lignes. Exemples : Vu l'article 5 de la loi n° 59 [...]. Consultez le paragraphe 3 de l'article 2, page 1123, colonne 2 (ou § 3, art. 2, p. 1123, col. 2).

---

4. Ch. Gouriou, *Mémento typographique*, Paris, Éd. du Cercle de la Librairie, 1990, p. 85. Cette particularité s'applique chaque fois qu'il est fait mention ci-après de chiffres romains, grandes ou petites capitales.

Normes d'écriture

Accents et caractères typographiques

– Les abréviations conservent les accents des mots abrégés, que celles-ci soient écrites en minuscules ou en majuscules. Exemples: éd. (édition), Éts ou É^{ts} (Établissements).

– Les lettres supérieures employées dans certaines abréviations demeurent toujours en minuscules même dans un texte écrit entièrement en majuscules.

Espacement

– Les abréviations ne prennent pas d'espace entre leurs éléments lorsque ces derniers sont réduits à une seule lettre. Exemples: B.P. (boîte postale), s.l.n.d. (sans lieu ni date). Cette règle a priorité sur l'usage traditionnel de séparer ces éléments par une espace insécable.

– Fait exception à la règle précédente, l'abréviation de deux prénoms distincts (c'est-à-dire non reliés par un trait d'union), laquelle exige une espace insécable. Exemple: J. P. (pour Jean Pierre).

– Les abréviations dont *tous* les éléments ne sont pas réduits à une seule lettre exigent l'espace ordinaire entre les mots. Exemples: C. civ. (Code civil), p. ex. (par exemple).

Coupure ou division

– Les composantes d'une abréviation ne doivent pas être divisées en fin de ligne.

– Exceptionnellement, la coupure sera tolérée dans le cas de petites justifications: 12 pts.

Ponctuation

– Le point abréviatif n'exclut pas l'emploi des autres signes de ponctuation normalement exigés. Exemple: Que pensez-vous de l'emploi abusif de l'abréviation « etc. » ?

– Si le mot abrégé termine la phrase, le point abréviatif se confond avec le point final ou avec les points de suspension, selon le cas.

Cohérence et clarté

– Dans un même ouvrage, chaque abréviation doit correspondre à un seul mot et les mêmes mots doivent être abrégés de la même façon.

– Il est nécessaire d'exprimer une partie suffisante du mot abrégé pour permettre de le reconnaître aisément. Exemples : introd. (introduction) ; collab. (collaborateurs) ; encycl. (encyclopédie).

– Lorsqu'il s'impose d'abréger un seul mot d'une expression comportant un substantif et un qualificatif, il est préférable d'abréger le substantif. Exemples : doc. inédit (au lieu de : document inéd.), coll. spéciale (au lieu de : collection spéc.).

– Les abréviations insolites créées pour distinguer les genres masculin et féminin d'un mot désignant une personne sont des irritants à bannir. La solution de rechange serait d'écrire les deux termes en toutes lettres, le cas échéant.

Corollaire

Et cætera ou et cetera – L'expression latine *et cætera* ou *et cetera* est rarement écrite en toutes lettres ; son abréviation « etc. » réclame une attention spéciale. Elle termine une énumération qui doit comporter au moins deux termes. Elle fait partie de la phrase et s'écrit en caractères romains ; elle ne prend jamais de capitale initiale dans le cours d'un texte ; elle est toujours précédée d'une virgule ; elle peut être suivie d'un point-virgule. Il n'y a jamais lieu de la répéter ni de la faire suivre de points de suspension. Terme d'une liste, elle ne doit pas être reportée au commencement de la ligne suivante. Si l'abréviation etc. est suivie d'un appel de note, le point final de la phrase est maintenu, le cas échéant ; ce qui donne dans l'ordre : « etc. + appel de note + point final ».

Abréviations latines – Longtemps en faveur dans les travaux scientifiques, nombre de formules latines ont progressivement fait place aux formes françaises correspondantes ou équivalentes.

Toutefois, il importe de considérer particulièrement les suivantes, toujours usitées : *ibid.*, *id.*, *loc. cit.*, *op. cit.* Utilisées en note bibliographique dans le cas de mentions subséquentes d'un même auteur, d'un même ouvrage ou d'un même article, selon le cas, elles permettent d'éviter la répétition de mêmes éléments.

– *Ibid.* (*ibidem*) s'emploie lorsqu'on cite la même source plus d'une fois, et cela dans des références consécutives. Il s'agit généralement d'un même ouvrage, mais il pourrait s'agir aussi d'un même article de revue, de journal, etc. On se borne alors à indiquer l'abréviation *ibid.* et le folio approprié s'il diffère de celui de la note précédente.

– *Id.* (*idem*) s'emploie lorsqu'on cite des ouvrages différents d'un même auteur dans des notes consécutives. L'abréviation *id.* est alors suivie du nouveau titre, de l'adresse bibliographique et de l'indication de la page ou des pages en question.

– *Op. cit.* (*opus citatum* ou *opere citato*) [« l'œuvre déjà citée » ou « dans l'ouvrage cité »] s'emploie lorsqu'on cite — de façon non consécutive — la même œuvre d'un auteur nommé antérieurement. On écrit alors le nom de l'auteur, suivi de *op. cit.* et de la page citée. En règle générale, le titre que remplace l'abréviation *op. cit.* doit figurer dans les trois ou quatre pages précédentes ; toutefois, cette restriction ne s'impose pas s'il est fait référence à un seul (ou à l'unique) ouvrage de l'auteur.

– *Loc. cit.* (*loco citato*), tout comme l'abréviation correspondante en français, « art. cité » (article cité), est un équivalent de *op. cit.*, sauf qu'il est convenu d'en réserver l'usage aux références d'articles de périodique, de journal, de dictionnaire, d'encyclopédie ou encore de parties de livre. Toutefois, des auteurs remarquent que l'abréviation *loc. cit.* est « quelque peu désuète » et, ajoutent-ils, « certains utilisent simplement *op. cit.* [...] ou encore *ibid.*[5] ».

Mots latins – En complément des abréviations latines, s'inscrit le cas de mots latins usités dans le même contexte, soit : *in*, *infra*, *supra*, *passim*, *sic*.

– Le mot latin *in* fait progressivement place au terme français « dans » ; néanmoins, il conserve la faveur des tenants de la brièveté — avant tout — dans les notes de référence. Exceptionnellement, il se compose alors en romain s'il est placé entre deux titres. Exemple : Relisez le chapitre *Ulysse et le bonheur mortel*, in *Raconter et mourir* de Thierry Hentsch.

---

5. Michel Beaud et Daniel Latouche, *L'art de la thèse*, Montréal, Boréal, 1988, p. 111.

– Les termes *infra* et *supra* se rendent de plus en plus par les expressions françaises équivalentes, soit « ci-dessous ou ci-après » et « ci-dessus ».

– Le mot *passim* a cours pour signifier « ici et là » (dans l'ouvrage ou le chapitre) ou bien entre telle et telle page.

– Placé entre crochets, le terme latin *sic* est toujours en usage pour signaler qu'un terme, une graphie, un signe de ponctuation figurent dans la source sous la forme citée (forme inexacte, incorrecte ou mise en question).

Au chapitre de l'emploi des abréviations latines et des termes latins ou des formules équivalentes en français, lorsque celles-ci existent, il revient à la liberté « éclairée » de chacun d'avoir le dernier mot, un mot qui doit cependant être marqué au sceau d'une rigoureuse uniformité au long du texte.

Expressions latines francisées ou non – On observera que les expressions latines mentionnées dans les paragraphes précédents ne sont pas francisées. En conséquence, elles se composent en italique dans un texte en romain (en romain dans un texte en italique).

Il en est de même des expressions suivantes usitées dans un contexte plus large que celui du livre : *ad hoc*, *ad libitum*, *in extenso*, *in extremis*, *in fine*, *modus vivendi*, *primo*, *secundo*, *statu quo* et autres.

Les expressions latines *a fortiori*, *a posteriori*, *a priori* sont considérées comme francisées. Elles se composent donc en romain dans un texte en romain ; la graphie latine (en italique) est attestée et acceptée[6].

Par ailleurs, nombre d'expressions latines sont entrées dans le langage courant et se composent en romain. À titre d'exemples, on relève les mots suivants : critérium, in-folio, post-scriptum, ultimatum, vade-mecum, veto, visa.

---

6. En ce qui a trait à l'accent sur « *a* » la plus grande diversité a cours dans les dictionnaires. La conclusion de l'analyse favorise l'omission de l'accent au motif qu'il ne s'agit pas de la préposition française *à* mais de la préposition latine *a* ou *ab*, qui marque la séparation ou l'éloignement. Le *Nouveau Littré* (2004), qui enregistre « à priori » et donne des attestations d'emploi sous cette forme, termine le tout comme suit : « On écrit auj. *a priori* ». C'est la façon la plus élégante de disposer du sujet marqué au sceau de la confusion liée à l'histoire de cette orthographe. Une conclusion similaire s'imposerait en regard de l'accent sur « *e* » de *a posteriori*.

LISTE D'ABRÉVIATIONS AFFÉRENTES AU CONTEXTE DU LIVRE

ann.	annexe
append.	appendice
arch.	archives
art. cité	article cité
bibliogr.	bibliographie
ca (*circa*)	approximativement, environ
cf. (*confer*)	comparez[7]
col.	colonne
coll.	collection
collab.	collaborateurs
dir.	directeur ou direction
dir. publ.	directeur de publication
doc. ou docum.	document, documents
e.g. (*exempli gratia*)	par exemple
éd.	édition
éd. ent. rev.	édition entièrement revue
édit.	éditeur
et al. (*et alii*)	et autres[8]
étym.	étymologie
ex.	exemple
f.	feuillet, feuillets
fig.	figure
graph.	graphique
h.-t. ; en h.t.	hors-texte ; en hors texte
ibid. (*ibidem*)	au même endroit
id. (*idem*)	le même [auteur]
i.e. (*id est*)	c'est-à-dire

7. L'abréviation « cf. » ne saurait être systématiquement remplacée par « voir ». L'infinitif latin *conferre* exprime l'idée d'une comparaison entre des théories, des assertions ; « voir » invite à se reporter à tel endroit d'un document aux fins que commande ou que suggère le texte ; il ne s'agit pas nécessairement de s'y reporter en vue d'établir une comparaison. — On notera au passage que l'abréviation « cf. » s'écrit en romain dans un texte en romain.

8. En toute rigueur, l'expression « et collaborateurs » (ou sa forme abrégée « et collab. ») n'équivaut pas à l'abréviation latine *et al.* (traduite par « et autres » pour signifier « et d'autres auteurs »). Dans ce dernier cas, tous les auteurs sont sur un pied d'égalité alors que la notion de « collaborateurs » suggère (ou peut suggérer) que l'ouvrage est l'œuvre d'un « auteur principal » à qui se sont joints des collaborateurs à titre d'auxiliaires.

ill.	illustration
infra	ci-dessous, ci-après
ital.	italique
loc. cit. (*loco citato*)	à l'article, au passage cité
ms., mss[9]	manuscrit, manuscrits
n.p.	non paginé
nouv. éd.	nouvelle édition
N.D.A. (ou NDA)	note de l'auteur
N.D.É. (ou NDÉ)	note de l'éditeur (ou des éditeurs)
N.D.T. (ou NDT)	note du traducteur
n°, nos	numéro, numéros
op. cit. (*opere citato*)	dans l'œuvre citée
ouvr. cité	ouvrage cité
p.	page, pages
pag. mult.	pagination multiple
paragr. ou §	paragraphe[10]
réf.	référence
s.	siècle
s.d.	sans date
s.l.	sans lieu
s.l.n.d.	sans lieu ni date
s.p.	sans pagination
s.v. (*sub verbo*)	au mot cité
sect.	section
suiv.; et suiv.	suivant; et les pages suivantes
suppl.	supplément
supra	ci-dessus
t.	tome
trad.	traducteur
v. ou V.	voir ou Voir
v.a.	voir aussi
v.g. (*verbi gratia*)	par exemple
vol.	volume

9. On notera que l'abréviation de *manuscrit* (singulier) est *ms.* (initiale, lettre médiane, point); celle de *manuscrits* (pluriel) est *mss* (sans point en raison de la présence de la lettre finale du mot abrégé). Des sources dont l'autorité est bien établie attestent ces formes, dont le *Lexique des règles typographiques* (cité ci-dessus), p. 9. Plusieurs ne tiennent pas compte de cette nuance; ils s'accommodent du point final dans les deux cas, singulier et pluriel.

10. Le signe de « paragraphe » (§) ne s'emploie que devant un chiffre, jamais après l'article ni un déterminatif quelconque.

23 ▪ Les figures

Figures, graphiques, cartes et tableaux sont des composantes usuelles de rapports, d'ouvrages scientifiques, de documents techniques. Un principe des plus simples en recommande l'emploi : « communiquer autrement, communiquer plus efficacement ».

L'insertion de ces supports visuels dans un livre doit subir un test de pertinence à ce double titre. En outre, la conception et surtout la présentation de telles ressources documentaires sont soumises à des critères adaptés à leur nature respective, selon les disciplines en cause, mais aussi en référence au contexte de l'ouvrage dans lequel elles prennent place.

Le terme *figure* désigne une « représentation détaillée ou schématique, au naturel ou conventionnelle, d'un élément quelconque (être, objet, phénomène, etc.), conçue pour illustrer un texte (ou un propos)[1] ». À cette définition abstraite, l'usage courant substitue volontiers une notion sommaire souvent réduite à l'énoncé d'un synonyme qui s'accompagne d'une liste plus ou moins longue de types de figures.

Entre ces pôles, s'inscrit la notion de figure axée sur sa finalité propre dans un ouvrage ou un article scientifique, une notion que le regard du spécialiste ajuste aux fins de son domaine de recherche, une notion que l'on considère ici à titre de composante éventuelle d'un livre.

À cette fin s'impose d'abord la question des questions : la relation entre la figure et le développement dans lequel elle s'inscrit. Vient ensuite la considération des éléments constitutifs d'une figure : numérotation, légende, appel de note et note, emplacement. En finale, quelques références à des ouvrages comportant des spécimens de figures devraient orienter vers des sources qui en illustrent l'usage.

1. *Trésor de la langue française*, t. VIII, 1980, *s.v.* figure.

Rapport de la figure au texte

Contrairement à l'écrit, objet d'un déchiffrement linéaire, la figure est un langage qui peut livrer d'un seul coup l'ensemble des données d'un message: elle permet d'emblée la perception globale d'un contenu d'information à composantes multiples. Cela n'exclut pas, mais exige au contraire, un regard analytique et critique apte à démontrer l'utilité respective et du texte et de la figure, que celle-ci n'a pas fonction de doubler mais d'étayer sous le mode d'une complémentarité féconde.

La figure aide à percevoir les quantités, proportions, relations et structures qu'elle a charge de représenter, ou mieux de « re-présenter » sous une forme qui met en lumière les informations exposées dans le texte. Elle illustre leur agencement et leur portée corrélative. Grâce à la vue englobante qu'elle offre des données en cause, elle s'avère une ressource d'un autre ordre au service de la compréhension et de l'interprétation.

Ce n'est qu'à ces titres que la figure peut valider sa présence et son apport spécifique, voire exclusif; ce n'est qu'à ces titres qu'elle peut être source de valeur ajoutée, et non reflet illusoire de la démonstration véhiculée par le texte.

Distincte du tableau, la figure est une illustration qui peut revêtir des formes diversifiées: carte, croquis ou dessin, graphique ou organigramme, plan ou schéma, etc. L'élaboration de ces figures relève de techniques spécialisées dont la maîtrise est un préalable à leur utilisation efficace. Toutefois, leur insertion dans un livre respecte, à peu de nuances près, des critères communs à d'autres ressources descriptives ou argumentaires.

Éléments de la figure et règles d'écriture

Logiquement préalable à la considération des données de la figure, s'impose la justification de son usage, de sa présence dans chaque cas. La rigueur de cet examen doit ou devrait mener à n'inclure dans un document que les figures qui apportent au texte un supplément réel à l'épreuve de tout soupçon de « remplissage ».

Cette étape décisive étant franchie, il reste à assurer la cohérence interne entre texte et figures. À cette fin, il s'impose de respecter les normes appropriées, dont les suivantes, entre autres: choisir des modes identiques de représentation (carte, graphique, etc.) pour des figures traitant de sujets semblables; placer les mêmes éléments aux mêmes endroits dans un ensemble de figures de même type; adopter les mêmes échelles pour des figures traitant de données similaires; utiliser la même police de caractères pour le texte et pour les figures, à moins que l'une ou l'autre d'entre elles provienne d'une source étrangère. Ce sont là des exigences qui s'imposent analogiquement dans l'élaboration d'une recherche ou le traitement d'un sujet.

Illustration ou enrichissement de l'écrit, la figure doit être annoncée dans le corps du texte; à défaut, il y aurait lieu de la reporter en fin d'ouvrage, sous la forme d'un appendice, à la condition qu'elle y soit alors pertinente. Analyse ou commentaires de l'auteur sont un moyen de ménager des passerelles entre le discours du texte et l'illustration qu'en propose la figure.

Numérotation – Les figures exigent une numérotation distincte de celle des tableaux. Cette numérotation se fait en chiffres arabes, chapitre par chapitre, surtout lorsque les divisions de l'ouvrage sont établies selon le système pseudo-décimal. Cette façon de procéder est commode et efficace; elle s'inscrit sous des mentions de ce genre: Figure 1.3, 2.5, 7.3, dans lesquelles le premier chiffre fait référence au chapitre et le second, au numéro d'ordre de la figure à l'intérieur du chapitre.

Légende – Toute figure est obligatoirement complétée par une légende, c'est-à-dire un intitulé descriptif de son objet ou de son contenu. La légende doit être à la fois exacte, précise et concise; l'énoncé sous la forme du substantif est jugé préférable à toute autre forme possible (verbe conjugué ou proposition relative). Abstraction faite du lien obligatoirement marqué entre le texte et la figure, la légende doit normalement se suffire à elle-même, c'est-à-dire être intelligible sans qu'il faille nécessairement recourir au texte pour en exploiter le contenu.

Composée en italique maigre, la légende s'écrit à simple interligne, en bas-de-casse, mais avec majuscule initiale. Elle se place sous la figure; elle peut être centrée (surtout si elle est courte) ou alignée à la marge de gauche; cependant, elle ne doit pas dépasser la largeur de la figure.

Appel de note et note – Si quelque élément d'une figure nécessite une explicitation ou une référence, un appel de note peut y être accolé: lettre minuscule ou astérisque (et non chiffre). Cet appel renvoie à la note correspondante portée au bas de la figure, généralement sous la légende.

Les notes relatives à une figure ne doivent jamais entrer dans la série des renvois propres au texte courant, lesquels sont communément indiqués en chiffres. Dernière précision ou simple rappel d'une règle courante: le mot *figure* peut s'abréger sous la forme *fig.* dans les notes, les légendes, les entrées bibliographiques, ou lorsqu'il est placé entre parenthèses, mais jamais dans le cours du texte lui-même.

Toute figure dont le rédacteur n'est pas l'auteur doit comporter l'indication précise de la source. Rédigée sur le modèle d'une référence bibliographique, cette description se place à distance après la légende ou après les notes, le cas échéant.

Emplacement – La figure est placée le plus près possible de l'endroit de sa première mention dans le texte et doit être reproduite tout entière sur une même page.

Il est souhaitable que la figure soit présentée en hauteur (dans le sens habituel du texte); s'il faut absolument la disposer en largeur, on veillera à mettre la partie supérieure près de la reliure.

Lorsque la figure occupe une page complète, elle ne doit pas déborder le cadre du miroir de page, respectant ainsi les marges, la pagination, l'en-tête et le pied de page; au besoin, il est cependant admis d'omettre la mention du folio. Si la figure est plus étroite que le miroir de page, elle doit être centrée par rapport à ce dernier.

Sources d'exemples

Compte tenu de la diversité des usages et des types de figures, le renvoi à quelques exemples s'offre comme la meilleure source d'illustration.

> Béland, François, « Le financement privé de la santé: coûts plus élevés, accès inégal », dans *L'annuaire du Québec 2004*, dir. Michel Venne, Fides, 2003, p. 407:
>
> > Figure 1 — *Dépcnses gouvernementales et privées en santé en millions de dollars courants*, Québec, 1975-2001.

Burnet, Macfarlane, *Le programme et l'erreur. Une histoire naturelle de la mort et de l'hérédité*, Paris, Albin Michel, coll. « Sciences d'aujourd'hui », 1982, p. 19:

Figure 1 – *Le phénomène d'adaptation chez les bactéries.*

Coulangeon, Philippe, « La stratification sociale des goûts musicaux », *Revue française de sociologie*, 2003, 44, 1, p. 13:

Figure 3 – *L'espace des goûts musicaux. Plan des facteurs 2 et 4.*

Desmet, Huguette, et Jean-Paul Pourtois, *Prédire, comprendre la trajectoire scolaire*, Paris, Presses universitaires de France, coll. « Pédagogie d'aujourd'hui », 1993, p. 80:

Fig. 2 – *Mobilité intergénérationnelle en fonction des niveaux scolaires.*

Muller, Yves, et Jean Clos, *Le développement*, tome premier, *Contrôle génétique*, Paris, Nathan, coll. « Les Cahiers de la 128 », 1996, p. 30 et p. 57:

Figure 1.4 – *La translocation nucléaire de la protéine Dorsal.*
Figure 2.7 – *Myogenèse et gènes myogéniques.*

La consultation et la visualisation d'exemples de figures en contexte permettent d'apprécier le bien-fondé de leur présence, de vérifier leur pertinence en regard du sujet traité, et peut-être d'évaluer la qualité de leur apport[2].

2. La description des exemples comporte des modifications mineures par rapport à la source: dans tous les cas, on donne la numérotation des figures en chiffres arabes suivis d'un tiret et l'on écrit la légende en italique maigre, en conformité des critères établis.

24 ▪ Les tableaux

À titre de composantes de documents et d'ouvrages scientifiques ou techniques, les tableaux présentent des similitudes avec les figures. Il est donc permis de les traiter sous les mêmes rubriques en accordant large place à leurs caractéristiques propres, en soulignant à l'occasion leurs ressemblances ou leurs dissemblances les plus marquées.

Ce n'est qu'à la fin du XVIIIe siècle que le terme *tableau* entre dans l'usage sous l'acception spécifique considérée dans ce contexte, soit « Série de données, de renseignements, disposés en lignes et en colonnes, d'une manière claire et ordonnée, parfois figurée, pour faciliter la consultation[1] ». La finalité inscrite au cœur de cette notion tient en ces deux mots : « faciliter la consultation ». Voilà le critère qui justifie et recommande, ou non, l'emploi du support visuel qu'est le tableau ; par ailleurs, la perception du concept « faciliter » ne va pas de soi : il est vague. Il faut le préciser.

– Au minimum, « faciliter », c'est ne pas compliquer. D'où le premier critère applicable : rien ne justifie le recours à un tableau lorsqu'une simple énumération ou une liste cohérente suffit à établir une assertion ou lorsqu'un texte bien structuré rend pleinement compte d'une analyse de données. L'ajout d'un tableau serait alors parure encombrante ou vaine complication.

– Sous un angle positif, « faciliter », c'est ajouter quelque chose. D'où le second critère à prendre en compte : n'est justifié que le tableau qui constitue un apport réel, mesurable, à la compréhension du texte. Ainsi « certains types de classifications, de correspondances, d'énumérations répétées, etc., débouchent naturellement sur des présentations à double entrée, qui donnent naissance à des *tableaux*[2] » ou qui se traduisent fort avantageusement en tableaux.

1. *Le Grand Robert de la langue française*, t. VI, 2001, *s.v.* tableau.

2. Voir Chantal Bouthat, *Guide de présentation des mémoires et thèses*, Université du Québec à Montréal, 1993, p. 17-18.

– Enfin, il est des cas où « faciliter » s'entend au sens fort du terme, celui de fournir le moyen approprié pour obtenir une fin. S'agissant de tableaux, « faciliter » équivaut à donner accès à la saisie de données multiples et complexes dont la perception serait insatisfaisante ou inadéquate autrement. De ce point de vue, des mesures statistiques comme l'inégalité dans une distribution de population ou la dispersion et la concentration d'un groupe témoin autour de variables appellent une représentation en tableaux.

D'une façon générale, le développement des techniques quantitatives rend de plus en plus populaire le recours aux tableaux en divers champs de recherche : l'évaluation de leur pertinence et de leur potentiel d'efficacité en vue d'une meilleure compréhension n'en demeure pas moins impérative. En toute hypothèse, le tableau ne remplace pas le texte. Il peut le renforcer par un effet de synergie, mais il ne saurait s'y substituer : le texte est le premier véhicule de la pensée ; le tableau tient lieu d'auxiliaire apprécié ou de moyen essentiel.

Règles d'usage et d'écriture

Reconnu comme auxiliaire de compréhension ou moyen d'accès à la saisie de données, le tableau doit évidemment être annoncé dans le texte, puis analysé ou commenté. C'est dire qu'un tableau dont il n'est pas fait explicitement état dans le développement du sujet traité ne saurait faire partie du corps de l'ouvrage. Son utilité reconnue à quelque autre titre pourra alors justifier son insertion sous la forme d'un appendice.

Les tableaux de même type doivent être présentés de façon uniforme dans l'ensemble d'un document. Les critères d'ordre typographique ne diffèrent pas de ceux du texte courant ; toutefois, pour des raisons d'esthétique ou d'économie, la taille des caractères peut être réduite de deux points et il est loisible d'adopter un interligne plus petit que celui du texte ; à l'inverse, rien ne saurait recommander le choix d'un interligne plus grand.

Numérotation – La numérotation des tableaux est distincte de celle des figures. Elle peut se faire en chiffres romains, selon l'ordre séquentiel de l'insertion des tableaux dans l'ensemble du document. Toutefois, l'usage du système « pseudo-décimal » de notation des divisions du texte incite à numéroter les tableaux en chiffres arabes, chapitre par chapitre: le premier chiffre correspond au numéro du chapitre; le second, indique l'ordre du tableau dans le chapitre.

Titre – Le titre d'un tableau doit être à la fois concis et précis. Concis, il requiert peu de mots pour « se dire »; précis, il se dit en des mots qui conviennent exactement, il dit tous les mots qu'il faut, mais seulement ceux qu'il faut pour être clair. À cette fin, le substantif est de loin préférable à toute autre forme grammaticale, verbe conjugué ou proposition relative.

Le titre se place au-dessus du tableau où figure d'abord le terme *Tableau*, suivi de son numéro d'ordre; il est souvent porté sur une ligne distincte, mais il n'est pas exclu de l'inscrire sur la même ligne en le séparant du générique par un point ou un tiret. Exception faite de la première lettre du titre et des noms propres, ce dernier s'écrit en caractères romains minuscules. Au besoin, la suite du titre se poursuit sur une seconde ligne, à distance d'un simple interligne de la première. S'il y a un sous-titre, il est placé entre parenthèses immédiatement sous le titre. Le tout est centré par rapport au tableau et ne doit pas en dépasser les limites et encore moins les marges. Ni les titres ni les sous-titres ne se terminent par un point.

Têtes de colonne et de ligne – Éléments propres au tableau, les têtes de colonne et de ligne ont raison de titres par rapport aux données qu'elles désignent. Leur libellé doit être également concis et précis; la mention en sous-titre d'une unité commune à toutes les entrées d'une colonne permet d'éviter des répétitions. Les énoncés d'une même colonne doivent être de même nature et être libellés au singulier, de préférence. En fait, la remarque vaut pour l'ensemble des éléments du tableau.

Traits – Les exigences de lisibilité et d'esthétique incitent à bien contrôler l'usage des traits dans un tableau. Les traits verticaux sont à éviter dans la mesure du possible; ceux des côtés sont particulièrement inutiles et gênants pour l'œil. La réserve s'impose aussi en regard des traits horizontaux: lourdeur ou surcharge risquent d'entraver l'interprétation. À la multiplication des traits, on préférera l'usage des blancs et la disposition aérée des données.

Alignement – Les nombres inscrits en colonnes sont alignés verticalement sur le chiffre des unités ou sur la virgule décimale. Si l'un des nombres d'une colonne comporte virgule et décimales, il faut user des mêmes signes pour tous les nombres de la colonne ; en revanche, il est admis d'omettre les décimales si aucun des nombres d'une colonne n'en exige. Toutefois, il faut ajouter du même souffle que l'uniformité de l'ensemble réclame que toutes les entrées de même type soient présentées de façon identique dans toutes les colonnes d'un tableau.

C'est le lieu de signaler que dans les nombres, les tranches de trois chiffres sont séparées par l'espace insécable, y compris les décimales. En pratique, l'espace n'est obligatoire que dans les nombres à cinq chiffres et plus, mais les impératifs d'uniformité doivent être pris en compte toujours et partout.

Appel de note et note – Dans le tableau, l'appel de note, la note de référence et l'indication de la source obéissent aux mêmes critères et aux mêmes règles d'écriture que les éléments similaires de la figure. Il faut souligner, en particulier, que la note doit être à l'intérieur du cadre (virtuel) qui délimite le tableau si l'appel de note s'y trouve lui-même. Notes ou mentions de référence sont portées au bas du tableau dans l'ordre d'insertion de l'appel. Généralement composées sous les colonnes, après un filet horizontal maigre de la largeur du tableau, les notes peuvent aussi, le cas échéant, être incluses dans une colonne affectée aux observations. L'indication de la source du tableau lui-même trouve place après les notes.

Emplacement – On insère le tableau le plus près possible de l'endroit où il en est fait mention dans le texte. Idéalement, un tableau ainsi intégré dans le cours d'un document ne comporte qu'une page ; de plus il doit y figurer tout entier et non commencer au bas d'une page et se terminer sur l'autre. Dans l'hypothèse où la longueur du tableau exige de l'étaler sur deux pages, il faut y répéter la dénomination générique et son numéro d'ordre (avec l'indication *suite*, entre parenthèses), puis le titre complet du tableau ainsi que les têtes de colonne et de ligne. Un tableau de plus de deux pages est porté en annexe ; un tel renvoi fait l'objet d'une note placée à proximité de l'endroit où le tableau aurait dû se trouver dans le cours du texte. On écrira, par exemple, « Voir le tableau VII à la page suivante » ou bien « Voir le tableau VII, p. 93 ».

Un tableau doit être présenté en hauteur dans la page ; s'il s'impose de le disposer en largeur, on veillera à en placer le haut contre la reliure. Normalement le tableau ne doit pas déborder le miroir de page, être centré et respecter les marges, la pagination, l'en-tête et le pied de page. Exceptionnellement, le tableau qui occupe une pleine page pourra empiéter sur l'espace ordinairement réservé au titre courant; en ce cas, la mention du folio peut être omise, mais non sa prise en compte dans la pagination. En dehors de ce cas, la numérotation des pages n'est en rien altérée par l'insertion de tableaux[3].

Sources d'exemples

Le renvoi à des ouvrages comportant des exemples de tableaux tient lieu d'illustration. L'analogie entre les tableaux et les figures incite à reprendre cette modalité, soit de renvoyer à des sources qui permettent de visualiser en contexte les règles d'usage, d'écriture et de présentation de tableaux[4].

> Coulangeon, Philippe, « La stratification sociale des goûts musicaux », dans *Revue française de sociologie*, 2003, 44, 1, p. 19:
>
> > Tableau III. Distribution des catégories socioprofessionnelles par classe (en pourcentage)
>
> Desmet, Huguette, et Jean-Paul Pourtois, *Prédire, comprendre la trajectoire scolaire*, Paris, Presses universitaires de France, coll. « Pédagogie d'aujourd'hui », 1993, p. 233:
>
> > Tableau XIX. Perception de l'école. Synthèse
>
> Fortin, Lynda, « Violence et problèmes de comportement chez les enfants et les adolescents québécois », dans *Comprendre la famille*, sous la direction de Carl Lacharité et Gilles Pronovost, avec la collaboration d'Élisabeth Coutu, Québec, Presses de l'Université du Québec, 2002, p. 204:
>
> > Tableau I. Nature des expériences de victimisation à l'école depuis septembre selon le sexe, 1999

---

3. L'usage est différent dans le cas des *planches* insérées dans un ouvrage. Les feuillets sur lesquels se trouvent les planches ne sont ni paginés ni pris en compte dans la numérotation. On y fait référence comme suit: « entre page... et page... », où le mot *page* peut être abrégé. Voir Roger Pickering, *Paul Valéry, la page, l'écriture*, Clermont-Ferrand, Association des publications de la Faculté des lettres et sciences humaines de l'Université de Clermont-Ferrand, coll. « Littératures », 1996, p. 497.

4. L'écriture des exemples comporte des modifications mineures par rapport à l'original. — Dans le cas du deuxième exemple, l'original est numéroté en chiffres arabes et le haut du tableau est placé du côté de la tranche et non du côté de la reliure, où il se lirait plus aisément.

Husén, Torsten, *Enseignement supérieur et stratification sociale : une comparaison internationale*, Paris, Unesco, 1987, p. 29 :

Tableau II. Égypte : Comparaison des critères utilisés pour obtenir un emploi et sélectionner les candidats à l'embauche

Langlois, Simon, « Le système d'éducation face au défi démographique », dans *L'annuaire du Québec 2004*, sous la direction de Michel Venne, Fides, 2003. Le chapitre se développe autour de huit tableaux présentés en quelques pages[5] :

Tableau IV. Nombre de diplômes collégiaux décernés selon le type de diplôme (Québec, 1989-2001)
Tableau VII. Taux de décrochage scolaire selon l'âge et le sexe (Québec 1979-2001).

5. La numérotation originale des tableaux est en chiffres arabes ; le titre est en gras à l'exception du texte entre parenthèses ; les tableaux cités sont aux pages 460 et 461.

Les compléments

Le mot *complément* exige un regard attentif. Il importe d'en saisir la notion exacte. Ce terme désigne une « partie nécessaire ajoutée, pour le rendre complet, à ce qui ne l'est pas » (H. Bénac). Formule inélégante mais notion claire, finement nuancée, qui sous-tendra la suite de l'investigation. Car les risques d'ambiguïté demeurent.

La voie pour déceler ces risques d'abord, pour les dissiper ensuite, passe par la nomenclature des sujets traités sous la rubrique « compléments », soit l'épilogue, la postface, le post-scriptum, l'annexe, l'appendice, la chronologie, la bibliographie, l'index, la table des matières, l'encart.

Pourquoi en faire l'énumération complète comme s'ils n'étaient pas immédiatement à la portée de l'œil dans les pages qui suivent ? Pour un motif très simple, pour souligner que chacun de ces thèmes, qualifiés de *compléments*, a raison de « partie nécessaire... », non pas en soi, mais en regard de l'ensemble du présent ouvrage.

25 ▪ L'épilogue

À titre de composante d'un livre, l'épilogue va de pair avec le prologue. De ce fait, il y a lieu d'adopter le même schème et souvent les mêmes mots pour traiter l'un et l'autre. En particulier, il s'impose de puiser à une seule et même source l'exemple d'épilogue qui conclut un ouvrage et l'exemple de prologue qui en marque le seuil. C'est là une question de nature méthodologique : ces deux parties du livre sont conjointement principe d'équilibre pour l'ensemble de l'œuvre.

Au terme *épilogue* opposé à *prologue* correspond un double équivalent que le *Dictionnaire historique de la langue française* présente ainsi : *épilogue* signifie d'abord « conclusion d'une œuvre littéraire », puis « conclusion d'un discours, d'un film, etc. ».

Le *Trésor de la langue française* explicite comme suit la notion d'épilogue : « Dans la *langue moderne*, [l'épilogue est la] dernière partie, [la] conclusion d'un discours, d'un poème, d'un ouvrage dramatique ou romanesque, contenant par exemple la récapitulation des principaux points d'une argumentation ou le récit des événements postérieurs à l'action principale. » Le *Grand Robert de la langue française* réduit l'épilogue à un résumé placé à la fin d'un discours ou d'un poème. De façon analogue, le *Grand Larousse*, qui en propose la définition suivante : « partie qui conclut et termine un ouvrage littéraire », assimile trop simplement l'épilogue à n'importe quel type de conclusion.

Conditions d'emploi

La recherche d'attestations ou de spécimens d'épilogue, composante d'un livre, manifeste la rareté relative d'un tel écrit. Trois exemples tirés de publications plutôt récentes permettent néanmoins de dégager les traits caractéristiques du genre[1].

1. En raison du lien logique inhérent aux concepts de prologue et d'épilogue, les ouvrages choisis pour illustrer le premier sont repris pour illustrer le second.

– Première source explorée: le roman historico-théologique de Jean Bédard, *Nicolas de Cues*[2]. Il s'agit d'une saga qui retrace la vie tumultueuse du cardinal Nikolaus Krebs, dit Nicolas de Kues ou de Cues (1401-1464).

Au prologue, déjà analysé, correspond un épilogue qui compte une vingtaine de pages. La démarche est sobre: elle est directement arrimée au propos du livre; elle est subtilement accordée au rêve magistral du héros, Nicolas de Cues:

> Le pape mourut trois jours après le Cardinal, si bien que l'enterrement de son vicaire général au temporel [de Cues], bien que conforme aux convenances, passa presque inaperçu, pour ainsi dire à l'ombre de celui du pape. Il y a comme ça, à Rome, des ombres auxquelles on n'accorde plus aujourd'hui aucune attention. Et pourtant, l'ombre, selon mon ami Léonard de Vinci, est le recueillement de la lumière.
>
> [...] Les trois grands amis et humanistes qui voulurent donner une renaissance à l'Église, Parentuccelli [Nicolas V], Piccolomini [Pie II] et le Cardinal, sont maintenant parmi les ombres de Rome, imperceptibles à ceux qui aiment le lustre. [...] cette conjonction de trois humanistes [...] aurait pu unir tous les hommes en une seule intelligence de la spiritualité, ramener les dérives religieuses à la sagesse et ainsi apporter la paix entre les peuples[3].

Du point de vue de la structure de l'écrit, ces lignes font écho au prologue notamment par l'évocation de Léonard de Vinci; elles résument l'itinéraire romanesque sous trois noms historiques. Cet épilogue se développe selon le schème des notions lexicographiques précitées, soit « conclusion d'un ouvrage; récapitulation des principaux points d'une argumentation; récit des événements postérieurs à l'action principale ». Il s'agit d'un « développement exemplaire ». Cet épilogue modèle se montre et se démontre à travers un texte d'une grande beauté, d'une rare profondeur. Les bribes suivantes en témoignent quelque peu:

> [...] Il y a de ces hommes que l'on ne peut tuer qu'en les laissant dans l'ombre. [...] C'est uniquement dans les détails de l'ombre que l'on peut apercevoir l'Église vraie.

2. Montréal, L'Hexagone, coll. « Fictions », 2000, p. 263-282: « Épilogue ».
3. *Ibidem*, p. 263 et p. 264: « Épilogue ».

> [...] moi, je ne suis pas allé à Rome, dans les ombres, tenter de retrouver ce détail de l'histoire humaine que fut mon ami Nicolas de Cues. Ce n'est pas là que je suis allé le retrouver. D'ailleurs ceux qui le connaissent savent qu'il n'y est pas [...]; le Cardinal est évidemment à Kues, dans sa bibliothèque, tous ceux qui le connaissent vous diront qu'il y est, non pas mort, mais à la manière de ces petites ombres que l'on dessine sur du papier et qui sont appelées écriture.

Après des pages et des pages de la même encre, l'épilogue s'achève ainsi: «[...] je suis entré tout entier dans [...] ce livre et j'y meurs maintenant dans l'espoir de revivre [...]. Car tout livre digne de ce nom est un sachet de semences soufflées dans une oreille qui, parfois, en est fécondée. D'autres livres naissent et l'âme d'un pas léger va son chemin de lecture en écriture.»

– Deuxième source attestant la présence d'un épilogue capable de faire équilibre au prologue: l'ouvrage historico-philosophique intitulé *Trois femmes dans de sombres temps*, récit évocateur des années 1933-1943 sous trois figures féminines, juives et philosophes, soit Edith Stein (1891-1942), Hannah Arendt (1906-1975) et Simone Weil (1909-1943)[4].

Ces dates posent les bornes du temps: il s'agit des «sombres temps» évoqués par Bertolt Brecht[5], des temps stigmatisés par les mots fascisme, impérialisme, antisémitisme, totalitarisme, rapports pervers du politique et de la religion.

En regard du propos en cours, il faut signaler que cet épilogue est élaboré selon le concept générique d'une conclusion, voire une conclusion qui a des allures de procès: l'auteur analyse, compare, évalue et critique les positions ou les options des trois philosophes.

Partant, il semble que la justification du titre «épilogue» sous lequel s'inscrivent ces pages soit quelque peu extrinsèque à leur contenu: *épilogue* y figure comme le parallèle obligé de *prologue*. C'est dire que le choix de l'appellation relève moins d'une considération

---

4. Sylvie Courtine-Denamy, *Trois femmes dans de sombres temps. Edith Stein, Hannah Arendt, Simone Weil ou* Amor fati, amor mundi, Paris, Albin Michel, coll. «Idées», 1997, p. 237-261: «Épilogue».

5. *Poèmes 4*, 1934-1941 [années d'exil], Paris, L'Arche, 1966, sous les *Poèmes de Svendborg*, vi, p. 137-139: «À ceux qui naîtront après nous» [*An die Nachgeborenen*], traducteur Guillevic.

logique que d'un à-propos linguistique : il vise davantage la symétrie des appellations que la rigueur même de la pensée.

– Troisième source illustrant l'emploi de l'épilogue à titre de composante d'un livre : l'ouvrage collectif, *La plus belle histoire du monde. Les secrets de nos origines*[6], qui expose le sujet sous la forme d'un entretien entre scientifiques. Le propos de vulgarisation de l'œuvre, sa visée éminemment didactique s'affiche dans la structure même de l'ouvrage : les échanges de vues entre les « auteurs-acteurs » s'y développent en trois actes comportant chacun trois scènes ; le tout est délimité par un prologue auquel correspond l'épilogue. Dès lors, point n'est besoin de justifier l'une et l'autre de ces appellations : elles s'imposent de soi par la nature du genre littéraire ; elles ne s'interprètent pas une à une comme composantes du livre, c'est le livre tout entier qui se coule dans la structure d'une représentation théâtrale, et qui s'y tient de bout en bout.

En corollaire de la présentation de spécimens dans lesquels se font écho l'épilogue et le prologue, il convient, il est presque nécessaire de relever des exemples de types différents qui attestent qu'en ces matières la créativité a le pas sur toute règle, ou presque, dans le cadre d'ouvrages marqués au sceau de l'originalité ou de la personnalité de leur auteur.

C'est d'abord le cas des « histoires » qui composent les romans de Georges Perec, regroupés sous le titre *La Vie mode d'emploi :* un épilogue de trois pages vient y clore l'aventure de près de sept cents pages, introduites par un préambule qui tient lieu de prologue[7].

C'est le cas également, et de façon inédite, de l'épilogue que Mauriac insère à la fin des *Nouveaux Mémoires intérieurs*[8] : un épilogue de plus

---

6. Hubert Reeves, Joël de Rosnay, Yves Coppens, Dominique Simonnet, Paris, Seuil, 1996, « Épilogue » constitué de trois interviews : Dominique Simonnet, *L'avenir de la vie*, p. 153-156 ; Yves Coppens, *L'avenir de l'homme*, p. 156-160 ; Hubert Reeves, *L'avenir de l'univers*, p. 160-165.

7. Georges Perec, *La Vie mode d'emploi*, Paris, Hachette Littérature, coll. « POL » (dirigée par Paul Otchakovsky-Laurens), 1978, p. 15-19 : « Préambule » ; p. 601-603 : « Épilogue ».

8. Mauriac [François], *Œuvres autobiographiques*, édition établie, présentée et annotée par François Durand, Paris, Gallimard, coll. « Bibliothèque de la Pléiade », n° 367, 1990. Voir *Nouveaux Mémoires intérieurs*, p. 771-806 : « Épilogue » ; p. 807-825 : « Postface ».

de trente pages qui a valeur de testament. Épilogue sans prologue ni équivalent, mais qui comporte lui-même une suite nommée *Postface*, sorte d'autobiographie matérielle, avec mention de dates, de lieux et d'événements qui ont marqué l'itinéraire de l'auteur et dont le contenu aurait pu avoir raison de prologue.

Règles d'usage

– La première règle d'usage touchant l'épilogue pourrait être dite « règle de non-usage ». De fait, l'analyse des spécimens étudiés montre que ce type de composante éventuelle d'un livre conserve une large part de sa connotation avec le théâtre. En conséquence, son emploi ne s'avère judicieux que si le contenu du livre justifie un tel procédé, si le traitement du sujet est davantage assimilé à une représentation qu'à un exposé objectif. À titre de modèle, l'un des ouvrages cités, *La plus belle histoire du monde*, remplit fort bien ces conditions.

– La seconde règle prend le contre-pied de la première : elle enregistre le bien-fondé reconnu et attesté de l'appellation *épilogue* pour nommer le discours qui vient clore un ouvrage, généralement introduit par un prologue, ce qui laisse place à d'heureuses exceptions, comme l'atteste l'ouvrage de Georges Perec.

– Les dispositions techniques relatives à la typographie et à la pagination de l'épilogue sont analogues à celles qui régissent la postface.

Il n'est rien à conclure des observations consignées. Un bref énoncé récapitule l'essentiel : dans la pratique de l'écriture, l'épilogue tire grand avantage d'une mise en parallèle avec le prologue ; c'est un moyen de garantir l'équilibre de l'ouvrage entre page de garde et achevé d'imprimer à la condition que l'ensemble de l'écrit justifie l'usage de ce type de composante.

26 ▪ La postface

Contrairement à ce que suggèrent les termes *préface* et *postface*, l'emploi du premier en tête d'un ouvrage ne commande aucunement celui du second en finale, et *vice versa*. D'où le traitement autonome qui leur est respectivement accordé.

À qui veut définir le terme *postface*, les dictionnaires de langue offrent bien peu, et pour cause. Il semble bien que la postface ait d'abord été un moyen d'ajouter quelques pages à la fin d'un livre à l'occasion d'un nouveau tirage, moyen commode de faire l'économie d'une fastidieuse pagination nouvelle. De toute évidence, les techniques actuelles d'imprimerie peuvent aisément rendre inutile et désuet un tel recours à la postface.

Mais il existe des postfaces qui recèlent un message qu'il est bon de trouver là... dans sa belle autonomie de « postface ». Pour la valeur de ces textes déjà « reçus » en littérature, pour ceux qui adviendront par simple choix de l'auteur, pour quelque juste motif ou par pure fantaisie, il est loisible de conserver la postface comme composante éventuelle du livre — au moins pour quelque temps encore.

Des brèves notions consignées par les lexicographes, on retient celle du *Trésor de la langue française* : « Texte d'avertissement ou de commentaire placé à la fin d'un ouvrage, rédigé par l'auteur ou par une autre personne. »

Cette finale commande une précision, à savoir que la postface originale écrite par l'auteur est rare : rare, mais bel et bien attestée, entre autres dans le roman d'Aragon, *Les Beaux Quartiers*[1]. L'auteur met son ouvrage en situation par rapport à ses écrits de la même période ; il y dévoile ce propos exaltant où *liberté* et *livres* vont de pair, propos d'offrir « un long témoignage à cette heure de la lutte des millions de

1. Voir *Œuvres romanesques complètes II*, Gallimard, « Bibliothèque de la Pléiade », n° 463, 2000, p. 479 : « Postface » (datée de 1936 et portant l'initiale *A*).

Français qui réclament *le Pain, la Paix, la Liberté* ». Et propos de « rêver à l'avenir, où des livres s'écriront pour des hommes pacifiques et maîtres de leur destin ».

Il demeure que cette rareté de la postface de l'auteur à la première édition d'un livre s'explique bien : par son emplacement, un tel écrit est d'une efficacité réduite en comparaison d'une préface ou d'un avant-propos[2]. Par contre, l'auteur peut tirer avantage, un avantage d'ordre réactif ou correctif, d'une postface ultérieure à la première édition[3].

Caractéristiques de la postface

– La postface comporte comme premier trait, voire comme unique trait générique, celui d'être un écrit placé à la fin d'un livre à titre de commentaire. Ce dénominateur s'accommode d'un large registre de possibilités : exposé critique, synthèse ou prospective, explicitation touchant l'auteur ou son œuvre, notes préventives ou dénégations que le cours de l'ouvrage suggère ou a déjà suscitées.

– Second trait de la postface, trait non spécifique, mais largement attesté : celui d'être écrite par un autre que l'auteur. Ce constat laisse place à des exceptions, notamment dans le cas le plus courant, celui d'éditions ultérieures à la première. Telle est, à un titre spécial, l'*Apostille au* Nom de la Rose[4], véritable postface que publie Umberto Eco en vue de livrer — après coup — quelques mystérieux secrets de son roman, de donner un aperçu de sa recherche monumentale, d'admonester certains de ses critiques ou d'élucider des problèmes soulevés par ses lecteurs.

Axé sur l'usage, le principe de classification adopté prend en compte les critères suivants, dissociés ou non : fonctions ou visées du texte postfaciel, teneur de l'écrit, nature de l'ouvrage, conjoncture de l'édition. Appliqué à un échantillonnage de près de vingt postfaces, ce

2. En témoigne à sa manière Serge Doubrovsky, dans *Pourquoi la nouvelle critique* (Paris, Mercure de France, 1972), qui accueille le lecteur avec une « Postface en guise de préface » (p. ix-xx).

3. La « Postface à la deuxième édition allemande » du *Capital* en est un exemple. Ce texte de 1873 est généralement reproduit dans les éditions ultérieures.

4. Traduit de l'italien par Myriem Bouzaher, Paris, Librairie générale française, coll. « Le Livre de poche. *Biblio* Essais », n° 4068, 1988, 94 p.

principe fonctionnel permet de distinguer les catégories suivantes : la postface proprement dite qui répond au concept général, sans autre attribut ni qualification; la postface à connotation scientifique, qui peut trouver place dans un traité, une édition critique, un ouvrage collectif, etc.; la postface de circonstance, qui prend des figures multiples depuis la postface protocolaire jusqu'à la postface de pure complaisance.

La postface proprement dite – La postface proprement dite, celle qui correspond au type général de cet écrit, s'impose par elle-même et pour elle-même. Son apport à la compréhension du livre est généralement sa raison d'être.

– La postface du philosophe Gilles Deleuze au « livre fétiche » de Michel Tournier, *Vendredi ou les limbes du Pacifique*, en offre une remarquable illustration. Commentaire du concept central du roman, « le monde sans autrui », cette longue postface fait accéder le lecteur au cœur de l'aventure de « Robinson-Vendredi », elle le familiarise avec le schème de réflexion philosophique qui court au fil des pages. Les lignes suivantes en illustrent le propos :

> [...] c'est un roman qui développe la thèse même de Robinson : l'homme sans autrui sur son île. Mais la « thèse » trouve d'autant plus de sens qu'au lieu de se rapporter à une origine supposée elle annonce des aventures : que va-t-il arriver dans le monde insulaire sans autrui ? On cherchera donc d'abord ce que signifie autrui par ses effets : on cherchera les effets de l'absence d'autrui sur l'île, on induira les effets de la présence d'autrui dans le monde habituel, on conclura ce qu'est autrui, et en quoi consiste son absence. Les effets de l'absence d'autrui sont donc les vraies aventures de l'esprit[5].

Postface proprement dite, clé de la compréhension du livre et perspective sur l'espace ouvert par cette clé, l'écrit révèle les qualités du genre. D'autres illustrations ne sont pas inutiles pour autant.

– Il s'agit d'abord de ces pages délicieuses de spontanéité et de chaleur admirative qu'est la postface de Bernard Frank au texte *Mort de*

---

5. La postface de Gilles Deleuze est intitulée « Michel Tournier et le monde sans autrui » (Gallimard, coll. « Folio plus », n° 12, 2002, p. 295-325). Le texte avait paru dans *Logique du Sens* (éd. de Minuit, 1969).

ma grand'mère[6], tiré de l'œuvre maîtresse de Proust. Les bribes citées font entendre les accents émus de Frank. Ces premières lignes donnent le ton :

> Je le dis comme je le pense : c'est un bonheur de lire Proust, et un cadeau d'en parler. La maladie et la mort de la grand'mère du Narrateur sont un des grands moments d'*À la recherche du temps perdu*, et un des plus admirables textes de la littérature universelle.

Plus loin, le regard se porte sur les mœurs du temps, en référence aux médecins accourus au chevet de la mourante :

> Ah ! les médecins. Eux ils y sont tous. Les vrais, les faux, les autres. Ceux qui ont existé pour de bon, ceux qui sont un mélange, et les grandes créations proustiennes. C'est un régal, les médecins.

Et cette finale, qui révèle soudain le fond de la pensée, ironiquement ou tragiquement :

> Un mot encore. Ce passage de Proust, depuis l'âge de seize ans, je l'ai lu et relu. C'est peut-être la dernière fois. [...] On est d'abord sensible aux généralités, au comique, autrement dit à la bonne littérature. Et puis il y a un jour où l'on ne trouve plus cela très drôle : « Mais c'est de moi qu'il parle, cela va m'arriver. » Ce devrait être interdit, cela, interdit en littérature : qu'une mort soit aussi vivante, précise. Alors il est temps de quitter Proust et le reste.

Au terme de cette postface, il paraîtrait gênant de tenir que ce genre d'écrit est peu utile, voire exclusivement pragmatique, « économique ».

– On peut donc ajouter une autre postface, d'une facture plus courante, celle de l'ouvrage *Que votre joie soit parfaite*, dont l'apport est indirectement d'ordre biographique. Ce texte postfaciel réfléchit, comme en un miroir, les traits de la personnalité de l'auteur, Timothy Radcliffe, qui propose « une lecture renouvelée de l'Évangile » en des pages « aux couleurs du rire, de l'amitié et de la sagesse[7] ». Et la

---

6. Marcel Proust, *Mort de ma grand'mère*, Arles, Bernard Coutaz, 1992, « Postface », p. 71-78. Ce récit est extrait de la partie intitulée *Le côté de Guermantes*, dans *À la recherche du temps perdu*.

7. Timothy Radcliffe, traduit de l'anglais par Cornelia Nau et Micheline Triomphe, Paris et Montréal, Cerf et Fides, 2002, p. 281-292 : Postface de Daniel Cadrin, intitulée « En toute honnêteté et liberté ».

postface que signe Daniel Cadrin est un spécimen du genre : elle se démarque par la justesse du propos en regard de l'esprit et du contenu du livre.

La postface scientifique – En raison même du discours qu'elle prolonge, la postface peut remplir une fonction scientifique à l'égal de l'œuvre qui l'inspire.

– C'est le cas de la postface du livre *Le labyrinthe de l'intelligence*[8] en laquelle le rédacteur commente les positions tenues dans l'ouvrage et expose à grands traits sa propre théorie de l'intelligence artificielle. Une telle postface explique, éclaire, ajoute une plus-value à l'ouvrage et mène au-delà de l'œuvre qui la contient.

– C'est le cas également, à un titre spécial, unique, de la postface que signe Frédéric Barbier dans la réédition récente de l'ouvrage *L'apparition du livre*, paru d'abord en 1957. Cette postface de 1999 présente une rétrospective de l'histoire du livre depuis le XVIe siècle et, particulièrement, de « la recherche française en histoire du livre ». Sous le titre au libellé composite suivant : « Écrire *L'apparition du livre* », cette postface d'une quarantaine de pages constitue une œuvre en soi.

Au fil de l'exposé se dégage une vue du « paysage historiographique », un aperçu de ce que représente l'histoire du livre ; de là s'affirme le vouloir d'accéder à « une histoire renouvelée des catégories mentales, des pratiques de lecture et des modes d'appropriation de la culture ». Et, pour marquer le lien entre l'ouvrage réédité et la postface novatrice, s'inscrivent, en l'unité de la finale, la voix du passé et la vision de l'avenir qui réclament à nouveau de « centrer l'étude sur le média lui-même, mais sans exclusive d'école, de période et de méthode. En bref, faire du livre, au plein sens du terme, un objet d'histoire[9] ».

– Est de caractère scientifique également, la postface axée sur un domaine d'avant-garde pour en détecter les sources et en prospecter

---

8. Daniel Dubois, *Le labyrinthe de l'intelligence. De l'intelligence naturelle à l'intelligence fractale*, Paris, InterÉditions, 1990, p. 305-312, « Postface » sous la signature de Yves Kodratoff.

9. Frédéric Barbier, « Écrire *L'apparition du livre* », dans Lucien Febvre et Henri-Jean Martin, *L'apparition du livre*, Paris, Albin Michel, « Bibliothèque de l'évolution de l'humanité », 1999, p. 537-588 : « Postface » ; extrait cité, p. 579.

les ressources. Celle de l'ouvrage intitulé *Essais de critique génétique*[10] en est une illustration, dont rend compte le paragraphe introductif suivant :

> Au moment même où paraît ce premier volume de *Textes et Manuscrits* un néologisme fait son entrée dans le lexique français : la *manuscriptologie*, qu'une seule ligne et plusieurs siècles séparent de son ancêtre, le *manuscrit*. C'est dans cet intervalle, et dans cette relation d'un matériau à une méthode, que s'est joué et se joue le destin d'un nouveau champ de recherche — celui des études de genèse, qui traitent de la production des écrits et singulièrement des textes littéraires.

– La postface de caractère scientifique se trouve fréquemment au terme d'un ouvrage collectif où sa présence se justifie soit comme synthèse de l'ensemble, soit comme esquisse d'avenir pour la recherche. C'est le cas de la postface, sobre et brève, que signe Michel Vovelle au collectif *Démocratie et pauvreté*, livre-témoin d'un colloque tenu à l'occasion du bicentenaire de la Révolution française[11]. La postface est en harmonie avec la présentation du livre, dont elle renforce le motif ; aussi s'achève-t-elle sur la note récapitulative suivante : « Le spectacle de cette pauvreté [...] nous rappelle la nécessité de changer le monde. Par où l'on revient au thème initial : "Les malheureux sont les puissances de la terre". »

La postface de circonstance – À côté des postfaces répertoriées ci-dessus, il en est que ne justifie d'autre qualification que celle de « postfaces de circonstance ». On y range au premier chef des postfaces qui, indépendamment de leur contenu, sont de nature protocolaire.

– Telle est la postface de l'ouvrage intitulé *De plomb, d'encre et de lumière. Essai sur la typographie et la communication écrite*[12]. À quelques détails près, cet écrit serait une excellente « préface ». Selon toute vraisemblance, les impératifs du protocole ont décidé de sa place en finale du livre, sous la signature du « directeur de l'Imprimerie

---

10. Paris, Flammarion, coll. « Textes et Manuscrits », 1979, série publiée par Louis Hay qui signe la postface intitulée « La critique génétique : origines et perspectives », p. 227-236.

11. *Démocratie et pauvreté. Du quatrième ordre au quart monde*, Paris, Quart Monde et Albin Michel, 1991, p. 683-685.

12. Centre d'études et de recherche typographique, Paris, Imprimerie nationale, 1982, p. ix-xv, « Préface » de Charles Peignot ; p. 309-319, « Postface » de Georges Bonnin.

nationale», réservant à un autre la signature de la préface, texte liminaire plus visible, plus prestigieux.

– Postface de circonstance, les dernières pages du livre d'Alain Finkielkraut, *L'Ingratitude. Conversation sur notre temps avec Antoine Robitaille*. Sous le titre «Entre liberté et fidélité», ce dernier fait retour sur l'itinéraire qui a conduit à une réflexion aussi courageuse que lucide sur les thèmes suivants: «les petites nations, le destin des langues, le multiculturalisme, la mort de l'admiration» et sur le sujet que Finkielkraut décrit lui-même en martelant chacun des mots de la conclusion: «l'art d'hériter ou ce qu'il en reste à l'*âge ingrat* de la démocratie radicale[13]».

– Le cadre des postfaces de circonstance répertoriées renvoie à une postface étrangement insérée au milieu du livre[14]. Le texte accorde large place à l'autoproclamation du signataire, en plus de lui valoir une mention en page de titre. Au-delà ou en deçà des réticences soulevées par le cas, surgit une interrogation: ne conviendrait-il pas de tenir que ce type d'ouvrage, un guide didactique, n'a rien de soi qui justifie la présence d'une postface?

Règles d'usage

La première règle d'usage touchant la postface, c'est de savoir quand et pourquoi y recourir. L'analyse des spécimens proposés touche ces questions préalables: d'abord, le degré de pertinence, c'est-à-dire la justification de cet écrit; ensuite, la prise en compte de son objet et de son contenu, c'est-à-dire l'évaluation de sa portée en regard de l'ouvrage dont elle peut constituer un «complément d'ordre qualitatif» ou, à l'inverse, s'apparenter à une «excroissance indue».

En regard de la technique de présentation, la postface, inscrite ou non sous cette rubrique, sous-titrée ou non, s'intègre au livre à la manière d'une conclusion ou d'un chapitre autonome. Il en va de même de sa pagination et de son insertion dans la table des matières.

13. Montréal, Québec Amérique, coll. «Débats», 1999, p. 11-15, préface de Lise Bissonnette, «Comme un tourment»; p. 207-214, postface d'Antoine Robitaille; quatrième de couverture, extrait de l'auteur.

14. Henri Desroche, «Postface: "Écrire ou ne pas écrire"», dans Bernard Dobiecki, *Guide pratique pour communiquer par écrit*, Paris, Éditions ouvrières, 1984, p. 158-162.

27 ▪ Le post-scriptum

Entendue au sens littéral d'« écrit après ou à la suite de », l'expression latine *post scriptum* s'est imposée au début du XVIIIe siècle aux dépens des formes déjà francisées *postcripte*, *postscript* ou *postcrit* (XVIe et XVIIe siècle)[1]. À première vue, le vocable *post-scriptum* ne paraît pas devoir retenir l'attention; à première vue seulement. En fait, il est plus d'un domaine où l'expression a droit de cité. L'exploration menée dans cette perspective s'avère un préalable au traitement du post-scriptum, composante du livre.

Domaines d'emploi

Selon l'usage le plus connu, l'usage dit courant, l'expression *post-scriptum* appartient au domaine épistolaire à titre de « complément ajouté au bas d'une lettre, après la signature ». De plus, par comparaison et par métaphore, *post-scriptum* se prête à d'autres fins; son acception latine gagne du terrain.

– D'abord, à contre-courant de son rôle « d'écrit après ou à la suite de », le post-scriptum s'impose comme titre d'ouvrage, donc « avant tout le reste ». On connaît le *Post-scriptum de ma vie* de Victor Hugo[2]; on parcourt avec curiosité et une impatience mal contenue le *Post-scriptum définitif et non scientifique aux* Miettes philosophiques de Sören Kierkegaard, qui s'étale sur plus de six cents pages[3].

1. Voir TLF, t. XIII, 1988, *s.v. postcripte* (1509), *postscript* (*ca* 1600), *postcrit* (1690).

2. Paris, Calmann Lévy, 1901. C'est Victor Hugo lui-même qui a donné ce titre aux cahiers contenant ses derniers manuscrits de prose (p. 1).

3. Sören Kierkegaard, *Œuvres complètes*, Paris, Éditions de l'Orante, t. X, vol. I, xvii-284 pages, et t. XI, vol. II, xi-308 pages. Ce *post-scriptum définitif*, critique radicale de l'hégélianisme, fut publié en 1846 sous le pseudonyme de Johannes Climacus; Kierkegaard s'y attribue alors le rôle d'éditeur, évitant ainsi l'anonymat.

– Ensuite, et c'est le domaine qui retient expressément notre attention, *post-scriptum* sert à désigner une composante [éventuelle] du livre. Dans ce cas, le vocable entre en concurrence avec la *postface* et les parasynonymes « après-dire » et « après-propos » qui revendiquent leur place, au gré des modes et des goûts novateurs[4]. La fréquence relative, pour ne pas dire la rareté d'emploi de *post-scriptum*, entendu dans cette acception, ne permet pas d'établir une typologie significative et quelque peu valable en la matière. L'analyse de spécimens y suppléera ; elle devrait permettre de dégager les traits caractéristiques du post-scriptum.

Établies à la lumière de spécimens diversifiés soumis à l'analyse, ces caractéristiques ont valeur d'illustration du genre en même temps qu'elles en révèlent les finalités et les ressources de créativité, voire d'originalité.

Traits caractéristiques

– Premier spécimen, celui que nous offre encore une fois Kierkegaard. Dans son ouvrage composé de huit préfaces à des livres inexistants, l'auteur ajoute un *post-scriptum* qui fait large écho à l'humour sombre du philosophe. Le genre choisi voile le caractère hautement polémique de l'œuvre : la publication de préfaces sans livres avec un post-scriptum en deux volumes.

> Il va sans dire, écrit l'auteur, que cette lecture récréatrice [*sic*] ne saurait en aucun cas, c'est à dire [*sic*] sans bouleverser toute expérience et tous concepts, inaugurer controverses et disputes ; car les préfaces sont bien l'accord qui évite tout malentendu, et celui qui rend coup pour coup entame la controverse, non pas avec les « *Préfaces* », mais avec toute expérience et tous concepts[5].

– Deuxième spécimen, le post-scriptum que J.-B. Pontalis inclut dans la troisième édition de son ouvrage au titre déjà révélateur : *Après Freud*[6]. Paru en 1993, éclairé par le sous-titre *Entre Sartre et Lacan*, ce

---

4. Voir Gérard Genette, *Seuils*, p. 150.

5. [Sous le pseudonyme de Nicolaus Notabene], *Œuvres complètes*, Paris t. VII, 1973, p. 326. L'ouvrage portant le titre *Préfaces* comporte en sous-titre : *Lectures récréatives pour certains conseillers au gré du moment et de l'occasion.*

6. Paris, Gallimard, coll. « Tel », 1993, p. 377-383, Post-Scriptum « *Entre Sartre et Lacan* ».

post-scriptum retrace l'itinéraire intellectuel de l'auteur avec moult références autobiographiques: dates et faits, propos d'écoles et de maîtres, influences et ruptures, controverse et polémique. Le bref extrait suivant donne le ton de l'écrit et l'orientation de l'auteur:

> Progressivement je compris, avec quelques autres, que le mot d'ordre premier de retour à *Freud* signifiait aller vers Lacan, dans Lacan, en Lacanie, sans retour.

Puis, ces dernières lignes du post-scriptum qui résument le propos et atteignent la cible inédite:

> [...] j'esquisse un mouvement qui me portera non pas *après* Freud, mais à distance de Sartre et de Lacan, plus proche de ce qu'il faut bien appeler *soi*, là où — illusion nécessaire — l'on espère être le messager de sa propre lettre. Transfert encore, mais sans destinataire connu.

– Troisième spécimen, le post-scriptum que Michèle Perrein adjoint à son roman épistolaire, *La Sensitive*, paru vingt-cinq ans plus tôt. Un drame sous-tend la première édition, tout comme la seconde. Et l'auteur s'en explique dans un long post-scriptum d'où l'on extrait ces quelques lignes[7]:

> La jeune personne que j'avais nommée Odile et qui a été très proche de moi m'inspire des sentiments mêlés. Suis-je aujourd'hui sa fille ou sa mère? Les deux, sans doute [...]. Je me suis seulement permis d'ajouter aux cinq longues lettres — toutes adressées à des hommes — qui formaient le corps de ce roman un post-scriptum pour amener au jour deux vérités que j'avais gravement occultées. Ce post-scriptum — adressé à une femme — est l'œuvre de la mère qui a été cette fille. Il explique l'allongement du titre, l'évocation d'une *innocence coupable*.

De là vient le nouveau titre du livre, celui de 1986: *La Sensitive ou l'innocence coupable*. La technique choisie, l'élaboration d'un propos délicat en forme de post-scriptum, est vraiment ingénieuse. L'œuvre nouvelle est d'une remarquable efficacité pour contenir le récit où s'imbriquent liberté et contrainte, adolescence et âge adulte, sexualité et violence passionnée, gâchis d'une tentative de suicide sur fond d'imbroglio et d'absolu.

---

7. *La Sensitive ou l'innocence coupable*, Paris, Bernard Grasset, 1986, p. 215-249, « Post-scriptum ».

– Quatrième spécimen, le post-scriptum du traducteur de l'ouvrage *La réflexologie collective*[8] du philosophe russe Vladimir Bechterev. L'objet d'un post-scriptum de ce genre, c'est de faciliter au lecteur l'accès à l'œuvre originale. Dans le cas, le traducteur s'approprie un peu trop largement l'« espace de parole » : cette lacune le sert mal et dessert à la fois l'auteur et le lecteur. Néanmoins, le principe demeure valide : le post-scriptum du traducteur peut, dans certains contextes, s'avérer une ressource utile, intéressante, et parfois originale.

– Cinquième spécimen, le post-scriptum que Georges Perec place à la 695e page de son livre *La Vie mode d'emploi*[9]. Propos affiché : rendre justice aux auteurs des trente citations « légèrement modifiées » qui alimentent l'œuvre. Assimilable à un post-scriptum épistolaire, celui-ci se borne à faire défiler la nomenclature — étrangement mise entre parenthèses — des noms des écrivains auxquels l'auteur se reconnaît redevable.

– Sixième et dernier spécimen, le chapitre que Jean-François Lyotard insère dans son ouvrage-recueil, *Misère de la philosophie*[10], sous le titre : « Gilles Deleuze (*post-scriptum*) ». Constitué d'articles touchant l'annonce de la mort du philosophe, ce texte en « mode de post-scriptum » au milieu du livre présente des affinités avec le genre à l'étude, d'où sa mention comme pièce témoin ou comme témoignage d'une forme peu usitée du post-scriptum.

Finalités du post-scriptum

Les spécimens répertoriés mettent en relief nombre de finalités de cette composante du livre nommée *post-scriptum* :

- Schème d'une prise de position radicale sous le signe paradoxalement modeste d'un genre second, à l'instar du philosophe Kierkegaard.

8. Traduit du russe, adapté et complété par N. Kostyleff, avec un avant-propos, des notes critiques et un post-scriptum du traducteur, le tout édité par le traducteur, 1957, p. 305-309 « Post-scriptum du traducteur ».
9. Paris, Hachette littérature, collection dirigée par Paul Otchakovsky-Laurens, 1978.
10. Paris, Galilée, coll. « Incises », 2000, p. 191-196.

- Moyen élégant d'intégrer un réquisitoire de circonstance à une nouvelle édition, comme le fait Pontalis à l'égard des penseurs Sartre et Lacan.
- Retour dramatique sur une trajectoire personnelle dévoilée dans une œuvre de fiction, à la manière de Michèle Perrein.
- Rôle d'éclaireur et de guide exercé par le traducteur auprès du lectorat, en particulier dans le cas d'une œuvre témoin d'une culture étrangère.
- Lieu d'une bibliographie-remerciements de type original, dans certains contextes, dont celui des romans de Georges Perec.
- Article-témoignage à la mémoire d'un disparu, comme celui de Lyotard à l'adresse de Georges Deleuze.

Un second regard sur les mêmes sources permet de cerner la question dite fort improprement « règles d'usage » touchant le post-scriptum, partie composante du livre.

Règles d'usage

À dire vrai, il n'est pas de règles fermes établies en cette matière. Chaque post-scriptum a sa physionomie propre, comme en témoignent les spécimens inventoriés. Choisir d'écrire un post-scriptum au terme d'un écrit tient au choix réfléchi de l'auteur. Originalité et pertinence en sont le principe et la justification. Néanmoins, le constat peut s'accommoder de quelques observations pratiques :

- achever un livre par un post-scriptum suppose une décision fondée sur la nature de l'ouvrage ou sur la teneur du texte faisant l'objet du post-scriptum ;
- contrairement au post-scriptum épistolaire qui doit être bref, le post-scriptum d'un ouvrage se prête à un développement plus ou moins long : l'objet qui en motive l'existence en détermine l'étendue ;
- le titre et le texte du post-scriptum sont en caractères romains, de même corps que les éléments correspondants des chapitres du livre ; l'usage de l'italique est attesté à des fins de mise en relief du post-scriptum par rapport au texte principal ;
- les critères adoptés doivent respecter les exigences d'uniformité relative des différentes composantes de l'ouvrage.

28 ▪ L'annexe et l'appendice

Deux mots, deux concepts, deux composantes d'ouvrage aux finalités distinctes, essentiellement distinctes. Ce n'est pas parce que Gide a écrit un jour dans *Les Faux Monnayeurs*: « [...] c'est un appendice, une annexe qui ne peut trouver place dans le corps du livre[1] », qu'il est justifié de prendre spontanément ces dénominations l'une pour l'autre.

Chacun de ces termes occupe un espace sémantique qui lui est propre: *annexe* évoque l'idée de *complément*; *appendice* évoque l'idée de *supplément*. Or il se trouve que *complément* et *supplément* ne sont pas des synonymes, et encore moins des équivalents. À ce sujet, rien de tel comme source de clarification que l'excellent *Dictionnaire des synonymes* de Henri Bénac[2]. L'auteur écrit: « *Complément*, partie nécessaire ajoutée, pour le rendre complet, à ce qui ne l'est pas »; « *Supplément*, accessoire ajouté à ce qui est déjà complet ».

C'est tellement clair qu'on souhaiterait que l'auteur s'arrête là. Par chance, la subtilité qu'il ajoute garde infrangible la borne entre les mots *supplément* et *complément*, et donc entre les termes *annexe* et *appendice*: « Si le *supplément* s'ajoute parfois à un tout incomplet, poursuit Bénac, ce n'est pas pour constituer une partie de même nature que l'objet et s'y incorporer, mais pour fournir quelque chose d'étranger [...]. »

Deux notions

Annexe – La confrontation annoncée trouve ses premières armes dans le *Trésor de la langue française* où la définition du terme *annexe* est réduite à trois mots déclinés en série: « Appendice, ajout, pièce

1. André Gide, « Les Faux Monnayeurs », dans *Romans, Récits et Soties, Œuvres lyriques*, Gallimard, « Bibliothèque de la Pléiade », n° 135, 1958, p. 1178.
2. Henri Bénac, *Dictionnaire des synonymes*, Paris, Hachette, 1967, p. 914.

jointe », mots consignés ici avec une certaine hésitation et une perplexité certaine[3]. Si l'annexe et l'appendice ont raison d'ajout, la nature de cet ajout diffère substantiellement ; il n'est donc pas logique d'en faire des équivalents, sans plus. Le sens des mots s'y oppose ; la rigueur de la pensée s'en offusque. Et que dire des quasi-synonymes *ajout* et *pièce jointe* qui affichent de vagues analogies avec l'annexe, sans être pour autant des annexes.

La consultation d'autres lexicographes déçoit. Le *Grand Robert de la langue française* effleure à peine la notion en la décrivant ainsi : « Élément ajouté à une chose principale. » De même, il n'est rien de très lumineux à ce sujet dans les dictionnaires Larousse, grand, petit ou encyclopédique. Force est de chercher ailleurs quelque donnée qui maîtrise la teneur de l'annexe, composante éventuelle d'un livre.

L'énoncé qui suit a l'avantage d'en relever les principaux éléments : « Les annexes consistent en des pièces additionnelles qui complètent le corps de l'ouvrage mais qui ne peuvent être intégrées sans gêner la continuité du texte[4]. » Dans la majorité des cas, c'est la longueur des documents en cause qui justifie leur report en annexe, leur insertion au fil du texte risquant de nuire à l'unité, voire à la clarté de celui-ci. Toutefois, hormis cette contrainte décisive, il est souhaitable d'inclure dans le corps du texte tout complément requis pour l'élaboration du sujet traité, tout complément nécessaire à cette fin.

Appendice – Tenant pour acquis le fait que le terme *appendice* évoque l'idée d'un supplément, c'est-à-dire d'une donnée qu'il est loisible d'insérer ou non dans le processus de développement du sujet, il devrait suffire de peu pour en circonscrire la notion.

Dans ce cas, le *Trésor de la langue française* est une source de première valeur. Il précise d'abord que le mot *appendice* est employé par analogie en parlant d'un livre ; il en donne la définition spécifique au domaine de l'édition, soit « Texte supplémentaire placé à la fin d'un ouvrage et contenant des notes ou documents relatifs à cet ouvrage ». Le *Grand Robert de la langue française* brouille cette transparence en introduisant, dans la définition de l'appendice, les mots : « documents

---

3. *Trésor de la langue française*, t. III, 1974, *s.v.* annexe ; voir aussi *s.v.* appendice.

4. Michel Beaud et Daniel Latouche, *L'art de la thèse*, Boréal, 1988, p. 125.

complémentaires ». Un schème analogue se retrouve dans les Larousse qui ne reconnaissent pas explicitement à l'appendice son caractère de supplément d'un ouvrage.

L'apport d'autres sources en la matière peut se résumer comme suit. Certaines, vraiment rarissimes, distinguent nettement l'appendice de l'annexe et soulignent leur spécificité respective[5]. D'autres assimilent, ou paraissent assimiler, les deux entités en ne faisant état que des appendices ou bien en ne traitant que des annexes[6].

Contenu éventuel

Annexe – Une annexe peut comporter les types suivants de pièces ou d'écrits : longues citations, documents inédits ou difficilement accessibles au lecteur, pièces de correspondance, questionnaires et protocoles d'entrevue, calculs mathématiques, comptes rendus de recherche, tableaux, figures, listes, cartes ou plans, statistiques, textes en langue étrangère, etc.

Ces types de documents peuvent devenir la matière d'une annexe à la condition d'avoir valeur de complément, et donc de caractère indispensable par rapport au développement du sujet. En dehors de cette condition, la consigne suivante s'impose : l'annexe ne saurait être un espace envahi par des informations d'intérêt secondaire ni un lieu d'exposition de données — fussent-elles brillantes — d'importance seconde ou mal assorties au sujet traité.

Appendice – Du fait que l'appendice a raison de supplément ou d'accessoire par rapport au texte principal, son objet aussi bien que son contenu doivent être soumis à un examen de pertinence des plus rigoureux. L'appendice doit présenter un lien logique réel avec le sujet ; son contenu doit être un auxiliaire du développement. Facultatif en soi, il doit être justifié en contexte.

Bon nombre de pièces mentionnées ci-dessus comme matière éventuelle d'une annexe peuvent faire l'objet d'un appendice si leur apport

---

5. Voir Marie Malo, *Guide de la communication écrite* (déjà cité), 1996, *s.v.* annexe et *s.v.* appendice.

6. Michel Beaud et Daniel Latouche, *ibid.*, traitent exclusivement des annexes. Chantal Bouthat traite uniquement des appendices, sous la rubrique « pages annexes ». (Voir *Guide de présentation des mémoires et thèses*,1993, p. 31 et p. 41.)

au texte s'y inscrit, non pas comme une donnée essentielle ou nécessaire, mais comme une valeur ajoutée. C'est le cas de citations qui présentent un apport original ; ce peut être le cas de documents auxquels l'auteur souhaite faciliter l'accès au lecteur ; en toute hypothèse, il devra s'agir d'une donnée dont la qualité justifie la présence.

Emplacement et règles d'écriture

À maints égards, l'annexe et l'appendice sont régis par des critères semblables en ce qui a trait à leur emplacement et aux règles d'écriture qui s'y appliquent.

– Annexes et appendices doivent être annoncés, voire justifiés, dans le corps du texte, à l'endroit où leur consultation s'avère indiquée pour le lecteur.

– La saisie des annexes et des appendices se fait généralement à simple interligne, en caractères de même corps que ceux du texte principal. Leur pagination en chiffres arabes fait suite à celle de l'ouvrage.

– Les titres des annexes et des appendices sont libellés sur le modèle des titres de chapitre. Les titres courants de ces pages sont ceux de la partie elle-même, c'est-à-dire « Annexe » ou « Appendice ».

– Les annexes sont insérées après le dernier chapitre du livre ou après la dernière page du texte, avant les appendices, la bibliographie et l'index.

– Les annexes et les appendices doivent être répertoriés dans la table des matières. Si leur nombre le justifie, les unes et les autres peuvent faire l'objet de listes distinctes de la table des matières, mais dont celle-ci fait mention à ce titre.

Sources d'exemples

Les exemples d'annexe et d'appendice éloquents et instructifs doivent être évalués dans leur contexte d'origine : d'où la présente rubrique. Un bref commentaire signale les particularités observées, s'il y a lieu.

Annexes

– Le livre intitulé *Écritures de poètes de Byron à Baudelaire*[7] offre d'excellents modèles d'annexes. Placées à la suite du texte principal, elles offrent un contenu qui y justifie leur insertion. Correctement numérotées, bien référencées, elles comportent chacune quelques pages, extraites de maîtres graphologues ayant exercé leur art, ou leur science, sur l'écriture de Lamartine, de Leopardi et de Pouchkine.

– L'ouvrage de Vincent Nyckees, *La sémantique*, porte les entrées suivantes sous la rubrique *Annexes*: Bibliographie, Index des noms propres, Index des notions[8]. Il est exceptionnel de considérer la bibliographie et les index comme des annexes, même si l'une et l'autre se trouvent effectivement dans les pages annexes du livre. Ce cas a donc raison de contre-exemple.

Appendices

– Le « double essai » intitulé *La Révolution québécoise. Hubert Aquin et Gaston Miron au tournant des années soixante*[9], contient en appendice deux articles de personnalités marquantes du débat nationaliste d'alors. L'importance de ces textes en regard du sujet traité et leur accès actuellement difficile justifient leur présentation intégrale en appendice.

– L'autobiographie de Carl Gustav Jung, *Ma vie. Souvenirs, rêves et pensées*[10], offre un excellent exemple d'appendice. Étalé sur trente pages, il contient des lettres ou des extraits de correspondance, des renseignements variés, l'appendice d'un autre écrit de l'auteur, le *Livre rouge*, laissé en plan au milieu d'une phrase. La nature et le contenu de ces pièces justifient leur présence en appendice de ce genre d'ouvrage.

7. J.-Ch. Gille-Maisani, Paris, Dervy-Livres, 1977, p. 113-121.
8. *La sémantique*, Paris, Belin, coll. « Sujets », 1998, p. 343-365.
9. Jean-Christian Pleau, Fides, coll. « Nouvelles études québécoises », 2002, p. 195-270.
10. Recueillis et publiés par Aniéla Jaffé, traduit de l'allemand par Roland Cahen et Yves Le Lay, avec la collaboration de Salomé Burckhardt, Paris, Gallimard, coll. « Folio », 1971, p. 409-448.

29 ▪ La chronologie ou les repères chronologiques

Biographie, ouvrage d'histoire, récit autobiographique, bref tout écrit dont le temps marque le parcours et mesure les étapes peut inclure un relevé systématique des dates qu'il affiche et des faits qu'il relate. Ce relevé est souvent nommé « chronologie » ou « repères chronologiques », selon le principe qui en détermine le contenu : global, dans un cas, sélectif, dans l'autre.

Le genre est connu. Sa mise en œuvre semble aller de soi pour qui a traité les événements de façon adéquate et mené l'exposé avec rigueur. L'exercice peut se traduire sous diverses formes, depuis la simple nomenclature des moments qui ont ponctué le « discours » jusqu'au tableau mettant en parallèle les faits particuliers du récit et ceux du contexte plus général dans lequel ils s'inscrivent[1].

Il n'existe pas de procédé standard, valable pour toute forme de chronologie. Néanmoins, le genre comporte des caractéristiques qui en assurent une présentation satisfaisante en ce qui a trait au propos actuel[2]. Encore faut-il supposer que les critères soient appliqués intelligemment, *mutatis mutandis*, diraient les juristes, pour signifier qu'il s'imposera de « changer ce qui doit l'être » en raison des exigences propres de l'ouvrage qui en fera l'objet.

Trois mots évoquent ces caractéristiques ou qualités essentielles : exactitude, cohérence, exhaustivité. Il s'impose donc de dégager d'abord les principales exigences que supposent ces caractéristiques,

1. Les chronologies de ce type se trouvent dans de grands traités historiques qui couvrent souvent plusieurs siècles. La collection « Destins du monde », sous la direction de Lucien Febvre et de Fernand Braudel, en offre de remarquables exemples, dont le suivant : Pierre Lévêque, *L'Aventure grecque*, Armand Colin, 1969, « Tableaux chronologiques » par Monique Clavel, p. 541-569.

2. Il est ici question de l'entité dite « chronologie » ou « repères chronologiques », composante (facultative) d'un écrit autobiographique, d'une biographie, de mémoires, d'un ouvrage historique, etc.

de relever ensuite les types courants de chronologie, enfin d'illustrer le tout par des exemples.

Caractéristiques ou qualités essentielles

Le fait de considérer comme équivalentes les caractéristiques et les qualités essentielles du genre suggère que chacun des attributs en question peut conduire au cœur du sujet ; cela suppose en outre que les trois doivent y conduire ensemble, parce qu'ils sont interreliés au point d'être considérés comme indissociables.

Exactitude – S'agissant de dates et de faits, l'exactitude va de soi. En l'occurrence, cette exactitude peut être dite rigoureuse, voire maximale, dans la mesure où elle s'applique à toutes les données pertinentes au relevé chronologique en cause, et exclusivement à ces données-là. En d'autres termes, la qualité de l'exactitude ne s'évalue pas seulement en elle-même, mais aussi dans son rapport obligé aux autres éléments : en fait, il n'est d'exactitude rigoureuse dans une chronologie qu'à la condition que soient assurées à la fois la cohérence interne et une judicieuse exhaustivité de ses composantes, conformément au principe de départ.

Cohérence – La cohérence interne repose sur la teneur des éléments de la chronologie et des repères définis. Elle vise à pondérer le choix des faits et à garantir l'équilibre entre les données prises en compte : ainsi dans l'échelle chronologique, un fait d'importance majeure ne saurait voisiner un détail d'ordre secondaire.

En principe, dans une chronologie donnée, chacune des entrées doit présenter une figure analogue aux autres de même niveau ou de même calibre. Ainsi, lorsque le sujet commande de situer les événements avec grande précision, le tableau chronologique doit normalement appliquer ces exigences aux faits répertoriés. Par contre, si une catégorie de faits a généralement été réduite à une évocation succincte en cours de développement, il y aurait incohérence à donner une valeur considérable aux entrées qui y correspondent dans la chronologie.

Cette cohérence revêt une figure propre à chaque type de document, alors que le qualificatif « interne » touche l'équilibre relatif des faits relevés dans un même document. Les critères d'évaluation en la matière sont d'ordre logique; ils jaugent les éléments dans une perspective propre à chacun d'eux et relative à leur insertion dans le tout.

Exhaustivité – La troisième caractéristique concerne l'exhaustivité des entrées consignées dans la chronologie. Il s'agit d'une exhaustivité soumise elle-même aux lois de la rigueur et de la cohérence, d'où le qualificatif de «judicieuse» qu'on lui appose volontiers. Loin de réclamer la nomenclature de tous les faits et dates, l'exhaustivité en cause appelle un choix éclairé des points à retenir en référence au principe établi au départ; elle requiert la prise en compte des éléments qui composent sans rupture la chaîne historique que l'auteur entend reconstituer, chaîne dont toutes les mailles doivent s'agencer adéquatement et harmonieusement.

De là résulte une chronologie ou des repères chronologiques qui offrent un bel équilibre de leurs composantes et qui respectent le poids de chacun de leurs éléments constitutifs et celui du contenu global de l'ouvrage.

Types courants de chronologie

La rubrique «types courants de chronologie» vise à démarquer la chronologie générale que constitue un document-synthèse sur un thème de portée universelle ou sectorielle, par rapport à la chronologie particulière qui fait l'objet de la présente étude, chronologie appelée à devenir l'éventuelle composante d'un ouvrage à incidence historique.

Chronologie générale – Tout objet de pensée, de recherche ou d'analyse peut se prêter à l'établissement d'une chronologie qui englobe l'ensemble du domaine en cause; il s'agit de la chronologie générale concernant le thème choisi. À preuve, s'il en est besoin, la nomenclature effarante des chronologies inscrites dans les bases de données: chronologie du génome humain, chronologie de l'histoire mondiale de la littérature, chronologie de l'évolution de l'informatique, et combien d'autres, dont la prétention manifeste est de relever toutes les dates et tous les faits jugés pertinents au sujet[3].

---

3. Voir sous l'adresse URL suivante: <http://www.google.ca>, *s.v.* Chronologie.

Chronologie particulière – Selon la perspective particulière, spécifique au propos adopté dans le traitement des composantes du livre, la chronologie qui retient l'attention est exclusive au sujet traité : sujet du livre que l'auteur veut enrichir d'un relevé des moments qu'il y a évoqués ou étudiés. C'est donc le contenu de ce livre particulier, dans sa teneur et sa dimension propres, qui fait l'objet des choix de nature chronologique. Entendue en ce sens, la chronologie peut être exhaustive ou sélective.

Chronologie exhaustive ou chronologie sélective – Est qualifiée d'exhaustive, la chronologie établie en corrélation directe avec les dates et les faits majeurs ou significatifs du récit historique. Elle prend figure d'une nomenclature des événements dont l'importance a été établie au cours de l'ouvrage et dont la mention s'impose dans le relevé.

Est qualifiée de sélective, la chronologie limitée à certains éléments de l'ouvrage dont le choix fait l'objet d'une justification explicite, dûment communiquée au lecteur. Il peut s'agir de moments clés du récit, ou des seuls événements qui ont servi de repères déterminants dans l'élaboration du texte, ou encore de faits marqués par la controverse qui ont émergé de façon récurrente au cours du développement. Ce type de chronologie retrace le profil d'événements sélectionnés selon une optique jugée significative dans le contexte ou présentant un intérêt certain pour le public auquel s'adresse l'ouvrage.

Chronologie commentée ou non – Qu'elle soit exhaustive ou sélective en regard du volume de ses éléments, la chronologie peut être qualifiée à un autre titre : le relevé pourra se limiter à la simple nomenclature des dates et des événements ; ou bien, dates et événements seront étayés d'un commentaire décuplant la valeur ou la portée de la chronologie. Les exemples relevés ci-après illustrent les divers types de chronologie qui peuvent avoir place dans une autobiographie, une biographie, un ouvrage d'histoire ou tout autre écrit du genre.

Illustration par des exemples

Ces exemples sont donnés à titre indicatif : la véritable « illustration » se trouve dans les sources elles-mêmes d'où ils sont extraits. La nomenclature suit l'ordre alphabétique des auteurs ou des titres, à la manière d'une bibliographie.

- Bédard, Jean, *Nicolas de Cues*, Montréal, L'Hexagone, coll. « Fictions », 2001, « Chronologie », p. 283-286.

  L'objet du roman de Jean Bédard explique la présence d'une chronologie. La quatrième de couverture annonce ainsi le propos : « Finement documentée, cette saga historique retrace la vie tumultueuse de ce cardinal qui, à l'orée de la Renaissance, passionné par l'humanité entière, voulut unir toutes les religions. » La chronologie de l'auteur situe les événements dans ce contexte grâce à des commentaires relativement brefs, mais judicieux.

- Bizier, Hélène-Andrée, *L'Université de Montréal. La quête du savoir*, Montréal, Libre Expression, 1993, « Chronologie », p. 296-302.

  S'agissant d'un album historique, l'ouvrage comporte la chronologie des faits et des événements à partir de 1765, soit cent onze ans avant l'inauguration de la succursale de l'Université Laval à Montréal (1876), succursale qui deviendra autonome en 1919 sous le nom d'Université de Montréal. Les entrées de la chronologie sont relativement succinctes ; elles font état de l'histoire ecclésiastique, politique et universitaire de la période traitée (1765-1992) en accordant priorité aux faits qui ont marqué la vie et le développement de l'Université, de ses facultés, instituts et écoles.

- Claudel, Paul, *Œuvres en prose*, Gallimard, « Bibliothèque de la Pléiade », n° 179, 1965, Textes établis et annotés par Jacques Petit et Charles Galpérine, « Chronologie », p. XLIII-XLVII.

  Cette chronologie relève, « à leur date de composition, tous les textes publiés ou cités dans le volume » ; elle rappelle en outre « quelques dates importantes de la vie de Claudel, en particulier celles de sa carrière diplomatique[4] ».

- Daniélou, Jean, et Henri Marrou, *Nouvelle Histoire de l'Église. Des origines à saint Grégoire le Grand*, Paris, Seuil, 1963, « Chronologie », p. 573-582.

  La chronologie de l'ouvrage est disposée en deux colonnes comportant, à gauche, les « Événements politiques », à droite, l'« Histoire de l'Église ». Placées au centre, les dates déterminent l'alignement des entrées dont la description est des plus concise.

- Études recueillies par Gérard Froidevaux et Marius Michaud, *Jacques Chessex "Il y a moins de mort lorsqu'il y a plus d'art"*, Lausanne, Bibliothèque des Arts, 2003, « Chronologie biographique de Jacques Chessex » établie par Marius Michaud, p. 123-129.

  Cet ouvrage a accompagné l'exposition tenue sous le titre qu'emprunte la publication. La chronologie biographique s'étale en deux colonnes par

---

4. Cette note méthodologique se trouve au début de la chronologie citée.

page, avec mise en relief des millésimes qui ponctuent la vie et l'œuvre de Chessex. Les entrées soulignent les événements personnels et familiaux, mais offrent avant tout l'immense intérêt de signaler les influences philosophiques, artistiques et littéraires de ce « Prix Goncourt 1973 ». Il s'agit d'une chronologie exhaustive où les œuvres de l'artiste et les faits du monde des arts sont décrits avec brio, en même temps qu'ils se fondent en un point d'ancrage unique : la vie intense et tourmentée de Jacques Chessex.

- Harvey, Pierre, *Histoire de l'École des Hautes études commerciales de Montréal, t. I : 1887-1926*, Montréal, Québec Amérique, coll. « Presses HEC », 1994, « Repères chronologiques », p. 371-376.

  La présentation de ces repères est un modèle du genre par les qualités de sa mise en page. Les entrées sont réparties en deux colonnes, clairement distinguées ; elles sont brèves et concises. Toutefois, certaines sont quelque peu hermétiques pour le lecteur ; en particulier, la date de fondation ou d'ouverture de l'École n'est pas marquée de façon claire dans le développement.

- Méhu, Didier, *Gratia Dei. Les chemins du Moyen Âge*, Fides, 2003, « Échelle du temps », p. 209-217.

  Réalisé à l'occasion de l'exposition « Gratia Dei : les chemins du Moyen Âge », l'ouvrage publié sous le même titre est un album d'art de qualité. Il n'est point étonnant que la chronologie qu'il présente soit très bellement dite « Échelle du temps ». Les repères chronologiques s'y étalent des années 300-350 jusqu'à 1534-1535. Réparties en deux colonnes, les entrées sont d'une concision extrême ; la nature de l'ouvrage justifie cette mesure : l'objectif historique s'en trouve bien servi. Les dates et les événements se déroulent sous deux rubriques : « Europe occidentale » et « Reste du monde » ; l'expression « Reste du monde » semble « pleurer » l'absence de support que lui offrirait le déterminant « le » ; ainsi pourrait-on lire *L'Europe occidentale*, d'une part, et *Le reste du monde*, de l'autre.

- Michon, Jacques, *Fides. La grande aventure éditoriale du père Paul-Aimé Martin*, Fides, 1998, « Chronologie : Le père Paul-Aimé Martin et les éditions Fides 1917-1997 », p. 327-352.

  Cette chronologie est avant tout celle du fondateur de la « société de publication » connue sous le nom de Fides peu après sa fondation, en 1937. Elle s'ouvre par la date de naissance de Paul-Aimé Martin (1917) et se termine par l'entrée qui suit, en novembre 1997 : « À l'occasion du Salon du livre de Montréal qui souligne le 60e anniversaire de Fides, le père Martin reçoit le prix Fleury-Mesplet. » La chronologie présente — avec dates précises et force détails — l'histoire de la maison Fides, ponctuée des faits et gestes afférents à la vie et à l'œuvre de son fondateur.

- *Saint-Denys Garneau. Œuvres*, édition critique par Jacques Brault et Benoît Lacroix, Presses de l'Université de Montréal, 1971, « Chronologie de Saint-Denys Garneau », p. XIX-XXVII.

  Cette chronologie présente d'abord les repères généalogiques antérieurs à la naissance de Hector de Saint-Denys Garneau le 13 juin 1912. La première entrée date de 1663 (mariage de l'ancêtre Louis Garneau, venu du Poitou à Québec, en 1655, et de Marie Mazoué, native de La Rochelle). La dernière entrée (1970) porte le titre : *Dossiers de documentation sur la littérature canadienne-française* (recueil 8) *Saint-Denys Garneau.* Entre les deux, se succèdent, détaillées et exhaustives, les données biographiques et bibliographiques de l'écrivain, l'indication des points névralgiques de textes cités, le tout avec notes, commentaires et autres ressources critiques de l'œuvre littéraire de Saint-Denys Garneau, décédé le 24 octobre 1943 à l'âge de 31 ans.

- Verger, Jacques, dir., *Histoire des universités en France*, Paris, Privat, coll. « Bibliothèque historique Privat », 1986, « Chronologie », p. 421-424.

  Les entrées de cette chronologie s'étalent de 1079 à 1984 ; les dates approximatives sont précédées de l'abréviation *v.* [vers] ; la mention des événements est concise et sommaire. La chronologie détaillée des fondations, transformations et suppressions de facultés et d'universités aux XIXe et XXe siècles est intégrée au fil du texte[5].

En guise de point final, un bref commentaire, un simple rappel : La chronologie qui achève une œuvre de caractère historique est un instrument de recherche et un aide-mémoire apprécié. À ces fins, elle doit être cohérente, précise et rigoureusement conforme aux sources.

5. Cette précision fait l'objet d'une note placée à la fin de la chronologie, p. 424.

30 ▪ La bibliographie

Entendu dans son acception première, le terme *bibliographie* ouvre sur l'univers du livre ; plus largement, il évoque aujourd'hui l'espace multiforme des ressources documentaires. Entendu dans son acception seconde de « composante d'un ouvrage », il désigne la liste ordonnée des documents cités ou utilisés par l'auteur en cours de création, d'élaboration et de réalisation de cet écrit.

L'établissement d'une telle bibliographie est tributaire de la discipline du même nom ainsi que de la technique et de la pratique qui s'y rattachent[1]. Pour répondre à l'objectif de faire connaître les travaux qui sous-tendent la problématique d'une recherche intellectuelle de même que ses résultats, la bibliographie suppose une exploitation éclairée, judicieuse et le plus exhaustive possible des ressources documentaires spécifiques du sujet traité. Ces ressources s'offrent au carrefour de plusieurs chemins : routes familières de la recherche classique, voies rapides de la recherche informatisée, parcours arborescents sur le réseau Internet.

Point de départ

Le processus bibliographique s'amorce par la définition de l'objet d'étude ou de recherche. Bien circonscrit, cet objet est le repère fondement : repère des choix bibliographiques de mise en marche ; repère de sélection des ressources à conserver ou à rejeter, à signaler ou à développer ; repère ultime pour jauger la résultante globale, la bibliographie produite au terme.

1. Nombre d'outils d'initiation à cette pratique sont disponibles. Les deux suivants sont de consultation facile et efficace : Maryse Gagnon et Francis Farley-Chevrier, *Guide de la recherche documentaire*, Montréal, Presses de l'Université de Montréal, 2004, 112 p. ; Jean-Louis Loubet del Bayle, *Initiation pratique à la recherche documentaire*, Paris, L'Harmattan, 2000, 128 p.

La définition de l'objet situe d'emblée dans un domaine spécifique du savoir ; elle prend forme au moment de la détermination de l'angle de traitement du sujet, dont elle fixe les limites et l'étendue. Dès lors, la formulation d'une hypothèse de recherche s'avère possible. De l'hypothèse émergent des questions qui vont devoir s'affiner, puis se condenser en l'unité de « la » question qui s'imposera finalement. Les concepts inhérents au sujet peuvent alors être dégagés et déployés : sur eux reposera la structure de l'ouvrage. De ce fait, ils doivent être formulés avec rigueur en vue de leur transposition en mots clés, clés des « requêtes » auprès des outils de recherche. Mis en relation avec les « opérateurs logiques » appropriés[2], ces mots porteurs du sujet d'étude vont permettre de détecter, puis de faire advenir sous l'œil du chercheur une série de références bibliographiques répondant aux critères sélectifs qu'il a fixés.

Itinéraire

La description de l'itinéraire peut se développer en trois temps imbriqués, donc nullement exclusifs l'un de l'autre. Le premier s'apparente à un phénomène d'immersion ; le deuxième prend l'allure d'une traversée au long cours ; le troisième, qui double les deux autres et souvent les supplante, c'est l'incursion sur Internet, indissociable du Web qui y donne accès[3].

2. Les logiciels d'interrogation de bases de données utilisent une syntaxe fondée sur la logique symbolique de George Boole, mathématicien britannique (1815-1864). Exprimés par *et*, *ou*, *sauf*, ces opérateurs dits booléens sont : l'intersection, l'union ou la réunion de classes, l'exclusion. Dans le cas, ils établissent des relations entre les données, permettant de préciser la recherche, de l'élargir, d'en exclure certains éléments ou d'effectuer d'autres agencements logiques.

3. Le rapport entre Internet et Web est mis en relief dans la définition suivante de ce dernier : « Système basé sur l'utilisation de l'hypertexte, qui permet la recherche d'information dans Internet, l'accès à cette information et sa visualisation. » (*Dictionnaire d'Internet, de l'informatique et des télécommunications*, Québec, Les Publications du Québec, en collaboration avec l'Office de la langue française, 2001, 1446 p. ; p. 1236, *s.v. World Wide Web*). — La graphie du mot *Web* avec majuscule initiale en souligne le caractère unique ; c'est l'usage qui semble prévaloir actuellement ; néanmoins, la graphie avec minuscule est attestée.

Premier temps : un phénomène d'immersion

L'expérience démontre qu'il est toujours avantageux pour qui veut cerner un sujet de recherche ou d'étude de se ménager une sorte d'immersion dans l'atmosphère propre au domaine, de fréquenter les maîtres des lieux, spécialistes en la matière. Concrètement, peuvent s'inscrire à ce titre le recours à des encyclopédies, à des traités ou à des études générales ; la consultation d'ouvrages de synthèse faisant autorité dans la discipline ; l'exploration d'articles de périodiques choisis selon le même critère ; l'analyse de monographies dont le thème recoupe le champ d'intérêt privilégié ; etc.

Deuxième temps : une traversée au long cours

L'exploration des ressources documentaires faisant référence directe ou immédiate au sujet d'étude marque le deuxième temps de l'itinéraire. Amorcé à l'étape de la définition de l'objet, le processus n'aura de cesse qu'à la fin de l'œuvre projetée. Particulièrement intense à l'heure où s'engage la recherche, ce travail va s'imposer à nouveau par la suite, soit pour réclamer des allers et retours aux sources déjà exploitées[4] ; soit pour étayer l'argumentation ou pour recueillir des éléments critiques ; soit pour orienter vers d'autres lieux d'information ou d'inspiration aperçus en route ou nécessaires au développement ; soit pour mettre la dernière main à la bibliographie.

À ces fins, les sources de documentation évoquées ci-après s'offrent comme des indicateurs.

S'y affichent d'abord les guides bibliographiques, « documents explicatifs ou didactiques qui énumèrent, définissent et critiquent des ouvrages de référence[5] ». Se recommandent à un titre particulier, en

---

4. En matière de recherche bibliographique, les sources proprement dites se distinguent des autres ressources documentaires. Manuscrites ou imprimées, les sources forment une catégorie bibliographique d'un autre ordre que celle des documents produits par les chercheurs. Par ailleurs, le terme *document* identifie toute pièce matérielle qu'il est possible de consulter, de manipuler et d'exploiter.

5. Gilles Deschâtelets et Liliane Kahil, *Bulletin bibliographique des ouvrages de référence*. Partie 1 : « Les ouvrages généraux », École de bibliothéconomie et des sciences de l'information, Université de Montréal, 1990, I-14-248 p. ; p. 3. La brochure présente une brève description et une nomenclature des principales ressources bibliographiques générales ; la deuxième partie de ce bulletin n'a jamais vu le jour.

fonction de la nature du sujet, les bibliographies de bibliographies[6], les bibliographies générales et les bibliographies spécialisées. S'avère généralement utile et souvent indispensable le recours à des sources d'information factuelle qui couvrent de nombreux champs disciplinaires ; il s'agit sans doute de la plus importante catégorie d'ouvrages de référence : dictionnaires de langue (généraux et spécialisés), glossaires et lexiques, thésaurus[7] et annuaires, encyclopédies et répertoires de tous genres[8], etc.

Ce processus accompli, les documents propres à l'objet de la recherche vont réclamer l'attention soutenue du chercheur. Cette investigation « orientée » trouve matière en des sources directement et étroitement liées au sujet, sources que le chercheur va cibler en fonction des paramètres définis dans son plan de travail. S'impose ensuite « la descente dans la mine » où doit s'accomplir l'exploitation judicieuse du minerai recherché. Les documents suivants, entre autres, y conduisent : catalogues de bibliothèque, bulletins et index de périodiques, répertoires signalétiques et analytiques de revues savantes, actes de congrès et rapports scientifiques, publications officielles (gouvernementales et autres).

Longtemps accessibles par les seuls moyens d'usage traditionnel en la matière, ces ressources sont désormais à portée de main grâce à des outils d'investigation beaucoup plus « performants » dont, au premier chef, le catalogue de bibliothèque informatisé.

---

6. Ce sont des instruments de recherche publiés et tenus à jour par des organismes gouvernementaux, des sociétés culturelles ou bibliographiques, des bibliothèques universitaires, etc. Qu'il suffise de nommer la *Bibliographie de bibliographies québécoises* et le *Premier Supplément*, qui date de 1980. (Ministère des Affaires culturelles, Bibliothèque nationale du Québec, 148 p.).

7. Le thésaurus se distingue des autres dictionnaires en ce qu'il enregistre les « termes normalisés concernant un champ conceptuel déterminé [...] ; ces termes sont organisés et articulés par un système de relations logiques, de façon à couvrir tous les aspects du domaine concerné par la banque de données » (J.-L. Loubet del Bayle, *op. cit.*, p. 51). La liste des mots et expressions du thésaurus écarte les synonymies et les polysémies. Voir une définition exhaustive du terme à l'adresse URL : <http://dsp-psd.communication.gc.ca/thesaurus/index>.

8. À titre d'exemple, voir Émile Bessette, Réginald Hamel et Laurent Mailhot, *Répertoire pratique de littérature et de culture québécoises*, Montréal, Fédération internationale des professeurs de français, 1982, 64 p.

Doit également être mentionné l'apport du *cédérom* (CD-ROM[9]) : sa grande capacité de stockage d'information en fait un support de choix pour la diffusion d'ouvrages de référence et d'autres documents tels que le *Grand Robert de la langue française*. Ce moyen offre des facilités exclusives par rapport aux documents en version « papier » ; il permet notamment les recherches multicritères, la mention hiérarchisée des références proposées, l'établissement de liens entre les informations.

Cette longue traversée qui doit conduire à la maîtrise et au traitement du sujet ne tarde pas à s'engager — parfois trop vite — sur le réseau Internet, comme si l'information qui s'y trouve avait valeur de substitut universel.

Troisième temps : l'Internet

Point n'est besoin de signaler que « ce » temps n'a rien de chronologique ; l'attribut « invasif » lui conviendrait mieux. Car l'Internet[10] est reconnu comme l'outil privilégié : premier en volume, premier en efficacité, premier en tout — ou prétendu tel — dans l'univers de l'information en général, dans celui de la recherche bibliographique en particulier. La brève assertion qui suit témoigne en ce sens : « Sur plus de 3000 banques d'information existant dans le monde, les banques bibliographiques sont deux fois plus nombreuses que les banques de texte[11]. »

La possibilité de consultation à distance est l'un des grands avantages que comportent les bases de données accessibles sur le réseau. Ainsi grâce aux banques *LCmarc* et *Remarc*, le chercheur internaute peut accéder à toute heure du jour et de la nuit au catalogue de la

---

9. Le sigle anglais CD-ROM s'est rapidement généralisé dans l'usage (1984). En 1996, l'Académie française a proposé la graphie *cédérom*, que l'Office québécois de la langue française reconnaît comme l'une des variantes graphiques de l'expression. Voir <http://www.grandictionnaire.com/btml/fra/r_motclef/fiche.asp>.

10. Tous connaissent l'Internet ; il est néanmoins permis d'en donner une définition : « L'Internet Society est une organisation à but non lucratif dont l'objectif est de promouvoir l'interconnexion ouverte des systèmes avec l'Internet. "Ouvert" signifie propriété de tous. » (Jean-Claude Guédon, *La planète cyber : Internet et cyberespace*, Gallimard, coll. « Découvertes Gallimard. Techniques », 1996, p. 51).

11. Claude Marcil, avec la collaboration de Joanne Lauzon, *Comment chercher. Les secrets de la recherche d'information à l'heure d'Internet*, MultiMondes, 2001, 224 p., p. 16.

Bibliothèque du Congrès, à Washington, tout comme il peut, l'instant d'après, consulter en ligne le catalogue des imprimés de la Bibliothèque nationale de France.

Un autre avantage de ce système concerne la tenue à jour de l'information ou de la documentation proposée : ainsi la base de données bibliographiques multidisciplinaires *Francis* est mise à jour mensuellement ; *Repère*, une base de données qui répertorie plus de cinq cents périodiques de langue française, assure la mise à jour cumulative semestrielle de son contenu.

Il est d'intérêt majeur de choisir des voies privilégiées d'accès aux ressources documentaires d'Internet. Aux moteurs de recherche qui s'imposent souvent en priorité, s'ajoutent et se distinguent des moyens plus raffinés, dont le contenu d'information est contrôlé ou validé, ce sont les répertoires et les portails spécialisés. Ils ont, entre autres avantages celui de restreindre le champ d'interrogation et d'investigation à un domaine particulier, à un objet précis, à une information scientifique de pointe. En règle générale, ces répertoires et portails spécialisés proposent des sites fiables, voire très fiables, compte tenu de l'autorité et de la crédibilité des organismes qui les ont établis et qui pourvoient à leur développement[12].

Contrairement aux répertoires et aux portails spécialisés, les puissants moteurs de recherche, tels que *Google* et *Alta Vista*, emmagasinent la documentation « à l'aveugle » : ils reçoivent leur information de logiciels-robots qui explorent le Web et ses milliers de pages sans intervention humaine directe. D'où la nature hétéroclite de leur contenu documentaire et la fiabilité variable de l'information qu'ils servent généreusement sur commande.

Devant la multiplicité et la diversité des ressources documentaires du réseau Internet, ressources que les progrès de la technique permettent d'enrichir sans cesse, de mettre au point périodiquement, d'offrir en quantité exponentielle et de diffuser à haute vitesse, se pose la

12. « Les répertoires sont des bases de données organisées par des humains qui conçoivent un mode hiérarchisé de classification des sites Internet permettant une navigation de catégorie en sous-catégorie (selon une structure dite "en arborescence"). Ils regroupent l'"essentiel" de ce qu'Internet propose dans chaque domaine. Les sites inscrits au répertoire ont fait l'objet d'une validation par des navigateurs professionnels. » (Maryse Gagnon et Francis Farley-Chevrier, *op. cit.*, p. 75). — Au sujet des portails spécialisés, voir *ibid.*, p. 77-78.

question des questions: « Comment faut-il y mener une recherche fructueuse ? »

Prise en charge par de nombreux auteurs, reprise quasi à la lettre par l'un d'eux, l'interrogation a chance de trouver réponse dans l'ouvrage qui « révèle » les *Secrets de la recherche d'information à l'heure d'Internet*. Il est évidemment hors de propos de résumer ces deux cents pages qui ratissent le domaine à travers huit chapitres consacrés aux sujets d'intérêt majeur en la matière. Il suffit de renvoyer à cet ouvrage et d'inviter à y puiser directement : c'est le meilleur moyen d'en tirer profit, c'est le moyen d'en tirer le meilleur profit[13].

Il convient de souligner que la facilité d'accès à une documentation surabondante dans les bases de données et sur Internet n'est pas une valeur en soi, sinon dans l'ordre de l'avoir, lequel se mesure au volume : il y manque ce que la philosophie nomme l'essence, principe et support de la qualité. D'où la tâche obligée d'une évaluation « qualitative » de ces documents disponibles « en quantité[14] ». Le contrôle en ce sens doit porter sur les points analysés ci-après : fiabilité des sources, autorité et crédibilité de l'auteur, objectivité et exactitude de l'information, actualité et degré de pertinence de cette information.

La fiabilité des sources est vérifiable à certains critères, dont les suivants : réputation ou prestige de la maison d'édition ; autorité de revues spécialisées qui donnent crédit à l'œuvre exploitée ; origine des documents puisés sur Internet, qui permet de connaître l'organisme qui héberge le site et d'entrevoir ou de vérifier la fiabilité de son contenu. À cet égard, sont jugés problématiques les sites anonymes ou personnels, les forums et les listes de discussion.

L'autorité et la crédibilité de l'auteur sont reconnaissables à divers titres, dont témoignent son expertise dans le domaine, le poids de sa

---

13. Le site *InfoSphère* <http://www.bibliotheques.uqam.ca/InfoSphere> est également une ressource d'excellente qualité. Le plan du site comporte, entre autres, les entrées générales suivantes : *Catalogues et bases de données, Web et Internet, Choisir ses sources.* La question de la bibliographie y est longuement traitée. (Service des bibliothèques de l'Université du Québec à Montréal, 2000. Mise à jour le 2 septembre 2004. Consulté le 16 décembre 2004.)

14. La Bibliothèque nationale du Québec propose un répertoire de sites de référence qui offre une information sûre. Voir <http://www.bnquebec.ca/bref> ; voir aussi *InfoSphère* : « Évaluer la qualité des sources », dont s'inspirent les indications présentées ci-dessous.

notoriété scientifique, la reconnaissance de ses publications, son authentification (dans le cas où l'Internet serait l'unique source d'information).

L'objectivité et l'exactitude de l'information peuvent être établies par divers moyens: la confrontation avec d'autres sources faisant autorité, la rigueur de l'argumentation, la validité des références, la teneur des liens offerts sur la page d'accueil du site Internet.

L'actualité de l'information (lorsque ce critère peut affecter la portée ou la validité des renseignements) tient à la date de publication, de réédition ou de réimpression du document, à la date de création ou de mise à jour des textes consultés sur Internet.

Le degré de pertinence de l'information eu égard au plan de travail doit faire l'objet d'une réflexion propre à chaque cas; indispensable en soi, cet exercice peut se doubler d'une évaluation comparative en regard de productions similaires.

Ce nécessaire discernement qualitatif exige temps et réflexion. Il est un moyen efficace d'éviter les écueils du remplissage que favorise l'abondance et que privilégie le culte du «plus» au détriment du «mieux». À reprendre incessamment en cours de route, à accomplir scrupuleusement au terme, cet exercice permet d'apposer le sceau de la rigueur sur les choix bibliographiques et sur l'enrichissement qui en découle. Il offre une excellente garantie d'atteindre à l'exhaustivité souhaitable, laquelle est d'ordre qualitatif et non quantitatif.

De là — c'est-à-dire de la nécessaire évaluation qualitative des ressources documentaires — se révèle le statut de la bibliographie par rapport à l'ouvrage dont elle est partie intégrante.

Qualités essentielles de la bibliographie

Sous la figure austère et dépouillée de noms, de dates et de pages, la bibliographie laisse entrevoir les chemins parcourus par l'auteur. Elle retrace son parcours à travers les sources d'inspiration, d'information et de réflexion ciblées et repérées, puis analysées, mises à profit ou chargées de valeurs nouvelles. Enfin, elle est garante du respect de la propriété intellectuelle par la reconnaissance explicite des emprunts auxquels l'auteur est redevable.

À l'importance du statut de la bibliographie se greffent ses qualités essentielles dont il sera d'abord question. Suivra un exposé de ses éléments et des exigences de son organisation et de sa présentation. En finale, prendra place un spécimen, modeste essai de bibliographie annotée.

Ce qu'on nomme « qualités essentielles » pourrait tout aussi bien être désigné « indices de valeur » ou « critères d'évaluation ». C'est l'analyse du concept de bibliographie qui permet de nommer ces qualités, d'en fixer le nombre à cinq, plutôt qu'à dix, plutôt qu'à une seule qui les résumerait toutes, puis d'en extraire une brève description. Et d'abord la qualité majeure.

L'adéquation entre la bibliographie et son objet – C'est la première qualité — qualité première ou qualité tout court. Cette assertion d'allure tautologique se fonde sur le principe suivant : un objet de recherche donné, choisi comme projet d'étude ou comme thème d'investigation revêt un caractère unique et commande donc « sa » bibliographie et non « une » bibliographie.

En pratique, la bibliographie sera à la hauteur de cette exigence dans la mesure où la valeur de son contenu et des documents exploités, la finesse et la perspicacité de l'analyse atteindront au plus près cette adéquation. Y arriver voisine l'impossible ; y aspirer s'impose comme norme de départ et se propose comme critère d'appréciation au terme. De là on peut affirmer que la bibliographie « situe » l'œuvre produite et permet de lui apposer sa marque distinctive de qualité et d'autorité, marque que départagent ces mots : érudition solide ou vulgarisation, originalité ou amas de stéréotypes, créativité ou recyclage des idées reçues.

La rigueur et la justesse – À la qualité qui se fonde sur la valeur globale de la bibliographie s'ajoutent les exigences de rigueur et de justesse dans le choix des sources de référence. En fonction du contexte, les documents relatifs à un sujet donné présentent des degrés variables d'importance et de pertinence ; tous n'exigent pas d'être utilisés et développés également ; certains ne méritent même pas d'être signalés.

Indissociables l'une de l'autre à cet égard, la rigueur et la justesse s'appliquent également au mode d'exploitation des documents retenus pour étayer la recherche. Cette opération est propre à chaque démarche : chacun doit l'accomplir sans recette ni mode d'emploi. Tout au plus s'offre-t-il quelques indices : la rigueur et la justesse se laissent percevoir par l'équilibre entre les forces de créativité de l'auteur et le poids de sa dépendance d'autrui; elles s'évaluent en fonction de l'harmonie perceptible au fil du texte entre l'apport du maître d'œuvre, de ses inspirations ou de ses hardiesses et la fadeur de ses emprunts ou la morne fidélité à ses sources. Elles deviennent un critère pour fixer la cote d'excellence de l'ouvrage parmi des écrits du même genre ou des recherches de même calibre.

L'exactitude et l'uniformité – L'exactitude et l'uniformité touchent surtout la présentation matérielle de la bibliographie, mais elles ont partie liée avec la rigueur. Commandée par les exigences de fidélité et d'honnêteté intellectuelle, l'exactitude des références va de soi — ou devrait aller de soi — pour l'auteur, tout comme elle est réclamée par le lecteur.

À l'exactitude de l'information signalée dans les références, s'ajoute le souci d'uniformité dans l'écriture de celles-ci. À cet égard, il importe d'être fidèle à l'usage le plus communément attesté, de suivre un guide éprouvé et de s'y tenir fermement de bout en bout de l'écrit. La question de l'uniformité de la description des références bibliographiques ne va pas de soi tant sont multiples et divers les protocoles suggérés. Le témoignage suivant d'une spécialiste en fait foi:

> J'ai souvent été très étonnée, écrit-elle dans son ouvrage *Comment rédiger une bibliographie*, par le grand nombre de prescriptions proposées par les éditeurs, les rédacteurs de revues, les universitaires — un certain nombre d'entre eux parlant de normes et laissant parfois croire à une reconnaissance universelle de leurs prescriptions, pourtant toutes différentes les unes des autres[15].

Normes bibliographiques

Ce constat oriente vers la zone balisée des normes. Sur cette voie s'impose d'abord la norme intitulée *Références bibliographiques: contenu,*

---

15. Arlette Boulogne, avec la collaboration de Sylvie Dalbin, sous la direction de Serge Cacaly, Paris, Nathan/VUEF, coll. « 128 Information-Documentation », 2002, 128 p., p. 6-7. L'auteur ajoute: « J'ai donc essayé de trouver ces différentes règles et de les regrouper. » Robert Delorme fait un constat similaire et propose une analyse comparative des pratiques en usage. (Voir *Guide de présentation des travaux et bibliographies*, <http://www.er.uqam.ca/nobel/r14310/Guide/8.0.html>, consulté le 24 novembre 2004.)

forme et structure (ISO 690) publiée en 1987 par l'Organisation internationale de normalisation; s'y ajoute, en 1997, une seconde partie (ISO 690-2) relative aux documents électroniques[16]. Les guides nationaux reprennent ces textes et en explicitent les modalités d'application. Ainsi le *Guide de rédaction bibliographique* publié par la Bibliothèque nationale du Canada a-t-il pour objectif d'exposer et d'exemplifier « les règles fondamentales de rédaction des notices [...] pour tout document susceptible d'être recensé dans une bibliographie[17] ».

Mises en œuvre avec succès et efficacité dans l'établissement des catalogues de bibliothèque et des répertoires bibliographiques, ces règles permettent l'usage de systèmes automatisés facilitant les échanges internationaux[18]. Toutefois, force est de constater que leurs prescriptions « ne sont pas appliquées » par tous. À preuve, le *Lexique des règles typographiques en usage à l'Imprimerie nationale.* L'auteur y évoque la norme ISO 690 — reprise textuellement dans la norme française correspondante: *Références bibliographiques*[19]. En cours d'analyse du texte, ce dernier observe qu'il y est « fait appel à de nombreux symboles de ponctuation [...] et à un chaînage à plusieurs zones et à plusieurs niveaux informatiques »; puis, sans autre forme de procès, il conclut:

> Ces normes, d'application obligatoire pour l'établissement de fichiers d'exploitation universelle, mais traitant du dépouillement *a posteriori* de données à mettre en programme, n'ont guère d'incidence sur l'établissement et la présentation des bibliographies sur le plan éditorial[20].

---

16. L'organisme est officiellement désigné par le sigle ISO (*International Standard Organization*). — La norme de 1997, ISO 690-2, est sous-titrée *Documents électroniques, documents complets ou parties de documents.*

17. Danielle Thibault, *Guide de rédaction bibliographique*, Ottawa, Bibliothèque nationale du Canada, 1989, 208 p., p. 1. Un complément intitulé « Les documents électroniques » constitue la quatrième section du même ouvrage, 1998, 8 p.

18. C'est la Fédération internationale des associations de bibliothécaires et d'institutions (IFLA), créée en 1927 (URL: <http://www.cfifla.ass.fr/>), qui a amorcé le projet d'harmonisation des références bibliographiques en vue de faciliter les échanges internationaux. L'établissement de la norme ISBD (*Description bibliographique internationale normalisée*) en résulte (1971). Ces données sont extraites de l'article d'Arlette Boulogne, « L'usage des références et des notices bibliographiques: historique et pratiques actuelles », *Documentaliste. Sciences de l'information*, 2002, vol. 39, n° 4-5, p. 174-180.

19. Association française de normalisation (AFNOR), Norme Z 44-005, 1987, 13 p.

20. Imprimerie nationale, 1990, *s.v.* bibliographie, p. 36.

Force est de reconnaître que les modes d'écriture des références sont le plus souvent un mélange à dosage variable d'usages traditionnels et de normes internationales, de règles de catalogage anglo-américaines[21] et de pratiques disciplinaires diversifiées, sans compter les directives empruntées aux logiciels bibliographiques qui proposent chacun leur « style ».

Corrélativement à cette observation, il s'avère que l'exactitude de la référence prévaut; il s'avère aussi que le respect des règles d'un usage éprouvé offre une garantie de qualité. La clarté, l'uniformité et l'économie rédactionnelle s'accommodent des règles communément usitées et leur accordent le statut de « normes de fait ».

Organisation et présentation de la bibliographie

La bibliographie reproduit les références de tous les ouvrages et documents cités ou exploités, qu'il s'agisse de manuscrits, de pièces d'archives, de livres, d'articles de périodiques, et cela, quel que soit leur support. Le principe peut laisser place à des cas particuliers. Ainsi, on observe qu'une bibliographie peut comporter des ouvrages non cités, mais consultés; cette option doit cependant reposer sur des motifs valables comme la nécessité de faire état de controverses, d'indiquer des pistes de réflexion importantes ou de suggérer des lectures d'appoint. Une brève annotation signale ce fait ou justifie cet objectif.

Par ailleurs, il est des cas où l'auteur n'établit pas de bibliographie proprement dite de l'ouvrage, les références décrites en note y suppléant. Le procédé n'affecte pas la qualité scientifique de l'œuvre, mais il risque de priver le lecteur ou le chercheur d'une aide souhaitable. Charles Taylor procède ainsi dans son ouvrage intitulé : *Les Sources du moi. La formation de l'identité moderne*[22].

---

21. *Règles de catalogage anglo-américaines*, 2e édition, révision de 1998, élaborées sous la direction du *Joint Steering Committee for revision of AACR*, coordination de la version française : Pierre Manseau, avec la collaboration de Louise Filion et André Paul, Montréal, ASTED, 2000, 888 p. S'y ajoute en 2003 un complément intitulé *Modifications de 2001-2002-2003*, 152 p.

22. Traduit de l'anglais par Charlotte Melançon, Montréal, Boréal, 1998, 714 p.

Référence bibliographique d'une monographie – Les éléments de la référence d'une monographie sont les suivants, dans l'ordre : nom et prénom de l'auteur, titre et sous-titre de l'ouvrage, renseignements propres à l'édition, adresse bibliographique, mention de la collection (s'il y a lieu), renseignements constituant la *collation*.

- Dans la bibliographie, le nom de l'auteur précède le prénom composé de préférence en toutes lettres. Si l'ouvrage compte deux ou trois auteurs, il est d'usage de les citer tous ; l'inversion des nom et prénom n'est cependant justifiée que pour le premier qui détermine l'ordre alphabétique. Les deux derniers noms sont joints par la conjonction *et* ; si l'ouvrage compte plus de trois auteurs, l'abréviation *et al.* (*et alii*, mise pour *et autres*) tient lieu des noms omis. Le cas échéant, il peut être indiqué de faire place à des mentions de responsabilité : directeur de la publication, directeur scientifique, etc. ; l'auteur peut être une personne morale ; en l'absence d'un nom d'auteur, la référence est établie au titre du document et insérée à son rang alphabétique sur la liste des auteurs.
- Le titre et le sous-titre de l'ouvrage sont écrits en italique ; ils sont séparés par un point, sauf si l'original comporte un autre signe de ponctuation (deux-points, point d'interrogation, etc.). En principe, il importe de respecter la graphie de la source quand on mentionne le titre de l'ouvrage dans la bibliographie[23].
- Les renseignements propres à l'édition sont le numéro d'ordre de l'édition (exception faite de la première) et la mention éventuelle d'autres particularités, traduction, édition spéciale, édition revue.
- L'adresse bibliographique comprend le nom de la ville de la maison d'édition, le nom de l'éditeur, l'année de publication. Le nom de la ville peut être omis si l'éditeur est bien connu ; la date est souvent portée au verso de la page de titre ; à défaut, on y substitue la date de l'achevé d'imprimer. Si l'une ou l'autre des données de l'adresse bibliographique est manquante, il en est fait mention sous l'abréviation appropriée. Tout élément rétabli par l'auteur lui-même doit être placé entre crochets.
- La mention de la collection suit généralement le nom de la maison d'édition. Le nom de la collection, précédé de l'abréviation du mot collection (coll.), est inscrit entre guillemets ; le cas échéant, il est suivi d'une virgule et du numéro du livre dans la collection (avec ou sans mention de numéro sous la forme abrégée n°).
- Le terme *collation* couvre les indications relatives au format de l'ouvrage, au nombre de pages, aux illustrations et aux figures qu'il contient. Cette

23. À ce sujet, voir le *Lexique des règles typographiques*, déjà cité, p. 168-171.

entrée est souvent réduite au nombre de pages (ce qui inclut la pagination en chiffres romains, s'il en est). Toutes les pages doivent être prises en compte, jusqu'à et y compris celle de l'achevé d'imprimer. On observe que le feuillet de garde est souvent calculé dans la pagination[24]. En toute hypothèse, le nombre de pages d'un livre correspond à un chiffre pair, chaque feuillet comportant nécessairement un verso ; les règles de catalogage diffèrent étrangement à cet égard.

Référence bibliographique d'un article de revue ou de journal – Dans le cas d'un article de revue, de journal ou de documents assimilés (chapitres ou parties de livres, articles de dictionnaires, nouvelles, etc.), la référence bibliographique se compose de la façon suivante : le titre de l'article suit immédiatement les nom et prénom de l'auteur ; ce titre est entre guillemets et en caractères romains, alors que le titre de sa source est en italique. Les autres renseignements comprennent le lieu de publication (souvent considéré comme facultatif), le numéro de volume et le numéro de fascicule, la date de parution, l'indication des pages citées ou consultées. Exemples :

AQUIN, Stéphane, « Œuvres phares de Jean-Paul Riopelle », *Collage. La revue des amis du Musée des beaux-arts de Montréal*, Été 2002, p. 8-11.

BLAIS, Marie-Christine, « Un flambeau à passer », *Infolangue. Revue d'information sur la langue française* (Sainte-Foy, Québec), vol. 3, n°s 3-4 (automne 1999), p. 8-10.

BOLLON, Patrice, « La couleur de la non-couleur », *Senso. Magazine des sens et des mots*, n° 17, janvier 2005 [décembre-janvier 2005], p. 26-27.

BRAULT, Jacques, « Paragraphes », dans Claude Filteau, Dominique Noguez et Lise Gauvin, dir., « Gaston Miron : un poète dans la cité[25] », *Études françaises*, vol. 35, n°s 2-3, 1999, p. 131-134.

CORNELLIER, Louis, « Petits Livres, grandes voix », *Le Devoir*[26], Week-end du Nouvel An [*sic*] 2005, p. E 7.

24. Selon la tradition éditoriale, les feuillets de garde ne sont pas pris en compte dans la pagination : ils sont considérés comme des particularités d'exemplaire, souvent modifiées par la reliure.

25. La complexité de cette notice tient au fait qu'il s'agit d'un article publié dans un périodique consacré à un thème. Outre les éléments usuels, on y a fait délibérément mention du thème et des responsables (directeurs) du numéro thématique parce que ces données sont essentielles pour comprendre le titre « Paragraphes ».

26. Dans les titres de journaux ou de revues, l'article défini prend la majuscule s'il fait partie du titre du périodique ; inséré dans une phrase, il obéit aux règles

Wall, Anthony, « “*Trou de mémoire*” : pour une poétique du recommencement », *Voix et Images* (Montréal), vol. 21, n° 3 (printemps 1996), p. 452-477.

Référence bibliographique d’un document Web – Bien que les documents électroniques se présentent de diverses façons, les éléments nécessaires pour en établir la référence bibliographique se trouvent aux premières pages du document. Sous réserve d’adaptations qu’impose le contexte, on doit y relever les données équivalentes à celles d’un livre, d’un périodique ou de tout autre document. La référence essentielle est évidemment l’adresse URL[27] du site ; la date de la consultation est également importante à noter en raison de la fréquence des mises à jour des données. Exemple :

Boudon, Raymond, « L’objectivité des valeurs », dans Simon Langlois et Yves Martin, dir., *L’horizon de la culture. Hommage à Fernand Dumont* (1996) [en ligne] <http://www.bibl.ulaval.ca/doelec/pul/dumont/fdchap13.htm>. Consulté le 5 janvier 2005.

Dénomination de la liste des références bibliographiques – La liste ordonnée des notices est communément nommée *bibliographie*. Des appellations particulières ont également cours : références bibliographiques, ouvrages cités, etc. Dans le cas où seules figurent les références les plus importantes en regard du sujet traité ou de l’objectif de l’auteur, l’appellation communément usitée est « bibliographie sélective ». Une brève indication peut signaler la portée de la réserve annoncée sous ce titre.

Par ailleurs, l’importance de la bibliographie des ouvrages d’érudition, thèses ou traités, écrits didactiques et publications scientifiques, exige une nomenclature exhaustive des sources et des ressources documentaires. S’inscrivent dans cette catégorie, la bibliographie commentée ou annotée et la bibliographie analytique qui apportent un complément aux références : explicitation du sujet annoncé, analyse critique, évaluation du contenu, apport original de l’œuvre.

---

syntaxiques (Exemples : Lisez ces pages du *Devoir* ; il ne connaît pas la *Tribune* de Sherbrooke).

27. Le sigle URL (*Uniform Resource Locator*) renvoie à l’adresse normalisée d’un fichier ou d’un emplacement sur le réseau Internet ; l’URL commence toujours par un protocole Internet tel HTTP (*Hypertext Transport Protocol*).

Classement des références bibliographiques – Le critère de classement des références bibliographiques est communément l'ordre alphabétique des noms d'auteurs et des premiers mots du titre d'ouvrage, dans le cas de documents anonymes. Ce mode unique de présentation de l'ensemble des références est le plus simple ; il est jugé acceptable dans tous les cas.

Il demeure néanmoins loisible de choisir un principe de classement mieux adapté au caractère du travail, aux objectifs de l'auteur, aux besoins des utilisateurs. Ainsi, dans les bibliographies au contenu particulièrement diversifié à quelque titre que ce soit : nature des sources, niveau d'érudition, types de documents, chronologie des faits, etc., les descriptions peuvent être réparties en sections selon un ordre choisi ou simplement selon les catégories de documents, les périodes historiques, les thèmes développés. Il importe cependant d'éviter l'abus de divisions qui risquerait de compliquer inutilement la recherche[28].

Emplacement de la bibliographie – La bibliographie se place en fin d'ouvrage, avant les index, mais après les notes, les annexes et appendices. Dans les travaux d'érudition, le traitement du sujet peut commander un emplacement autre, notamment au début ou à la fin de chacune des parties[29]. Lorsqu'un ouvrage résulte de la contribution de plusieurs auteurs exposant chacun un sujet particulier sur un thème, la bibliographie correspondante trouve place à la fin de chaque exposé. Les publications d'actes de congrès ou de colloques illustrent souvent cette pratique[30].

---

28. La bibliographie de l'ouvrage historique d'André Lavallée, *Québec contre Montréal. La querelle universitaire, 1876-1891*, en offre un excellent modèle qu'il est possible d'adapter à d'autres disciplines (Montréal, Presses de l'Université de Montréal, 1974, p. 237-251).

29. On relève les exemples suivants : Sous la direction de Jacques Verger, *Histoire des universités en France*, Paris, Privat, coll, « Bibliothèque historique Privat », 1986 ; Lise Gauvin, *La fabrique de la langue. De François Rabelais à Réjean Ducharme*, Paris, Seuil, coll. « Points. Essais, série Lettres », 2004.

30. Voir Jean-Marc Defays, Laurence Rosier, Françoise Tilkin (Éds) [*sic*], *À qui appartient la ponctuation*, Actes du colloque international et interdisciplinaire de Liège (13-15 mars 1997), Paris, Bruxelles, Duculot, coll. « Champs linguistiques », 1998, 466 p.

Mise en page, folio et titre courant de la bibliographie – Les références sont établies à simple interligne, mais un interligne et demi ou un double interligne les sépare l'une de l'autre. L'alignement du paragraphe sur la marge de gauche est l'une des formes courantes de présentation; un léger retrait de quelques frappes à compter de la deuxième ligne est un facteur de clarté et de lisibilité. Selon l'usage le plus attesté aujourd'hui, la pagination de la bibliographie se fait en chiffres arabes en continuité avec la partie qui la précède. Un seul titre courant — *Bibliographie* ou un intitulé équivalent — figure en page paire et en page impaire; il se place sur la ligne du folio.

Méthodes bibliographiques – La méthode classique ou traditionnelle de bibliographie correspond aux notes et références placées en pied de page, ou en fin de chapitre, ou en fin d'ouvrage. La seconde méthode, le système de notation « auteur-date », correspond aux références données dans le texte où elles sont insérées entre parenthèses et abrégées. Cette méthode est dite « auteur-date » par référence aux éléments principaux qui la composent. Certains la qualifient de méthode scientifique ou américaine, ou encore de méthode nord-américaine, et parfois de méthode anglo-saxonne.

Qu'est-ce à dire? Le terme *scientifique* rend compte du fait que cet usage s'est d'abord imposé en sciences: sciences naturelles, sciences sociales et génie; étendu par la suite au domaine des sciences de la gestion et des sciences de l'éducation, il n'a pas tardé à s'introduire en sciences humaines, particulièrement en linguistique et en langues modernes.

Le qualificatif *américain* renvoie aux milieux scientifiques des États-Unis où le vocable s'est imposé avant d'être adopté outre-frontières, ce qui lui vaudra d'être dit *nord-américain.* La méthode s'étendra bientôt hors du continent américain sous son appellation d'origine, *author-date system*, traduite littéralement par « système auteur-date », qu'il serait heureux de désigner un jour sous l'appellation « méthode intratextuelle » que l'on se permet de suggérer et de justifier dans la note ci-dessous[31].

---

31. La documentation consultée ne signale aucun essai de désignation plus adéquate de cette méthode. À ce propos, deux hypothèses peuvent être considérées: la première oriente vers le qualificatif *moderne*, qui ferait pendant à *traditionnel*, lui-même attesté dans l'usage pour caractériser la méthode couramment

La distinction principale entre les deux méthodes en matière de référence bibliographique tient à l'emplacement réservé à la date de publication de l'ouvrage. Selon le système classique ou traditionnel, la date figure à la fin de l'adresse bibliographique, avant la mention du nombre de pages. Dans la bibliographie établie selon la méthode non traditionnelle, la date se place immédiatement après les nom et prénom de l'auteur, généralement entre parenthèses.

Le procédé traditionnel trouvera illustration à la fin du présent ouvrage; les références qui suivent illustrent la méthode « auteur-date ».

BACHELARD, Gaston (1962), *La Philosophie du non. Essai d'une philosophie du nouvel esprit scientifique*, Paris, PUF, coll. « Bibliothèque de philosophie contemporaine », 148 p.

FINKIELKRAUT, Alain (1996), *L'Humanité perdue. Essai sur le XXe siècle*, Paris, Seuil, coll. « Points », n° 451, 178 p.

LEPAPE, Pierre (2004), « La dictature de la "world literature" », *Le Monde diplomatique*, vol. 50, n° 600 (1er mars), p. 24-25.

Nouvelles Approches de l'épistolaire. Lettres d'artistes, archives et correspondances (1996), Actes du colloque international tenu en Sorbonne les 3 et 4 décembre 1993, textes réunis par Madeleine Ambrière et Loïc Chotard, Paris, Honoré Champion, coll. « Champion – Varia », n° 2, 206 p.

TAYLOR, Charles (1994), *Multiculturalisme. Différence et démocratie*, avec des commentaires d'Amy Gutmann, de Steven Rockfeller, de Michael Welzer et de Susan Wolf, traduit de l'américain par Denis-Armand Canal, [Paris], Aubier, 144 p.

La dernière étape de la présente analyse propose une « bibliographie succincte ». De brèves considérations y introduisent: il s'agit d'abord d'appliquer au sujet à l'étude, la bibliographie, la méthode d'illustration par l'exemple. Ainsi, le choix du thème s'est-il imposé de lui-même: « bibliographie annotée sur le thème de la bibliographie ». Il ne s'agit en rien d'une bibliographie exhaustive, comme

---

usitée jusque-là en vue de la distinguer de la nouvelle venue; toutefois, la polémique coutumière au sujet du mot *moderne* n'augure rien de positif en sa faveur. Une autre hypothèse consisterait à créer le néologisme *intratextuel* qui paraît traduire le concept en question, soit l'emplacement de la référence dans le texte. Correctement formé en français, ce mot s'inscrirait aux côtés des qualificatifs *infrapaginal* et *juxtapaginal*, déjà usités pour localiser une référence.

l'exigerait un traité, mais bien d'un modeste essai aux objectifs précis : faire état de sources majeures sur le sujet et contrer la tendance à afficher des bibliographies à la mesure incommensurable du flot de références que déversent les moteurs de recherche.

Bibliographie annotée

I. Ouvrages généraux

BARBER, Giles, Nicolas BARKER *et al.*, *La Bibliographie matérielle*, présentée par Roger Laufer, Table ronde organisée pour le CNRS par Jacques Petit, Paris, Centre national de la recherche scientifique, 1983, 177 p.

Rien ne peut valoir l'observation de Roger Laufer, spécialiste de la question, pour introduire cet ouvrage et en indiquer la valeur : « La bibliographie matérielle est au moins une école de rigueur pratique. Elle apporte un outil pour la défense de notre patrimoine littéraire, dans le sens le plus large du mot, celui de la tradition écrite. » (p. 8)

MALCLÈS, Louise-Noëlle, et Andrée LHÉRITIER, *La Bibliographie*, Paris, Presses universitaires de France, 1989, coll. « Que sais-je », n° 708, 128 p.

Cet ouvrage et le suivant sont des classiques qui témoignent d'une rare qualité d'érudition. Le premier donne un aperçu de la discipline sous une forme accessible à tous, mais en conservant la note hautement spécialisée du manuel décrit ci-après.

MALCLÈS, Louise-Noëlle, *Manuel de bibliographie*, 4e édition revue et augmentée par Andrée Lhéritier, Paris, Presses universitaires de France, 1985, VI-450 p.

II. Ouvrages et articles spécialisés

BOULOGNE, Arlette, avec la collaboration de Sylvie Dalbin, *Comment rédiger une bibliographie*, Paris, Nathan-VUEF, coll. « 128 Information-Documentation », 2002, 128 p.

Riche d'une longue expérience en matière de description de documents, de catalogues, de bases de données et de bibliographies, l'auteur analyse, commente et regroupe avec soin ces règles et normes en vue de leur application à la rédaction contemporaine.

DELORME, Robert, *Guide de présentation des travaux et bibliographies*, [en ligne] <http://www.er.uqam.ca/nobel/r14310/Guide/8.0.html>.

L'intérêt particulier de ce guide tient à la méthode choisie : considérant la multiplicité et la diversité des règles de présentation des références et des bibliographies, l'auteur en fait un relevé comparatif doublé d'une évaluation; cette évaluation se traduit en appréciation et en suggestions d'ordre pratique.

DESVALS, Hélène, *Comment organiser sa documentation scientifique*, Paris, Gauthier-Villars, 1976, xii-226 p.

Ouvrage d'excellente qualité qui couvre nombre d'aspects théoriques et pratiques de la recherche scientifique. Docteur en chimie, l'auteur présente un texte bien documenté, illustré avec humour et comportant des exemples variés à l'appui de la théorie proposée.

GAGNON, Maryse, et Francis FARLEY-CHEVRIER, *Guide de la recherche documentaire*, Montréal, Presses de l'Université de Montréal, 2004, 112 p.

Ce guide comporte des qualités pédagogiques et méthodologiques bien adaptées à ses destinataires: des étudiants universitaires. Style clair, présentation agréable, cheminement progressif caractérisent l'ouvrage. La conclusion oriente vers une cible souvent passée sous silence, l'éthique de l'information.

LAFLÈCHE, Guy, *Le Manuscrit moderne*, Montréal, Guérin universitaire, 1998, 96 p.

Auteur de plusieurs ouvrages sur la littérature française et la littérature québécoise, Guy Laflèche, professeur titulaire au département des études françaises de l'Université de Montréal, propose «un guide raisonné» de haute qualité pour «la présentation matérielle des dissertations et des rapports de recherche universitaires dans le domaine des études littéraires».

LOUBET del BAYLE, Jean-Louis, *Initiation pratique à la recherche documentaire*, nouvelle édition augmentée, Paris, L'Harmattan, 2000, 128 p.

L'ouvrage remplit des fonctions analogues à celles du *Guide de la recherche documentaire.* Abondamment illustré, il recense les ressources aujourd'hui disponibles et en dégage les règles d'usage; la recherche informatisée et l'exploitation du réseau Internet y trouvent large place.

Manual of Style. The Essential Guide for Writers, Editors and Publishers, 15th edition, The University of Chicago, Chicago and London, 2003, 958 p.

C'est la ressource anglo-américaine par excellence pour élucider tout problème relatif à l'écriture et à l'édition, à la mise en œuvre des règles d'élaboration et de présentation des composantes d'un ouvrage. Tables multiples, index détaillés, renvois fonctionnels, descriptions élaborées, font de cet ouvrage un classique réédité quatorze fois depuis 1906.

MARCIL, Claude, avec la collaboration de Joanne Lauzon, *Comment chercher. Les Secrets de la recherche d'information à l'heure d'Internet*, Sainte-Foy (Québec), MultiMondes, 2001, 224 p.

Le titre indique bien la teneur de l'ouvrage; le développement est clair et sobre en même temps qu'exhaustif; la bibliographie, les annexes et l'index en font une source appréciée pour une solide initiation à la recherche d'information et pour tirer le meilleur parti possible des ressources offertes sur Internet.

Service des bibliothèques de l'Université du Québec à Montréal, *InfoSphère. Recherche d'information documentaire.* [en ligne] <http://www.bibliotheques.uqam.ca/InfoSphere>, 2000, mise à jour le 2 septembre 2004.

De la dizaine de sites Internet consultés sur les questions de bibliographie, de recherche documentaire et de règles de présentation et de typographie, *InfoSphère* occupe une place de choix, voire une mention d'excellence pour la qualité pédagogique et méthodologique de son contenu. La bibliothèque de l'Université de Montréal dispose d'une version adaptée de cette ressource documentaire[32].

III. Normes

Association française de normalisation (AFNOR), Norme Z 44-005, *Références bibliographiques*, 1987, 14 p.

Organisation internationale de normalisation, Norme internationale ISO 690: 1987 (F), *Références bibliographiques: contenu, forme et structure*, 2e édition, 12 p.

Organisation internationale de normalisation, Norme internationale ISO 690-2: 1997 (F), *Références bibliographiques: documents électroniques, documents complets ou parties de documents*, 20 p.

Précieuses ressources facilitant les échanges documentaires informatisés à travers le monde. La plupart des particularités relatives à la langue n'y sont pas réglementées: elles sont laissées à la discrétion des usagers locaux.

IV. Traités typographiques

Le Nouveau Code typographique révisé, complété et modernisé par Robert Guibert, Paris, Fédération de la communication CFE/CGC[33], 1997, 176 p.

---

32. Adresse URL: <http://www.umontreal.ca/infosphere/sciences_humaines/>. Édition mise à jour le 10 janvier 2006, consultée le 5 avril 2006.

33. Les deux sigles accolés au nom de l'éditeur désignent les organismes suivants: Confédération française de l'encadrement (CFE) et Confédération générale des cadres (CGC).

Lexique des règles typographiques en usage à l'Imprimerie nationale, [Paris], Imprimerie nationale, 1990, 200 p.

RAMAT, Aurel, *Le Ramat de la typographie*, [Montréal], Aurel Ramat éd., 2005, 224 p.

V. Ressources d'appoint

Dictionnaire d'Internet, de l'informatique et des télécommunications, Québec, Les Publications du Québec, en collaboration avec l'Office québécois de la langue française, 2001, 1446 p.

DUFOUR, Marie-Louise, *Le Tapuscrit. Recommandations pour la présentation de travaux de recherche en sciences humaines*, Nouvelle édition revue et mise à jour, Paris, École des Hautes Études en sciences sociales, 1999, 102 p.

Ouvrage très bien fait et illustré par de nombreux exemples et des modèles variés de présentation des notes de référence et de l'appareil bibliographique; l'auteur connaît les normes françaises et les applique judicieusement.

Voilà qui termine cet « essai succinct de bibliographie » où *succinct* fait référence au contenu, par opposition à *court* qui est de l'ordre du contenant[34].

---

34. Voir Henri Bénac, *Dictionnaire des synonymes*, Paris, Hachette, 1967, p. 200, *s.v.* court.

31 ▪ L'index

Traiter de l'index, c'est naviguer entre des récifs et prévoir qu'on n'en sortira pas indemne tant les divergences en la matière sont difficilement conciliables.

En toute hypothèse, il est manifeste que ce ne sont pas tous les livres qui exigent un index: romans, nouvelles, recueils de poèmes, courts essais, et combien d'autres écrits n'en comportent pas et, surtout, n'en requièrent pas.

Néanmoins, l'histoire du livre révèle l'importance de l'index comme outil de recherche et principe de cheminement en de nombreux ouvrages de caractère didactique, scientifique, historique, etc. Ce constat évoque les multiples ressources d'un index, ressources que ne laisse pas entrevoir la notion courante du mot. Toutefois, un rappel de cette définition s'avère utile. Le *Trésor de la langue française* propose la description suivante de l'index: « Liste alphabétique des sujets traités, des noms (propres, communs, géographiques, grammaticaux) étudiés ou cités dans un ou des ouvrages, accompagnés de références permettant de les localiser[1]. »

Composantes de l'index

Selon la terminologie propre au sujet, chaque unité d'un index est dite *entrée d'index*. Les composantes d'une entrée sont: le point d'accès, nommé aussi *référent*; l'indicateur de localisation, communément appelé *référence*; le renvoi d'un référent à un autre.

– *Le point d'accès ou référent*, c'est le terme choisi pour représenter un concept ou un élément dont traite l'ouvrage. En raison de sa valeur notionnelle, le point d'accès peut comporter des sous-entrées dites *points d'accès subordonnés*.

1. Tome X, 1983, *s.v.* index.

– *L'indicateur de localisation ou la référence*, c'est la mention de l'emplacement vers lequel conduit un référent. En règle générale, il s'agit d'un (ou de plus d'un) numéro de page ; toutefois, dans les ouvrages dont la matière est répartie en articles ou en paragraphes numérotés, le numéro d'article ou de paragraphe peut, ou doit, s'ajouter ou se substituer au numéro de page. La localisation d'un renseignement qui se trouve dans une note est signalée par l'abréviation « n. », mise pour *note*, accolée ou non au numéro de page ; idéalement, s'ajouterait le numéro de la note.

– *Le renvoi* est une indication qui conduit le lecteur d'un référent vers un autre (ou vers plusieurs autres) : il permet des recoupements entre les notions et les données informatives. On distingue deux types généraux de renvois : *voir* (ex. logement, *voir* habitat) et *voir aussi* (ex. littérature 53, 82 ; *voir aussi* théâtre).

Fonctions

L'index remplit deux fonctions majeures : une fonction d'ordre général, trop rarement prise en compte ; une fonction spécifique mieux connue, mais souvent méconnue.

Mis en rapport avec la table des matières comme outil de recherche, l'index fait du livre un document à double clé. La table des matières présente un classement raisonné de l'écrit : elle dévoile l'organisation conceptuelle du savoir étalé en continu dans un ouvrage. L'index présente un classement de concepts, de termes ou de sujets : il ouvre des voies d'exploration à l'intérieur de ce savoir ; il cible des ressources disséminées au creux du texte, au carrefour d'un titre et d'un développement, au cœur d'une incise ou d'une remarque.

La fonction propre de l'index est d'offrir au lecteur un moyen rapide et efficace de repérer l'information contenue dans un document au sujet d'une notion, d'un thème ou d'un problème. Trois impératifs s'imposent à cette fin dans le processus d'indexation.

– Il faut d'abord identifier, puis localiser toute information pertinente à l'intérieur du document à indexer. Cela exige notamment de distinguer l'information offerte sur un sujet de la simple mention de ce sujet.

– Il importe ensuite d'analyser les notions traitées dans l'ouvrage et d'établir des rapports entre elles de façon à constituer un réseau intelligent et intelligible de points d'accès. Entre autres, il faut s'assurer que les termes choisis ou les entrées consignées permettent de détecter l'information spécifique pertinente. Par ailleurs, il convient de ménager des renvois du type *voir* ou *voir aussi* à l'intention du lecteur qui cherche une information à partir d'un terme qui n'a pas été retenu comme point d'accès portant références ou pour trouver quelque complément d'information.

– Enfin, il y a lieu de présenter les entrées en fonction de l'usage auquel l'index est ordonné en raison de la nature de l'ouvrage et de ses destinataires éventuels. Cette tâche porte non seulement sur la pertinence et l'exhaustivité des entrées, mais encore sur la coordination entre les entrées principales et les entrées subordonnées, sur la qualité et l'utilité des renvois, sur la facilité du repérage (ponctuation, typographie). À tous ces égards, il est recommandé à l'auteur de l'index de s'en faire lui-même l'utilisateur et le critique avant publication.

Types d'index

Répartir les index en leurs différents types est un exercice téméraire, car il n'existe pas de typologie unifiée des index. La *Norme internationale* sur le sujet distingue banalement les index généraux et ceux qui ne le sont pas[2].

En pratique, les spécimens d'index relevés en divers genres d'ouvrages se rangent, ou peuvent se ranger, sous l'une ou l'autre des grandes catégories suivantes : index général, index spécialisé, index analytique (ou index des matières), index thématique.

– L'index général regroupe à la fois les sujets, les termes, les noms de personnes, d'organismes, de lieux, et autres, jugés importants à répertorier et classés par ordre alphabétique dans une séquence unique. L'*Anthropologie de la Grèce antique* de Louis Gernet contient un tel index[3]. S'y retrouvent des noms d'auteurs et de lieux; des sujets, des

2. Organisation internationale de normalisation, *Information et documentation — Principes directeurs pour l'élaboration, la structure et la présentation des index*, numéro de référence ISO 999 : 1996 (F), p. 5-6.

3. Paris, François Maspéro, coll. « Textes à l'appui », 1968, p. 437-455, « Index ».

notions et des thèmes; des mots grecs, latins et français à connotation spéciale dans le texte.

– L'index spécialisé présente un aspect particulier du contenu de l'écrit: auteurs cités, ou noms de lieux, ou thèmes, etc. Ce type d'index permet de mettre l'accent sur le propos majeur de l'ouvrage plutôt que de couvrir uniment l'ensemble de ses données.

– L'index analytique, largement usité dans les ouvrages à caractère didactique, technique, scientifique, répertorie les matières qui y sont exposées de même que leurs subdivisions, c'est-à-dire les sujets connexes ou associés.

– L'index thématique relève les notions selon un classement systématique, à la fois logique et alphabétique, approprié à la teneur ou à la nature du document.

– En marge de ces types d'index illustrant chacun une forme particulière de référence et comportant exclusivement des mots, des expressions ou des groupes de mots ainsi que les numéros de page correspondants, se trouve un autre schème d'index qui se distingue par la richesse et la pertinence des renseignements colligés sous chaque référent. C'est le cas de l'index onomastique d'un ouvrage rapportant la correspondance entre Gustave Flaubert et George Sand. Deux entrées extraites de cet index permettent d'en percevoir l'intérêt[4]:

> LECONTE DE LISLE (Charles), 1818-1894. Il avait eu, dès ses débuts, beaucoup d'admiration pour G. [George] Sand (il s'inspira notamment de *Lélia* [œuvre autobiographique], pour quelques-unes de ses poésies), mais ce ne fut qu'en 1867 qu'il la rencontra. Ses relations avec Flaubert étaient plus suivies, bien qu'ils se vissent peu. Ils s'étaient connus au début des années cinquante dans le salon de Louise Colet, et leur amitié était devenue assez intime pour permettre le tutoiement. — 385n., *394*, *419* et n., *495*.
>
> SAND (Maurice), 1823-1889. Fils de Casimir Dudevant et d'Aurore Dupin, la future George Sand, il avait des dons réels pour le dessin et la peinture

4. *Gustave Flaubert – George Sand. Correspondance*, texte édité, préfacé et annoté par Alphonse Jacobs, Paris, Flammarion, 1981, p. 559-583, « Index I. Noms de personnes ». Les exemples cités sont respectivement à la page 571 et aux pages 576-577. La note suivante donne la clé d'interprétation des caractères typographiques particuliers qui figurent dans les références: « Les chiffres en italique se rapportent au texte des lettres et les chiffres en romain, au texte de l'éditeur. » (p. 559).

(il fut l'élève de Delacroix), la littérature (il écrivit plusieurs romans honorables), et la science (géologie et biologie), mais vivait toujours dans l'ombre de sa mère célèbre. Il épousa en 1862 Lina Calamatta. — 11n., 12, 13, 14, 52n., 59, 62n., *66*, *67*, 68, 71n., 72n. [...].

L'intérêt de cette forme d'index, c'est de situer le sujet évoqué par le référent et d'en expliciter quelques données. Le procédé rompt la monotonie d'une nomenclature qui est *a priori* vide de signification; il projette un faisceau de lumière sur les références vers lesquelles il oriente. C'est un index d'idées, non exclusivement de chiffres, un index dont certains genres de livres peuvent tirer avantage.

Critères d'élaboration

Établir un excellent index, c'est faire un pari hautement risqué. Les critères de cette élaboration peuvent se répartir sous deux rubriques : conditions préalables et qualités essentielles.

Conditions préalables – Ce n'est qu'au moment où l'ouvrage est achevé et folioté que l'on procède à la composition de l'index. Cet impératif n'exclut en rien la possibilité d'insérer, en cours de saisie du texte, une clé d'index aux mots à retenir en temps opportun. En toute hypothèse, la mise au point ultime porte obligatoirement sur les épreuves définitives.

– En principe, l'indexation couvre l'ensemble de l'ouvrage, ce qui inclut l'introduction, les notes[5], les figures et les illustrations, la postface, les annexes et les appendices. Toutefois, épigraphe, page de titre, préface, résumé en début de chapitre et table des matières ne font pas l'objet d'indexation. L'auteur ou l'éditeur peuvent évidemment justifier d'autres exclusions.

– Il importe que le titre de l'index en indique le genre. Le simple mot « index » renvoie communément, mais non exclusivement, à un index général; les autres index se présentent sous un titre particulier : index des sujets, index des noms de personnes (onomastique), index des noms de lieux (topographique), index des thèmes (thématique), etc.

---

5. En pratique, la note n'est indexée que dans le cas où elle affiche un contenu qui ne se trouve pas dans le texte; en outre, sont généralement exclus les noms des auteurs et les titres mentionnés uniquement dans les notes de référence.

– Lorsqu'une orientation particulière est donnée à l'indexation, il s'impose de l'indiquer. Ainsi, toute exclusion significative, toute convention spéciale, toute mention apte à guider le lecteur doivent être signalées. Il conviendra, par exemple, de noter que les pages auxquelles renvoie l'index peuvent traiter d'un sujet ou d'un concept sans contenir le mot qui désigne celui-ci.

Selon le cas, une telle information et toute autre précision utile figurent sous le titre de l'index, ou bien au début de la première colonne, ou encore dans une note en bas de page. On en relève quelques exemples ci-après :

- L'*Histoire des universités en France* propose un spécimen d'index général : « Cet index est doublement sélectif, écrit l'auteur. N'y ont été retenus ni les noms propres (Paris) ni les notions (étudiant, faculté, etc.) qui reviennent constamment dans le livre ni, à l'inverse, ceux qui ne sont mentionnés qu'incidemment[6]. » Cette double sélection permet d'éviter les nomenclatures indues en raison de la nécessaire répétition des mots explicitant le sujet ou en raison de la faible incidence de mots attestés à titre exceptionnel.
- L'index analytique de l'album *Voyage dans la Grèce éternelle* fait état d'une convention appropriée à ce genre d'ouvrage, soit : « Les chiffres en romain renvoient au texte. Les chiffres en italique renvoient aux légendes des illustrations[7]. »
- L'*Actualité des langages documentaires. Fondements théoriques de la recherche d'information* donne la précision suivante en tête de l'index des auteurs cités : « Les numéros de pages figurant en italique renvoient à une note de bas de page[8]. »
- Dans son ouvrage intitulé *De la connaissance historique*, Henri-Irénée Marrou propose un index introduit en ces termes : « On a cherché à distinguer par le choix des caractères l'objet historique (Abélard, *Amour*), l'historien (Acton), le philosophe ou théoricien (ALAIN)[9]. »

---

6. Sous la direction de Jacques Verger, Toulouse, Privat, coll. « Bibliothèque historique Payot », 1986, p. 425 (1re colonne).

7. Guido Gerosa, Paris, Groupe Guilde Éditions Atlas, 1983, p. 232.

8. Jacques Maniez, Paris, Association des professionnels de l'information et de la documentation, 2002, p. 385.

9. Paris, Seuil, coll. « Esprit », 1973, p. 309. L'auteur y fait une judicieuse utilisation des caractères italiques, des caractères droits ou romains et des petites capitales.

Qualités essentielles – Un index doit avant tout être efficace, c'est-à-dire répondre aux besoins logiquement présumés du lecteur ou de l'utilisateur potentiel, compte tenu de la nature et de l'objectif de l'ouvrage.

L'efficacité en question est directement proportionnelle au degré respectif des qualités suivantes : rigueur de l'analyse du texte en vue d'y repérer toute l'information spécifique pertinente ; justesse et précision des termes choisis comme points d'accès ; cohérence dans la présentation des résultats.

– La rigueur de l'analyse conditionne le choix des entrées : seules doivent être retenues les occurrences d'un terme renvoyant à des sources d'information valables, c'est-à-dire à des pages de l'ouvrage qui contiennent plus qu'un simple détail, plus qu'une mention d'importance secondaire.

En particulier, le choix d'un référent trop large conduira à un nombre tellement élevé de références qu'il perdra toute utilité ; à l'opposé, le choix d'un référent trop restreint appellera une multiplication indue des points d'accès, risquant de compromettre l'utilisation raisonnée de l'index. En outre, il est de la plus haute importance de ménager des entrées offrant différentes approches logiques à l'utilisateur, et cela, pour tenir compte du fait que les schèmes de pensée varient d'un individu à l'autre, d'une intelligence à l'autre.

– La précision touche le choix judicieux des notions : à cet égard, il importe notamment d'employer un seul et même terme pour représenter le même concept ; les synonymes du terme choisi comme point d'accès peuvent alors faire l'objet de renvois du type *voir*.

– La cohérence concerne l'homogénéité des éléments de l'index, la portée distincte des référents de premier niveau et des niveaux subordonnés, la logique interne du système de renvois. En principe, les référents sont des substantifs, accompagnés ou non d'adjectifs ; le lien de dépendance entre référent principal et référents subordonnées doit être équivalent d'un cas à l'autre ; les renvois doivent être conçus selon des critères appliqués dans l'ensemble de l'index. Tout choix arbitraire à ces égards est une entrave à ce qu'on nomme la cohérence de l'index.

Règles de présentation

L'index fait partie des pages annexes d'un document ou d'un ouvrage. Il se situe après les annexes proprement dites, les appendices et la bibliographie, mais avant la table des matières dans laquelle il figure sous une entrée spécifique. Il est paginé en chiffres arabes, en continuité avec le texte. Il est composé dans le même caractère que celui-ci, mais d'une taille inférieure à celle du texte.

La distinction établie entre les règles de présentation et les règles d'écriture limite aux traits suivants les particularités relatives à la présentation de l'index.

Le titre de l'index est porté comme titre courant au recto et au verso de chaque feuillet, exception faite de la page de titre. Dans le cas d'index multiples, le titre particulier de chacun d'eux a généralement raison de titre courant pour la section correspondante.

La matière de l'index peut être répartie en plusieurs niveaux: le point d'accès principal comporte alors des points d'accès subordonnés, lesquels peuvent à leur tour présenter des subdivisions. Ces points d'accès subordonnés doivent être décalés uniformément de niveau en niveau. Toutefois, la pratique la plus courante privilégie l'index à deux niveaux.

Il existe deux modes de présentation de l'index: l'inscription des points d'accès ou référents en colonnes et l'inscription sous forme de paragraphe, avec rentrée à partir de la deuxième ligne. Ce dernier mode comporte plus d'inconvénients que d'avantages: l'unique motif valable pour en justifier l'usage est l'économie d'espace. La présentation en deux colonnes s'impose le plus communément.

Le classement alphanumérique permet de traiter ensemble les nombres en chiffres arabes et les nombres en chiffres romains et de les classer d'après l'ordre numérique. Cette liste unifiée peut être placée avant la séquence alphabétique de l'index. S'il y a peu de référents commençant par des nombres, ceux-ci peuvent être classés comme s'ils étaient écrits en toutes lettres.

Selon la *Norme internationale* précitée, « il est généralement recommandé de classer les points d'accès composés de plusieurs mots d'après la méthode du classement mot par mot, selon laquelle un espace est classé avant une lettre ». Comme il se doit, la norme fait également mention du second mode de classement largement reconnu: « le classement lettre par lettre » où les espaces ne sont pas pris en compte (ex. droit civil, *droite* politique, droit international, droit public).

L'ouvrage classique en ces matières, *The Chicago Manual of Style*, qui traite le sujet de façon exhaustive, exprime une préférence marquée pour le classement lettre par lettre[10]. Cette option s'inscrit en continuité d'une tradition bientôt centenaire.

– Dans le classement mot par mot, il y a interruption de l'ordre alphabétique à la fin du mot, étant entendu qu'un mot composé dont les éléments sont joints par un trait d'union est considéré comme un mot simple (ex. passe-pied, passerelle, passe-temps) ; le deuxième mot est pris en compte pour classer deux entrées commençant par le même mot, et ainsi de suite.

– Dans le mode de classement mot par mot, les prépositions, les conjonctions et les articles sont considérés dans l'ordre suivant : *d', de, de l', de la, des, du, l', la, le, les* (ex. droit d'organisation, droit de l'État ; budget de la maison, budget du bureau).

– Aussi bien dans le classement mot par mot que dans le classement lettre par lettre, l'ordre alphabétique est interrompu par une première parenthèse ou par une virgule, exception faite — dans le classement lettre par lettre — de la virgule qui sépare les termes d'une énumération[11]. Les autres signes de ponctuation (trait d'union, barres obliques, guillemets, etc.) sont considérés comme inexistants.

– Dans le classement lettre par lettre, il faut tenir compte de trois critères : rupture de l'ordre alphabétique décrite ci-dessus ; absence de considération des espaces entre les mots ni des autres signes de ponctuation ; mots composés (avec ou sans trait d'union) traités comme des mots simples (ex. New York, nouveau-né).

La différence majeure entre les deux systèmes tient au fait que le classement mot par mot place l'un à la suite de l'autre les référents commençant par le même mot, alors que le classement lettre par lettre tend à les disperser.

---

10. University of Chicago Press, Chicago, 15th edition, 2003, p. 774, art. 18.56.

11. Voir *The Chicago manuel of Style*, 14th edition, 1993, art, 17.97 : « In the letter-by-letter mode, alphabetization continues across espaces between words and stops at the first comma preceding a modifying element or an inversion. Serial commas, however — that is, commas used to separate items in a series — are ignored. » Le problème ne se pose évidemment pas dans le classement mot par mot.

Premier exemple : substantifs avec épithètes et nom de personne

Mot par mot	Lettre par lettre
Droit, Michel	Droit, Michel
droit civil	droit civil
droit international	*droite* politique
droit public	droit international
droite politique	droit public

Deuxième exemple : noms de personnes exclusivement

Mot par mot	Lettre par lettre
La Fontaine, Jean de	Labbé, Louise
La Tour, Maurice	La Fontaine, Jean de
Labbé, Louise	Lafontaine, Louis
Lafontaine, Louis	Latouche, Joseph
Latouche, Joseph	La Tour, Maurice

Il est des tenants de chacun de ces modes de classement. *Le Tapuscrit* recommande le classement alphabétique mot par mot au motif que la méthode lettre par lettre prête souvent « à confusion lors des recherches[12] ». Le *Guide à l'usage des auteurs* exprime l'opinion suivante, sans prendre vraiment parti : « La plupart des dictionnaires et des annuaires utilisent le classement lettre par lettre, aussi est-il le plus populaire[13]. » Le « manuel de Chicago » privilégie le classement lettre par lettre, mais accepte les très bons index établis mot par mot, reconnaissant que l'un et l'autre systèmes présentent des avantages et des inconvénients. L'auteur de l'ouvrage *Indexing from A to Z*, pour sa part, tranche à la Salomon en qualifiant de futile toute discussion touchant la supériorité de l'un sur l'autre[14].

Les abréviations, les contractions et les sigles sont classés selon l'ordre alphabétique des seules lettres qui les composent, et non comme s'ils étaient écrits en toutes lettres.

Les accents ne sont pas pris en compte dans la composition de l'index ; ainsi, les mots qui commencent par « é » ne sont pas classés

---

12. *Recommandations pour la présentation de travaux de recherche en sciences humaines*, Paris, École des Hautes Études en sciences sociales, 1999, p. 59.

13. Guide préparé par Les Presses de l'Université de Montréal et les Presses de l'Université d'Ottawa, 1994, p. 57. La caractéristique la plus marquée du mode « lettre par lettre » est l'alternance du singulier et du pluriel dans le classement d'un même mot : Nouvelle-Orléans, nouvelles exemplaires, Nouvelle-Sibérie.

14. Hans H. Wellisch, New York, Dublin, H. W. Wilson, 1995, p. 14.

après ceux qui commencent par « e », mais parmi eux. La création automatique d'un index par logiciel de traitement de texte exige de porter une attention particulière aux caractères spéciaux, tels que *œ*, *æ*, *ñ*, *é*, *É*, etc., en raison du fait que certains ordinateurs rejettent systématiquement ces caractères en début ou en fin d'alphabet.

Pour régler les cas particuliers autres, on consultera au besoin la *Norme internationale* précitée ou « la bible » qu'est le manuel des presses de l'Université de Chicago[15].

Règles d'écriture

Les règles d'écriture sont exposées en fonction des trois composantes de l'index: points d'accès (référents), indicateurs de localisation (référence), renvois.

Points d'accès – En général, il est recommandé que les termes choisis comme points d'accès soient des noms, modifiés, si nécessaire, par des adjectifs, des attributs ou d'autres noms. En particulier, il convient de tenir compte de certaines exigences, dont les suivantes :

- écrire avec une minuscule initiale tout point d'accès autre qu'un nom propre ;
- libeller les points d'accès en conformité de la terminologie du texte ; ainsi, dans un index français l'article du début d'un titre n'est pas rejeté à la fin, bien qu'il ne soit pas pris en compte pour établir l'ordre du classement ;
- privilégier le singulier lorsque le référent est attesté à la fois au singulier et au pluriel : c'est la pratique normalement suivie en français ;
- indexer les noms de personnes selon l'ordre suivant : patronyme, prénom ou initiales du prénom et autres éléments éventuellement rejetés à la fin du nom (ex. Saint-Denys Garneau, Hector de, 96, 99, 104, ou bien Saint-Denys Garneau, H. de, 96, 99, 104) ;
- indexer les noms de collectivité sous leur forme officielle, sans inversion et en omettant l'article initial, à moins que ce dernier soit indispensable pour des raisons d'ordre sémantique ou grammatical (ex. Bibliothèque nationale du Québec, mais La Licorne) ;
- traiter les variantes orthographiques et les abréviations comme des synonymes ;

15. Voir ISO 999, art. 8, « Classement des entrées à l'intérieur de l'index », p. 29-32 ; *The Chicago Manual of Style*, « Indexes », p. 754-801.

- respecter l'usage courant dans l'écriture des termes composés de plusieurs mots, sans faire d'inversion ni de subordination (ex. agent de bord, 44, 57, 89); toutefois, dans le cas où la chose s'avère pertinente, choisir comme entrée le mot le plus important par rapport au contexte (ex. prospection, technique de ~, 37, 49, 122).

Indicateurs de localisation – En règle générale, livres, brochures et autres documents imprimés sont composés d'une ou de plusieurs séquences de pages numérotées successivement. Les règles suivantes s'appliquent à l'écriture des références ou indicateurs de localisation:

- séparer nettement le point d'accès de la première référence, soit par un double espace, une virgule ou un deux-points (ex. alinéa 23-25, ou alinéa, 23-25, ou alinéa: 23-25);
- séparer les références par des virgules sans ajouter de ponctuation à la fin de la liste;
- relier par un trait d'union les pages extrêmes d'une référence qui se développe sans discontinuité sur plus d'une page (ex. annexe 187-197);
- écrire en caractères gras les numéros de pages qui renvoient à une notion importante ou à des endroits particulièrement significatifs (ex. *Guide des auteurs*, 13-14, **56-58**);
- faire suivre le numéro de page de l'abréviation « n. » si la référence oriente vers une note; indiquer la signification de cette lettre dans l'introduction de l'index;
- éviter toute forme de référence qui soit source de confusion ou risque d'erreur: entre autres, n'utiliser *passim* qu'à titre exceptionnel; éviter le recours à l'abréviation *s.*, pour *suivant*, inappropriée et trop vague; ne pas faire d'omission de chiffres dans les nombres (ex. *voir* p. 423-425, et non p. 423-25).

Renvois – Le renvoi de type *voir* se fait d'une forme non retenue dans l'indexation vers une forme qui y est retenue (ex. logement, *voir* habitat). Le renvoi de type *voir aussi* s'utilise entre des termes associés (ex. les synonymes, les antonymes, etc.) à la condition que cela n'oriente pas le lecteur vers des références identiques. Ce renvoi doit être apte à fournir des renseignements complémentaires ou supplémentaires par rapport aux références déjà signalées sous l'indicateur d'accès (ex. littérature 53, 82-89; *voir aussi* théâtre).

L'usage du renvoi doit être marqué au sceau d'une rigueur exemplaire et d'une efficacité certaine: le lecteur n'a que faire des détours inutiles. C'est déroger à ce critère de base que de procéder comme suit: inscrire sous l'entrée « âge »: « *voir* an »; mentionner à cet endroit: « an, année 401 »; sur la ligne suivante, décalée par rapport à la première, porter: « âge 402 ». La logique aurait commandé d'inscrire dès le départ: « âge 402 ». Le reste n'est pas justifié[16]. En outre, les règles d'écriture suivantes s'appliquent aux divers cas de renvois:

- les mentions *voir* et *voir aussi* s'écrivent en italique, avec minuscule ou majuscule initiale, selon leur emplacement; elles ne sont suivies d'aucune ponctuation quand elles introduisent un seul point d'accès; dans le cas contraire, elles sont généralement suivies du deux-points;
- lorsqu'un renvoi est fait en direction de plusieurs référents, il est recommandé de ranger ces derniers dans l'ordre alphabétique et de les séparer par un point-virgule;
- en règle générale, le renvoi de type *voir* ne comporte aucun numéro de page; il sera avantageusement traité comme une entrée principale s'il contient peu de références;
- le renvoi de type *voir aussi* se place à la suite des références de l'entrée principale; il en est séparé par le point-virgule (ex. index 5-8, 34-39; *voir aussi* table).

En la matière, efficacité spécifique et cohérence logique servent de test de qualité de l'index.

Corollaire à deux voix

L'établissement d'un index suppose une entente entre l'auteur et l'éditeur en vue de disposer des questions suivantes: l'ouvrage doit-il ou peut-il avantageusement comporter un index? quelles sont les règles d'usage de la maison d'édition à ce sujet? quel est le nombre approximatif de pages attribué à l'index compte tenu du genre d'écrit, des objectifs de l'ouvrage, de toute autre considération appropriée?

Par ailleurs, les exigences touchant l'index et sa présentation ont également des incidences éditoriales. Si elles ne font pas l'objet d'un

16. On relève un autre exemple de renvoi non justifié. Il s'agit d'un index comportant l'entrée suivante, étalée sur trois lignes: « Field, Michael *voir* Katharine Bradley *et* Edith Cooper ». Au premier renvoi, on lit: 448; au second: 448; à la page 448, quatrième étape du parcours, on trouve l'information recherchée: Michael Field est le pseudonyme sous lequel les personnes nommées sous « *voir* » ont publié conjointement un ouvrage. L'entrée de départ, libellée comme suit: « Field, Michael 448 », aurait donné le même résultat à moindres frais.

guide de l'édition, elles sont soumises à l'approbation de l'éditeur. Ces exigences concernent principalement les points décrits ci-après :

- principe de classement des entrées principales : mot par mot ou lettre par lettre ;
- principe de classement des entrées subordonnées : identique à celui des entrées principales, ou selon l'ordre alphabétique courant, ou selon l'ordre chronologique ;
- présentation : nombre de niveaux, nombre de colonnes, particularités des inscriptions des référents subordonnés ; autres points, s'il y a lieu ;
- typographie : taille des caractères inférieure (d'un ou de deux points) à celle du texte ;
- nombre de pages : le rapport entre le nombre de pages du livre et celui de l'index est de l'ordre de 5 % à 10 % (il peut atteindre 15 % dans le cas d'ouvrages techniques) ;
- modalités pratiques avant l'impression : remise de l'index sous forme de manuscrit ou sur support électronique ; responsabilité de la dernière révision, temps alloué à cette fin.

Et l'index, si l'on se donne la peine de le faire, doit tendre à présenter les qualités d'un excellent index : clarté, facilité de consultation, richesse documentaire, exhaustivité relative, mais non arbitraire. En définitive, abstraction faite des exigences techniques qu'il réclame, sa qualité se mesure à la qualité du jugement de son auteur, à la finesse de son interprétation, à l'intuition qui l'habilite à traduire l'implicite en explicite, toutes fonctions qui ne sont pas du ressort du précieux instrument qu'est l'ordinateur pour « fabriquer » un index.

32 ▪ La table des matières

Tout banalement, la table des matières est une table, mais elle est quelque chose de beaucoup plus. Pour mesurer ce « beaucoup plus », il faut évoquer le changement radical déclenché par l'imprimerie sur la matière « écriture », soit le passage du modèle linéaire du texte propre au manuscrit, essentiellement oral, au modèle spatial, le livre, la page imprimée offerte au regard.

Le titre qui prend la place d'honneur au début du livre entraîne avec lui des données consignées jusque-là à la fin du manuscrit. Et, dans l'espace ainsi libéré, prend place un nouvel élément : la table des matières, dont le nom originel, *index locorum*, évoque bien son rôle et s'accorde au modèle spatial du livre[1]. Cet index, ce relevé topographique des lieux que les matières occupent dans le livre, met en correspondance des rubriques (titres et sous-titres) et des espaces démarqués par des numéros de page. Dès lors, lieux et matières ne se réduisent pas à un simple répertoire de titres ; ils sont une véritable projection du texte sur un plan justement nommé « table ».

Le terme *matières* recouvre l'idée d'un objet, « point de départ ou d'application de la pensée ». Ainsi, la table des matières est un lieu témoin, lieu qui a valeur d'écrin de la pensée ou de la réflexion investie dans l'ouvrage, lieu où s'étalent en un réseau logique des mots qui éveillent l'intérêt et donnent le goût d'atteindre la substance cachée du livre.

Teneur et rôle

La teneur et le rôle de la table des matières comme révélateur du livre sont évoqués succinctement dans la définition suivante qu'en propose le *Trésor de la langue française* : « Énumération ordonnée (par chapitres,

1. Cette justification historique suscite des réserves et appelle quelques nuances qui ont été évoquées à l'occasion.

en général) des questions traitées, des matières contenues dans un ouvrage avec leur pagination afin de faciliter les recherches du lecteur.» La table des matières constitue le lien concret entre l'organisation conceptuelle du texte et sa répartition matérielle à travers le livre.

En pratique, la table des matières expose le contenu du livre en relevant les titres des divisions et des subdivisions de l'ouvrage, accompagnés de leur pagination respective : titre des pages liminaires (préface, avant-propos, etc.[2]); titre des parties, s'il y a lieu; titre des chapitres et de leurs subdivisions, des annexes, des appendices, de la bibliographie et de l'index. Peut s'y ajouter la nomenclature des tableaux et des figures si leur nombre est relativement peu élevé[3].

Ainsi constituée, la table des matières permet au lecteur de saisir la structure du contenu qui s'offre à lui, de percevoir la logique et la progression du développement, de se faire une idée du traitement accordé au sujet. À ce constat, se greffent quelques observations : la table des matières est un outil indispensable en tout genre d'écrit, exception faite des œuvres de fiction et de certains livres dont les divisions et subdivisions ne comportent pas de titres. Les éléments qui composent la table des matières sont définis et adaptés, révisés et affinés en cours d'élaboration de l'écrit. L'équilibre du développement des parties, la justesse des énoncés, la structure générale de l'ensemble en fondent la qualité.

Règles de mise en page et d'écriture

– La table des matières commence sur une belle page (page impaire)[4]; le titre «Table des matières» peut s'écrire en capitales ou en bas-de-casse avec capitale initiale. L'option choisie s'applique au titre des parties et des grandes divisions. Les titres des chapitres et de leurs sections s'écrivent en bas-de-casse, avec capitale initiale.

2. La table des matières n'enregistre pas les pages liminaires facultatives : épigraphe, dédicace, etc.

3. Dans le cas où le nombre des tableaux et celui des figures excède cinq ou six entrées, leur mention fait l'objet d'une liste portant le titre de leur catégorie respective; ces listes sont placées après la table des matières.

4. À titre exceptionnel, toutefois, lorsque la table des matières s'étend sur deux pages, il pourrait être intéressant de disposer celles-ci l'une en regard de l'autre, la première se trouvant sur le feuillet verso (page paire), l'autre, sur le feuillet recto : la totalité du contenu s'offrant ainsi sous un seul et même coup d'œil.

– La table des matières reprend fidèlement le libellé des titres qui figurent au cours du texte; elle est ordinairement saisie à simple interligne, exception faite des titres de parties et des grandes divisions, lesquels sont quelque peu démarqués par rapport aux autres entrées.

– L'emploi des points conducteurs entre le titre et le numéro de page correspondant relève de l'esthétique; des raisons d'ordre pratique peuvent en recommander l'emploi sans l'imposer.

– L'usage du système entièrement numérique, dit « notation pseudo-décimale[5] », est répandu dans les ouvrages de caractère didactique ou technique.

– Dans la table des matières dont les subdivisions sont disposées en sommaire[6], le folio marquant le début du chapitre se place au niveau du titre; les subdivisions s'écrivent en continu, chaque titre pouvant être accompagné ou non du folio correspondant, et séparé de l'entrée suivante par un tiret ou un autre signe. Cet usage est peu à peu délaissé au profit de tables de matières plus simples.

La table des matières gagne à être brève; en ce cas, il n'est guère utile de la paginer.

À titre de règle générale, qui supplante toutes les autres, on peut retenir que la table des matières doit être complète et claire, de consultation efficace et agréable[7]. Ces qualités, qui confirment leur valeur en tout temps, appellent l'attention dès la sortie du livre: séduit par le titre, aiguillonné par le texte de la quatrième de couverture, le lecteur « se précipite » souvent vers la table des matières pour saisir « en diagonale » le contenu du livre.

---

5. Chantal Bouthat, *Guide de présentation des mémoires et thèses*, Université du Québec à Montréal, 1993, p. 15.

6. En termes de typographie, « composer en sommaire », c'est composer la première ligne d'un paragraphe sur toute la justification et rentrer les lignes suivantes.

7. Les paramètres qui déterminent la longueur de la table des matières sont étroitement liés au genre d'ouvrage; dans tous les cas, il convient de respecter les exigences de la clarté et de l'homogénéité des entrées. La multiplication indue des niveaux est souvent une entrave à la clarté et à l'efficacité.

Emplacement : objet de controverse

Le choix de l'emplacement de la table des matières prête à controverse. Selon la tradition française, elle se place à la fin du volume. Mais force nous est de constater la faveur que connaît l'emplacement de cette table au début du livre. Au premier chef, figurent les motifs qui préconisent ce choix au nom de la logique : la table des matières « expose et annonce » le contenu de l'ouvrage ; il est donc normal de la trouver au début. D'autre part, selon l'argument avancé par Roger Laufer, spécialiste de ces questions, ce choix trouve un solide appui dans la tradition des XVIIe et XVIIIe siècles : le déplacement de la table des matières du début de l'ouvrage vers la fin ne daterait que du XIXe siècle ; qui plus est, cette transformation aurait perdu aujourd'hui toute raison d'être.

> La table du contenu, écrit Laufer, a traditionnellement été placée au début des livres jusqu'au XIXe siècle. Son absurde relégation en fin de volume a une explication matérielle simple : la composition typographique à la suite, depuis le début jusqu'à la fin, oblige à revenir en arrière pour ajouter la pagination à la table initiale : raison pour l'imprimeur [de la porter à la fin], déraison pour le lecteur[8].

Ailleurs, l'auteur explique le fait d'une autre façon dont on trouve écho dans « L'accès au contenu du livre, hier et demain[9] ». En réponse à la question qui lui est alors posée : « Pourquoi mettons-nous la table des matières en fin de volume ? », il mentionne qu'à l'époque classique l'édition française distinguait « la table des chapitres », placée commodément en début de volume, et celle des matières, produite à la fin. Sous le souffle de l'esprit des Lumières, note-t-il, « la table des matières a été progressivement réduite à sa plus brève expression ». Devenue redondante, la table du début de volume disparaît : ne reste que la table des matières, à la fin, une table des matières squelettique, en forme de « table des chapitres ». Et d'observer avec satisfaction le spécialiste Laufer : « Des éditeurs pragmatiques osent aujourd'hui

8. « L'espace visuel du livre ancien », dans *Histoire de l'édition française*, Paris, Promodis, t. I, 1982, p. 492.

9. *La présentation du livre. Actes du colloque de Paris X Nanterre (4, 5, 6 décembre 1985)*, présentés par Emmanuèle Baumgartner et Nicole Boulestreau, Centre de recherches du département de français de Paris X Nanterre, 1987, p. 34.

suivre l'exemple anglo-saxon, renouant ainsi sans le savoir avec notre plus ancienne tradition, et avec le bon sens. »

Le moins qu'on puisse dire, c'est que la question demeure ouverte : car avant les XVIIe et XVIIIe siècles, il y a eu les XVe et XVIe dont fait mémoire l'auteur de *La seconde main*, pour qui la table des matières n'était pas alors au début du livre. Enfin, il demeure que l'usage fait loi en ce domaine ; d'où la convenance, voire la nécessité, de laisser à l'Édition le privilège de décider de la place de cette table en tenant compte des diverses incidences de ce choix.

En revanche, les considérations exposées par deux autres spécialistes, mais sur un mode différent, ont peut-être chance d'invalider le propos selon lequel la table des matières deviendrait un sommaire en passant de la fin du livre au début.

On connaît l'existence possible, de plus en plus rare toutefois, d'un sommaire placé au début du livre pour annoncer ou résumer le développement projeté. Ce sommaire n'est pas une table des matières[10].

En guise de démonstration en ce sens, il est permis de signaler le fait qu'un tel sommaire ne comporte aucune pagination des sujets mentionnés et qu'il n'évoque que vaguement, voire aucunement, l'importance relative et le poids respectif de chacun d'eux. L'argument n'est pas décisif, soit : il n'a de sens qu'en regard de la table des matières considérée dans la même optique.

La table des matières a charge de retracer l'itinéraire parcouru, étape par étape ; développée sur plus d'un niveau, elle cible les points d'intérêt, suggère des liens entre eux, les met en valeur, en laisse percevoir l'enchaînement logique. Grâce aux divisions et subdivisions, grâce à la pagination, l'ampleur du traitement des sujets se mesure à l'œil, donnant ainsi au lecteur une carte fiable de l'espace couvert par les subdivisions du livre, un espace où s'est réfléchie et traduite la pensée de l'auteur, un espace qui offrira matière à la réflexion et au savoir du lecteur.

---

10. L'anomalie signalée à ce sujet est illustrée à souhait par l'opinion suivante chapeautée par le titre bicéphale *Sommaire* (ou *Table des matières*) : « Son emplacement dans le document dépend de sa fonction informative. Ou celle-ci est faible, et l'emplacement se situera en fin de document. Ou elle est réelle, et l'emplacement pourra se situer utilement en début de document. » (Jean-Pierre Anciaux, *La mise en page. Les règles d'or de la communication écrite*, Paris, Éditions d'Organisation, 1992, p. 159).

Et cela, tout comme la très suggestive appellation *index locorum*, et la riche connotation spatiale du mot « table », et cette projection du contenu du texte sur un plan, et la densité de l'expression « table des matières », a chance d'être jugé plus éloquent que la simple évocation d'un catalogue nommé *sommaire*.

Sources d'exemples

À défaut de reproduire des tables de matières qui puissent servir d'exemples ou de modèles, on relève des références bibliographiques d'ouvrages qui illustrent, chacun à sa manière, une forme distincte de table des matières.

- Table des matières sans autre mention que celle des chapitres :

  *Histoire de l'édition littéraire au Québec au XX*e *siècle*, vol. 2, *Le temps des éditeurs, 1940-1950*, sous la direction de Jacques Michon, Fides, 2004, 540 pages.

- Table des matières comportant l'indication de parties dont les chapitres sont numérotés en continu :

  Éric Méchoulan, *Le livre avalé. De la littérature entre mémoire et culture (XVI*e*-XVIII*e *siècle)*, Presses de l'Université de Montréal, coll. « espace *littéraire* », 2004, 542 pages.

- Table des matières avec subdivisions des chapitres disposées en sommaire :

  Jean-Claude Guillebaud, *La force de conviction. À quoi pouvons-nous croire ?* Paris, Seuil, 2005, 400 pages.

- Table des matières [placée au début du livre] avec numérotation pseudo-décimale :

  Leo H. Hoek, *La marque du titre. Dispositifs sémiotiques d'une pratique textuelle*, La Haye, Mouton éd., coll. « Approaches to Semiotics », nº 60, 1981, xiii-368 pages.

- Table des matières d'un ouvrage collectif, comportant le nom des auteurs :

  La naissance du texte, publié par Louis Hay avec le concours du Centre national de la recherche scientifique, José Corti, 1989, 226 pages.

33 ▪ L'encart

Entre hier et aujourd'hui, l'encart a vu modifier le registre de ses acceptions. Néanmoins, les grands dictionnaires de langue — qu'il est bon de consulter de temps à autre — accordent toute la place à l'encart d'origine, mais ne disent mot de l'encart dont le monde de l'information et de l'édition fleurit tranquillement ses textes et ses livres. Le constat incite à jeter un regard sur l'histoire de ce vocable.

Attesté depuis le début du XIXe siècle seulement, le terme *encart* n'a pas une longue histoire et ne bénéficie d'aucune entrée aux dictionnaires étymologiques. Pour sa part, le *Dictionnaire historique de la langue française* l'inscrit comme « déverbal de sens concret de *encarter* » et il en donne la définition suivante : « papier que l'on place entre deux feuillets » (1810), d'où « feuille volante, petit cahier inséré dans une brochure » (1930)[1].

Ces brèves données suffisent à établir que le concept d'encart exprime une relation, un rapport entre deux entités : deux documents, deux imprimés. À dire vrai, il en est peu qui s'embarrassent des incidences logiques de ce fait. Pour le moment, il nous importe de passer en revue les définitions consignées par les autorités lexicographiques en vue d'étayer notre assertion de départ.

Définitions

Le *Grand Robert de la langue française* (2001) enregistre une double notion : « Fraction de feuille en page isolée qu'on place à l'intérieur d'un cahier ; feuille volante ou petit cahier que l'on insère dans une brochure. » Même source, ou presque ; mêmes résultats, ou presque. La définition d'origine demeure et nulle extension de sens n'est attestée.

1. Dictionnaires *Le Robert*, t. I, *s.v.* Encarter.

Le *Trésor de la langue française*, dictionnaire de la langue du XIXe et du XXe siècle, s'en tient au double aspect suivant : « feuille qui peut être intercalée dans les pages d'un cahier » et « page de publicité surnuméraire ajoutée lors du brochage d'un support ». On remarque une note inédite : « page surnuméraire [...] ajoutée lors du brochage ».

Le *Grand Dictionnaire encyclopédique Larousse* est au même diapason. Le *Dictionnaire historique, thématique et technique des littératures* décrit l'encart en des termes analogues :

> Insertion dans un texte imprimé d'un ou [de] plusieurs feuillets fixes ou volants. Fixe, l'encart désigne une fraction de feuille pliée, placée au milieu du reste de la feuille pour constituer un cahier [...]. L'encart volant consiste habituellement en un feuillet ou un petit cahier qui est glissé dans un livre, une revue, ou un catalogue[2].

La notion de l'encart originel étant confirmée et l'absence de toute acception nouvelle paraissant s'imposer, il y a lieu de circonscrire l'objet d'analyse.

Comme on l'a mentionné, le mot *encart* se prête à des usages nouveaux, sorte d'élargissement de son acception d'origine qui réclame l'attention. D'autre part, appliqué au livre et aux documents assimilés, l'encart comporte des analogies avec le hors-texte et l'encadré ; il en sera question.

Compte tenu de la frange d'ambiguïté qui entoure certains emplois du terme, l'analyse sera axée sur les types d'encarts. Ainsi, attestations et explications pertinentes à chaque cas ne seront pas dissociées ; ce mode de traitement s'impose d'autant plus que les attestations constituent la principale ressource documentaire en matière d'usages récents, voire l'unique ressource.

Types d'encarts et attestations d'emploi

Le terme *encart* est souvent employé seul, sans aucune détermination. Toutefois il est d'usage de répartir conceptuellement les encarts en deux types : l'encart fixe et l'encart volant. Par ailleurs, en raison de

---

2. Jacques Demougin, dir., Paris, Librairie Larousse, 1985, p. 502, *s.v.* Encart ou encarté. — Le rappel de multiples définitions du mot *encart* a pour objectif de démontrer que certains emplois actuels de ce terme ne sont pas attestés dans les dictionnaires de langue ni dans les banques de données terminologiques.

ses caractéristiques matérielles l'encart peut être qualifié de diverses manières : qu'il suffise de nommer l'encart broché, l'encart collé, l'encart dépliant, l'encart détachable, l'encart intégré, l'encart à volet, l'encart pleine page.

Encarts fixes – Faut-il signaler que le qualificatif (*fixe* ou *volant*) exprime une distinction théorique : il n'entre pas dans la désignation courante. Seule l'appellation générique *encart* y figure, s'il y a lieu ; en témoigne la description contenue dans les spécimens suivants.

– Le Bulletin officiel du Ministère [français] de la jeunesse, de l'éducation nationale et de la recherche comporte souvent un encart fixe, broché au centre du cahier en même temps que celui-ci, mais néanmoins facilement détachable. On en trouve un exemple dans le Bulletin nº 39 (23 octobre 2003). Il est expressément annoncé en page de couverture sous le mot *Encart*, suivi de la référence au bulletin dont il dépend. Son titre intégral de même que les références pertinentes se trouvent à la page suivante, dans un encadré en tête du sommaire. Cet encart est folioté en chiffres romains, ce qui le distingue du Bulletin, lequel est paginé en chiffres arabes. Ce spécimen d'encart est un modèle de clarté et de rigueur.

– La revue *Astronomie Québec* (vol. 4, nº 4, juillet-août 1994) contient un encart-souvenir de quatre pages, « L'éclipse de la décennie ». Il s'agit d'un encart pleine page, de même dimension que la revue ; il est broché au centre de celle-ci, mais peut aisément en être détaché. Il a alors valeur de document autonome, il est pourvu de sa propre pagination et porte la référence complète de sa source. Cet encart présente toutes les caractéristiques du genre ainsi que les qualités exigées d'un tel document.

Encarts volants ou libres – Dans le présent contexte (et vraisemblablement dans tout autre contexte), la qualification est exclusivement théorique ; elle ne figure pas sur l'imprimé qui répond à cette désignation. Elle peut être mentionnée, mais sans le qualificatif, dans le document source de l'encart. Les spécimens décrits ci-après illustrent la pratique à ce sujet.

– À l'occasion de « l'ouverture de la nouvelle Grande Bibliothèque de la Bibliothèque nationale du Québec[3] », le quotidien *Le Devoir* a encarté un cahier spécial intitulé : « Voici votre Grande Bibliothèque », portant en surtitre la mention « Portes ouvertes 30 avril et 1er mai ». Édité comme document inaugural de l'institution, le cahier a raison d'encart pour *Le Devoir*, mais non en lui-même. En conséquence, il ne porte pas la mention d'*encart*, n'affiche pas le nom du périodique dans lequel il a été inséré, ne fait aucune référence à celui-ci. Il est un document de la Bibliothèque nationale du Québec pouvant être distribué isolément ou faire l'objet d'un encart dans n'importe quel autre journal.

– La publication du ministère du Patrimoine canadien, *Langues officielles. Rapport annuel 2001-2002*, comporte un encart intitulé : « Concertation interministérielle 2001-2002 ». Il s'agit d'un cahier de format plus réduit que le rapport. Il bénéficie d'une entrée explicite à la fin de la table des matières du document dans lequel il est inséré, mais il n'a raison d'encart que par référence à ce dernier. De soi, il constitue une brochure ayant son titre propre et traitant de la « mise en œuvre de l'article 41 de la loi sur les langues officielles », thème du rapport dans lequel il est encarté[4].

– *La Sainte Bible* de l'École biblique de Jérusalem comporte un encart libre, cartonné. S'y trouve, d'un côté, la nomenclature des livres de la Bible inscrits dans l'ordre traditionnel ; de l'autre, figurent la liste alphabétique des livres bibliques et les abréviations conventionnelles correspondantes. Séparé de sa source, cet encart conserve sa valeur documentaire propre.

– Des encarts de ce genre sont fort utiles dans les ouvrages didactiques, comme le *Nouveau Dictionnaire des difficultés du français moderne*. Dans ce cas, l'encart double, c'est-à-dire répète le texte des

3. Voir *Le Devoir*, vol. XCVI, nº 95, les samedi 30 avril et dimanche 1er mai 2005, feuillet sans foliotage, portant l'invitation : « Venez visiter votre Grande Bibliothèque », et d'autres renseignements, dont cette insertion : « Ne manquez pas le cahier spécial encarté dans l'édition d'aujourd'hui ».

4. Ces publications bilingues sont éditées sous le copyright du Ministre des Travaux publics et Services gouvernementaux, Canada 2003, Ottawa.

pages liminaires intitulées *Abréviations, locutions et signes conventionnels*[5]. Que l'encart s'envole (ou qu'il soit volé), l'information demeure.

Autre type d'encart – Ni fixe ni volant au sens originel du terme, s'impose de plus en plus un autre type d'encart. Omniprésent dans les entrées documentaires qu'offrent les bases de données, il entre dans la description bibliographique de livres et de revues, le cas échéant. Il peut désigner de véritables encadrés ou des illustrations insérées dans l'édition d'un livre, en ligne ou non; il peut être constitué d'un extrait de document ou d'un document entier, reproduits dans un autre, ou mis en relief selon des techniques spécialisées d'impression.

On relève ci-après quatre attestations de ce type d'encart, très différentes l'une de l'autre à maints égards, mais semblables sur un point: elles ne correspondent pas à l'appellation d'origine.

– Le magazine scientifique *Archeologia* a publié, en 1984, un dossier sur le Centre de recherche français de Jérusalem[6]. Abondamment illustré, le texte comporte en outre deux encadrés, l'un sur le Service de documentation et de diffusion de l'information scientifique, l'autre sur les publications du Centre. Or, la notice bibliographique de la publication enregistrée dans la banque de données Francis désigne ces deux encadrés sous le nom d'« encarts[7] ».

– Des extraits de l'ouvrage *Les jeux en royaume de France du* XIIIe *au début du* XVIe *siècle* sont présentés en ligne[8]. Des illustrations ajoutées au texte — qui n'en comporte pas dans la version « papier » — y sont nommées « encarts » dans la description du livre. Cette appellation rend compte du fait que l'illustration a été insérée dans l'extrait

5. Hanse [Joseph], troisième édition établie d'après les notes de l'auteur avec la collaboration scientifique de Daniel Blampain, Louvain-la-Neuve, De Boeck-Duculot, 1994.

6. Jean Perrot et Éva Tanger, « 100 ans de découvertes en Israël », *Archeologia. Préhistoire et archéologie ancienne*, Paris, n° 196, Novembre 1984, p. 18-31. — Le titre devrait commencer par les mots: « Cent ans ».

7. Les notions d'*encadré* et de *hors-texte* sont traitées ci-après, sous le titre « Corollaire ».

8. URL: <http://www.arena-stadium.eu.org/2500-ans-histoire/3-Moyenage/5-les-variations.html>. Consulté le 6 juillet 2005.

reproduit sur Internet, mais fait abstraction de la nature propre de celle-ci, laquelle n'a rien d'un véritable encart.

– Au début de 2005, le quotidien français *Le Monde* apporte un léger changement à sa première page. Le relevé de presse rendant compte de la nouvelle est alors libellé comme suit : « Un encart "rendez-vous", destiné à la culture et aux sports, remplace le bandeau de la première page[9] ». Vérification faite, il s'agit d'un encadré délimité par une trame de fond, sans filets, et que le journaliste assimile à un encart[10].

– En 2003, paraissait aux éditions Fides *La cuisine raisonnée*, « un grand classique de la tradition québécoise dans une nouvelle édition abrégée ». Publié pour la première fois en 1919, cet ouvrage — œuvre de la Congrégation de Notre-Dame — avait connu plusieurs rééditions avant le remaniement en profondeur des années 2000. En vue de faire état de cette longue tradition, l'ouvrage intègre, au fil du développement, des textes témoins du passé : « Cette édition revisitée [...], écrit-on en avant-propos, est agrémentée de nombreuses photos d'archives [...] et aussi d'encarts reprenant certains passages des éditions précédentes » ; plus loin, signalant la reproduction de la préface de 1926 et de l'avant-propos de 1948, on ajoute : « Ces textes témoignent aussi, à l'instar des encarts, de la saveur particulière d'une époque révolue[11]. »

Conçus et imprimés avec grand art, ces extraits sont répertoriés sous le titre : *Encarts*, conformément à l'appellation adoptée en avant-propos. Or, il se trouve que l'analyse des modalités de leur présentation oblige à reconnaître que lesdits *encarts* ne se distinguent pas vraiment de ce que l'usage désigne (ou désignait encore hier) sous le nom d'*encadrés*.

À défaut de convaincre du bien-fondé de ce résultat, le corollaire qui suit rappellera l'existence de notions de sens voisin du terme *encart*, de cet encart que le monde de l'information et de l'édition tend à leur substituer allègrement.

---

9. URL : <http://revuedepresse.blog.lemonde.fr/revuedepresse/2005/01/la_nouvelle_une.html>.

10. Voir *Le Monde*, 61e année, n° 18662, mardi 25 janvier 2005, « Rendez-vous », p. 1.

11. Congrégation de Notre-Dame, *La cuisine raisonnée*, Fides, 2004, p. 12.

Corollaire

Encadré – L'encadré est communément défini comme suit : « Dans une page, un article, texte mis en valeur dans un cadre réalisé en filets et qui le sépare du reste du texte » ou « texte entouré d'un filet sur les quatre côtés et donnant un détail d'information ou l'un de ses éléments annexes[12]. » Pour sa part, le *Dictionnaire historique, thématique et technique des littératures* évoque, dans la définition qui suit, d'heureux effets de l'encadré :

> Texte court occupant tout ou partie d'une page et qui est mis en valeur, dans un livre ou dans un périodique, par un filet qui l'entoure dans sa totalité. La pratique de l'encadré qui s'est répandue sous l'influence de la presse, apparaît dans certaines expériences littéraires qui jouent sur la mise en page et la typographie[13].

Même si les définitions soulignent que le filet de l'encadré « entoure le texte dans sa totalité », les exemples ne manquent pas d'encadrés dont le filet court sur deux ou trois côtés seulement. Cela étant dit, on relève de judicieuses attestations d'emploi du mot *encadré*, qui témoignent d'une certaine résistance à la vague des faux encarts.

– L'imposant traité, *Histoire de l'édition française*, présente sous forme d'encadrés de nombreux documents d'appoint. D'autres procédés de composition et de mise en page y trouvent place : planches, tableaux, hors-textes. Exemples d'un beau souci de la propriété des termes, ils font l'objet, tout comme les encadrés, de tables en fin de volume[14].

– Le livre de Paul Dirkx, *Sociologie de la littérature*, utilise les encadrés pour distinguer du texte principal les extraits de documents cités : il s'agit de textes explicatifs ou illustratifs insérés au fil du développement. L'appellation *encadré* y désigne à juste titre ce mode d'insertion d'extraits dont la « Table des encadrés » reproduit la liste[15].

---

12. *Grand Dictionnaire encyclopédique Larousse*, 1983, t. VI, *s.v.* Encadré. Office québécois de la langue française, URL : <http://www.grandictionnaire.com/btml/fra/r_motclef/index1024_1.asp>.

13. Cité à la note 2, ci-dessus, *s.v.* encadré.

14. Promodis, 1985. Voir les encadrés suivants, au t. III, *Le temps des éditeurs. Du Romantisme à la Belle Époque* : « L'inflation de l'imprimé administratif » (p. 42-43) et « L'écriture de Balzac » (p. 154-155).

15. Paris, Armand Colin, coll. « Cursus Lettres », 2000, p. 172.

– L'auteur de l'ouvrage *L'imprimerie d'aujourd'hui* insère au fil du texte des extraits de nature historique ou technique pour étayer le développement en cours. Distingués du texte principal par la typographie et des filets horizontaux, ces extraits sont très justement nommés *encadrés* et répertoriés à ce titre dans une table de fin d'ouvrage[16].

Hors-texte – Il est peu à dire au sujet du hors-texte : ses droits sont clairement établis comme en témoigne la définition suivante empruntée au *Dictionnaire des littératures*, déjà cité :

> Feuillet tiré à part et destiné à être intercalé, hors pagination, dans un livre ou une brochure ; il peut porter un document (tel qu'un fac-similé), une illustration (gravure, photographie), une figure (carte, tableau, graphique)[17].

– L'ouvrage intitulé *Toute l'imprimerie* comporte un seul hors-texte[18]. Non paginé, comme il se doit, ce hors-texte n'est pas inscrit dans la table des matières ni mentionné en quelque endroit approprié. Ce manque de repère est une lacune : facilement détachable, le hors-texte pourra aisément être « subtilisé » sans laisser d'indice de sa présence dans l'ouvrage.

– Le livre de Lionel Groulx, *Correspondance 1894-1967*, contient des hors-textes répertoriés et inscrits à la table des matières sous le titre *Illustrations*[19]. Cette entrée est correcte ; cependant, elle offre l'occasion de rappeler que « pour une illustration, on dit plutôt hors-texte[20] ».

Pour terminer sans conclure, on peut concéder qu'il n'est pas faux de désigner par le terme générique « encart » tout élément inséré dans un livre, dans une revue ou dans le cours du développement d'un sujet. Néanmoins, on peut juger préférable de désigner sous son vrai nom — encadré, hors-texte ou encart — l'encart qui est un véritable encadré, un hors-texte ou un encart.

---

16. Gérard Martin, Cercle de la librairie, 1992, p. 262.

17. *S.v.* hors-texte.

18. Fernand de Laborderie et Jean Boisseau, *Toute l'imprimerie. Les techniques et leurs applications*, Paris, Dunod, 1970. Le hors-texte est inséré entre les pages 268 et 269.

19. T. III, *L'intellectuel et l'historien novices*, 1909-1915, Fides, 2003, p. 1041

20. Léandre Poirier, *Au service de nos écrivains*, Montréal, Fides, 1968, « Appendice II », p. 162, *s.v.* Encart.

L'identité

L'identité du livre est sans doute la dernière préoccupation de qui entreprend d'écrire un livre. Si quelque identité fait alors l'objet d'un regard furtif, ce sera plutôt sa propre identité d'auteur qui sera visée.

De fait, l'analogie permet d'affirmer – avec réserve, nuances et distinctions – que dans les deux cas il s'agit du même concept, soit l'« ensemble des traits ou caractéristiques qui, au regard de l'état civil, permettent de reconnaître une personne [un livre] et d'établir son individualité au regard de la loi ».

Dans cette perspective, les traits qui composent l'identité du livre figurent en divers endroits, selon l'usage national. Dans les livres d'ici, ils se trouvent généralement au verso du feuillet de titre ; on y inscrit la marque du droit d'auteur, la mention de dépôt légal et autres données, obligatoires ou non. S'y ajoute l'achevé d'imprimer, généralement porté en fin de volume. L'analyse détaillée de ces thèmes fera le départage entre les traits de nature proprement juridique et ceux qui ont un simple caractère administratif.

Ces données définissent l'état civil du livre, son identité officielle. Mais le livre a le privilège d'une « identité éditoriale » : c'est la figure sous laquelle l'éditeur le présente au public. À ce chapitre s'affirment et s'affichent la première de couverture, la jaquette et ses rabats ainsi que la bande-annonce, qui déclenchent l'intérêt, qui suscitent la curiosité.

34 ▪ Le verso du feuillet de titre

Cette rubrique annonce un propos hybride déployé en trois temps. Il s'agit de situer en contexte divers éléments qui trouvent place au verso du feuillet de titre.

Aux fins de l'analyse, il conviendra de cibler les données dont la présence s'impose, non pas absolument, mais nécessairement. Avec quelque réserve, on les nomme *éléments imposés*. Il faudra ensuite rendre compte d'une donnée factuelle inscrite à cet endroit pour témoigner de crédits d'aide à l'édition. Finalement, on se permettra de jeter un regard critique sur une autre série de données qui s'étalent dans l'espace « encore libre » de cette page.

Éléments imposés

Idéalement, le verso du feuillet de titre serait une page vierge de toute écriture, de toute inscription. En pratique, l'usage éditorial s'éloigne de ce modèle à des degrés divers.

Si l'éditeur Gallimard peut, aujourd'hui encore — dans nombre de ses ouvrages —, n'y inscrire que la marque du droit d'auteur en très petits caractères[1], d'autres couvrent littéralement cette page de haut en bas de multiples données plus malvenues que bienvenues.

Entre ces deux schèmes, entre sobriété et surcharge, il est bien légitime d'accorder place, au besoin, à des textes juridiques touchant la protection du droit d'auteur, les conditions ou les interdits de reproduction, les sanctions imposées pour toute contravention en la matière. Témoigne de ce propos l'extrait suivant d'un ouvrage publié aux Éditions de Minuit :

1. L'ouvrage didactique de Jacques Drillon, *Traité de la ponctuation française*, coll. « Tel », n° 177, en illustre l'usage; on y trouve exclusivement : © *Éditions Gallimard, 1991*. L'édition critique des « Cahiers » de Simone Weil, *Œuvres complètes*, en offre un autre exemple : © *Éditions Gallimard, 2002*.

> En application de la loi du 11 mars 1957, il est interdit de reproduire intégralement ou partiellement le présent ouvrage sans autorisation de l'éditeur ou du Centre français d'exploitation du droit de copie[2].

Confirme le même type d'usage ce texte d'un livre paru aux Éditions du Seuil :

> Le Code de la propriété intellectuelle interdit les copies ou reproductions destinées à une utilisation collective. Toute représentation ou reproduction intégrale ou partielle faite par quelque procédé que ce soit, sans le consentement de l'auteur ou de ses ayants cause, est illicite et constitue une contrefaçon sanctionnée par les articles 425 et suivants du Code pénal[3].

Le principe trouve application légitime dans les ouvrages publiés au Québec en conformité de la législation et fédérale et provinciale. À preuve, les indications placées au verso du feuillet de titre sous les rubriques « données de catalogage avant publication », « marque du droit d'auteur » et « mention de dépôt légal », qui font l'objet d'études spécifiques.

Dans ce même contexte s'ajoutent certaines données dont la présence s'impose à un autre titre. En vue d'en exclure toute connotation juridique et de rendre compte de leur caractère propre, on convient de les ranger sous une rubrique d'allure contradictoire : « données factuelles obligées ».

Données factuelles obligées

Il s'agit de l'obligation pratique faite aux éditeurs d'attester, bien en vue, des crédits et subventions dont ils sont redevables auprès d'organismes publics ou privés d'aide à l'édition. Cette « reconnaissance » ne fait pas l'objet d'un impératif absolu, mais s'impose comme une condition de bénéfices intéressants, indispensables.

> Attestations
>
> – *Leméac Éditeur remercie le ministère du Patrimoine canadien, le Conseil des arts du Canada, la Société de développement des entreprises culturelles du Québec (SODEC) et le Programme de crédit d'impôt du Gouvernement du Québec du soutien accordé à son programme de publication*[4].

---

2. Bernard-Marie Koltès. *La nuit juste avant les forêts*, Paris, 1988, [p. 6].
3. Jostein Gaarder, *Le Monde de Sophie*, Paris, Seuil, 1995, [p. 6].
4. Michel Marc Bouchard, *Les Manuscrits du déluge*, Leméac, 2003, [p. 4]. L'original est en italique.

– Les Éditions Fides remercient de leur soutien financier le ministère du Patrimoine canadien, le Conseil des arts du Canada et la Société de développement des entreprises culturelles (SODEC).

[et]

– Les Éditions Fides bénéficient du Programme de crédit d'impôt pour l'édition de livres du Gouvernement du Québec, géré par la SODEC[5].

Éléments imposés et données factuelles obligées couvrent aisément la moitié de la page. Présentés selon les règles du bon goût et d'une esthétique discrète, ces textes sobres dont l'éditeur ne saurait faire l'économie ont chance de satisfaire les premiers intéressés, de respecter les auteurs et les lecteurs, de s'harmoniser avec la nature des œuvres intellectuelles et artistiques.

Cette observation tient lieu de point d'orgue avant d'aborder le troisième temps annoncé, celui d'un regard critique. Regard sur des éléments qui s'ajoutent à ceux que l'ici et l'aujourd'hui imposent à l'édition québécoise, regard sombre sur les éléments à finalité publicitaire et à connotation mercantile qui encombrent cette page liminaire idéalement vierge.

Regard critique

Le projet de critique tient pour acquis que l'éditeur est à maints égards maître du contenu de cette page. Celle-ci n'en conserve pas moins sa finalité propre : elle est partie intégrante de l'ouvrage d'un auteur ; elle est composante d'un livre qui, normalement, offre au lecteur comme au collectionneur le loisir d'admirer la qualité de sa présentation.

Il n'est rien de cela à attendre du spécimen décrit ci-après. À l'ensemble des éléments imposés, le feuillet verso de titre de cet ouvrage innommé étale, sous les rubriques suivantes, des éléments qui font « page pleine et lourde charge » :

5. Extrait de l'opuscule de Jacques Genest, *L'homme seul...*, Fides, 2005 [p. 4]. La formule bipartite de Fides évite l'anomalie syntaxique de l'exemple précédent où l'éditeur « remercie... le Programme de crédit d'impôt [...] ». En revanche, on éprouve quelque réserve en lisant : « [...] bénéficient du Programme de crédit d'impôt pour l'édition de livres du Gouvernement du Québec ». — Il a paru opportun d'écrire « Conseil des arts » avec minuscule initiale au mot « arts » dans les deux cas.

- Nom de la maison d'édition, adresse, numéro de téléphone, numéro de télécopieur, adresse électronique.
- Mention de responsabilité de la mise en page, de la maquette et de l'illustration de la couverture.
- Mention des distributeurs exclusifs des ouvrages de l'éditeur pour le Québec et le Canada, accompagnée des adresses et des coordonnées usuelles.
- Logotype du Conseil des arts du Canada et marque typographique de la SODEC en plus de la formule obligée témoignant de l'aide à l'édition accordée par ces organismes.
- Encadré publicitaire donnant relief à l'invitation suivante: « Pour en savoir davantage sur nos publications visitez notre site », suivie de l'adresse requise à cette fin.
- Mention surérogatoire qui clôt la liste: « Tous droits réservés pour tous pays ».

Plus de la moitié de ces entrées sont de nature strictement publicitaire; elles auraient normalement place sur un encart glissé dans le volume ou dans le catalogue de la maison d'édition[6].

En particulier, on note qu'il n'est pas d'usage courant de faire état du responsable de la mise en page; on conviendra que d'autres spécialistes engagés dans le processus d'édition auraient le même droit d'être cités. La mention concernant la maquette et l'illustration de la couverture pourrait fort bien, selon un usage attesté, trouver son lieu naturel en quatrième de couverture.

Point n'est besoin de réaffirmer le principe de départ: l'éditeur est le maître d'œuvre du contenu de cette page (exception faite des éléments imposés). Néanmoins, il est permis de souhaiter que les impératifs de la qualité éditoriale réservent les éléments publicitaires aux catalogues et autres supports appropriés à cette fin.

6. L'observation d'autres ouvrages parus chez d'autres éditeurs pourrait contribuer à allonger la liste des entrées discutables, bien que nombre d'entre elles s'inscriraient au même registre ou sous les mêmes titres.

35 ▪ Les données de catalogage avant publication

Qui s'intéresse aux « données de catalogage avant publication », ces données plutôt hermétiques qui se dissimulent — généralement en petits caractères — au verso du feuillet de titre d'un livre ? L'éditeur, et encore ! De toute évidence, ces renseignements ont leur raison d'être ; à défaut de s'y intéresser *a priori*, on peut supposer qu'il existe de bonnes raisons d'en déchiffrer le sens et d'en découvrir l'utilité. Le sujet annoncé renvoie au « programme de collaboration volontaire et gratuit entre les éditeurs et les bibliothécaires, qui permet de cataloguer les livres avant leur publication et d'assurer une diffusion rapide des données catalographiques aux libraires et aux bibliothécaires[1] ».

L'origine de cet usage est étroitement liée à la *Library of Congress* (Bibliothèque du Congrès), à Washington[2]. Le paragraphe suivant explicite les circonstances de ce fait.

À partir de 1971, nombre d'éditeurs des États-Unis, d'abord, d'autres pays, ensuite (Grande-Bretagne, Australie, Allemagne, Canada, etc.), commencent à inscrire sur la page de *copyright* de leurs ouvrages les données correspondant en substance aux fiches établies par cette bibliothèque, à savoir les « *Library of Congress Cataloging-in-Publication (CIP) data*[3] ». Ce retour à la source dévoile l'origine de l'usage en

1. Bibliothèque et Archives Canada (BAC), appellation substituée depuis 2004 à celle de « Bibliothèque nationale du Canada », *Guide canadien d'utilisation du CIP* portant en surtitre « Programme canadien de catalogage avant publication (CIP) », URL : <http://www.collectionscanada.ca/cip/s15-1005-f.html>, 6 p., mis à jour le 21 avril 2004 ; consulté le 1er novembre 2005.

2. Voir *The Chicago Manual of Style*, 15th ed., 2003, The University of Chicago Press, Chicago and London, p. 14-15, art. 1.32 et 1.33. — La fondation de la *Library of Congress* remonte à l'année 1800 ; son établissement sur le site actuel date de 1897. Voir « Congress, Library of », *The New Encyclopædia Britannica*, 15th ed., Chicago, 2003, vol. III, p. 536.

3. *The Chicago Manual of Style*, *ibid.* On notera que le verbe *catalog* (*cataloging*) est normalisé par l'*International Organization for Standardization* (ISO) et la *Canadian Standards Association* (CSA) ; il est d'usage officiel aux États-Unis,

question et permet du même coup de décrypter — au bénéfice du lecteur francophone — l'acronyme CIP, usité à l'échelle internationale pour désigner ce catalogage et le programme qui en régit la pratique. Après avoir brièvement décrit l'objectif général du programme, le *Guide canadien d'utilisation du CIP* en mentionne les avantages et la portée :

> Ce programme permet de diffuser une description provisoire des documents auprès des bibliothèques et librairies, au moyen de publications spécialisées, de la base de données de BAC [Bibliothèque et Archives Canada] et d'autres outils d'information, y compris des listes sur le Web telles que *Service des nouveaux livres*[4].

Le programme traite ensuite de questions d'ordre administratif, comme celles qui touchent la nomenclature des publications visées, le mode de participation, les particularités relatives à une coédition, les règles d'écriture des données, etc. L'intérêt principal de ce service réside avant tout dans l'objet même des données enregistrées, soit : nom de l'auteur ; titre de l'ouvrage et indications complémentaires (collection, numéro international normalisé) ; vedettes-matières et liste des vedettes secondaires à créer ; indice de l'ouvrage selon le cadre de classification de la *Library of Congress* (sous réserve de modalités particulières pour la littérature canadienne) ; indice de l'ouvrage selon le système de classification décimale de Dewey ; numéro de contrôle canadien.

Analyse des données de catalogage

Les données en cause doivent figurer sous le titre d'inspiration anglophone suivant : *Catalogage avant publication de Bibliothèque et Archives Canada*, composé en italique et sans ponctuation finale. Tous les éléments d'information (titre du livre inclus) doivent être en caractères romains. Ces éléments, précise le *Guide*, « doivent être imprimés au

---

notamment à la *Library of Congress*. Voir *Termium Plus*, *s.v.* catalogue, <http://www.termiumplus.com>. — Au Canada, la mise en application du programme CIP remonte à 1975.

4. *Le dépôt légal*. Adresse URL : <http://www.collectionscanada.ca/6/25/s25-200-f.htlm>, p. 7-8. Consulté le 3 février 2005. — Ces « documents sont catalogués et répertoriés dans *Canadiana*, Bibliographie nationale diffusée partout au Canada et à l'étranger ainsi que dans la base de données AMICUS, accessible en ligne ».

complet sans en modifier l'ordre, la ponctuation, les majuscules ou l'espacement »; le respect de ces normes, souligne-t-il, assure « la compréhension de la notice catalographique dans le monde entier[5] ».

Auteur – Le nom et le prénom de l'auteur, écrits en toutes lettres, ouvrent la liste[6]. Y est accolée l'indication de l'année de naissance de ce dernier suivie d'un trait d'union, comme s'il s'agissait d'une stèle funéraire. La mention de la date de naissance à cet endroit du livre a partie liée avec son inscription dans les catalogues de bibliothèque, où elle permet notamment de situer l'auteur au calendrier de l'histoire et d'offrir un critère de sélection des noms homographes. Abstraction faite du bien-fondé de cette donnée, il y a lieu de signaler qu'à la demande de l'auteur, la mention de son année de naissance peut être omise — le simple mot *date* en tenant lieu. Pour la Library of Congress, l'inscription de ce mot « vide » est obligatoire ; selon le *Guide canadien*, la question tout entière porte le sceau d'une possibilité mal définie[7].

Titre et indications complémentaires – Sous le nom de l'auteur prend place le titre de l'ouvrage, suivi du sous-titre ou du complément de titre, le cas échéant[8].

En second lieu se trouve le relevé des éléments documentaires généraux que renferme l'ouvrage (bibliographie ou notes de référence ;

---

5. Le libellé des données CIP communiquées à l'éditeur a caractère normatif.

6. Seul le nom du premier auteur figure comme entrée au début de la notice CIP. Le nom des autres auteurs, s'il y a lieu, est inscrit à titre de vedette secondaire. L'explication ou la justification de cet usage, qualifié de simple convention, se trouve dans le document publié par BAC sous le titre : *Programme canadien de catalogage avant publication (CIP). Questions fréquemment posées*, p. 2-3, que l'on trouve à l'adresse URL suivante : <http://www.collectionscanada.ca/cip/s15-1003-f.html>. Consulté le 23 janvier 2005.

7. Voir *Guide canadien d'utilisation du CIP* (cité à la note 1), p. 5. L'*Explication du formulaire canadien d'information CIP*, <http://www.collectionscanada.ca/cip/s15-1002-f.html#eight> donne à ce sujet la directive suivante, sans autre précision : « Il convient de toujours s'assurer que l'auteur consent à ce que ces renseignements paraissent dans les données CIP. » Consulté le 30 janvier 2005.

8. L'ouvrage d'André Major, *Le sourire d'Anton ou l'adieu au roman. Carnets 1975-1992*, en offre un exemple. Le titre est enregistré comme suit à l'entrée principale de la notice CIP : Le sourire d'Anton, ou, L'adieu au roman : carnets, 1975-1992 (sans italique ni point final, mais avec trois virgules et un deux-points). Le titre alternatif (à savoir le second titre introduit par la conjonction *ou*) est repris sous la forme suivante dans la séquence des vedettes secondaires : I. Titre. II. Titre : Adieu au roman.

index; etc.); le verbe « Comprend » en introduit la nomenclature. Doivent s'ajouter, selon le cas, les données touchant la collection, la traduction, l'édition (exception faite de la première), la réimpression, la répartition de l'ouvrage en tomes et en volumes, etc. Enfin, il est parfois utile de spécifier le domaine disciplinaire de l'ouvrage et le public auquel il s'adresse en priorité.

Numéro international normalisé du livre – « Depuis 1979, la Bibliothèque nationale du Québec attribue les numéros ISBN aux éditeurs francophones canadiens ainsi qu'aux éditeurs issus de tous les autres groupes linguistiques au Québec, à l'exception de ceux de langue anglaise[9]. » Entre autres avantages, le numéro ISBN constitue une clé de recherche pour repérer une publication dans les banques de données bibliographiques; en particulier, il est une condition pour bénéficier du programme canadien de catalogage avant publication.

Vedettes-matières et vedettes secondaires – Après la description du livre, la notice CIP en présente les points d'accès par sujet, à savoir les vedettes-matières indiquant le contenu de l'ouvrage, numérotées en chiffres arabes. Suit la mention de vedettes secondaires à créer dans les catalogues de bibliothèque; elles sont numérotées en chiffres romains. Faisant fi de la logique commune, la vedette secondaire unique conserve son numéro d'ordre : I.

Indices de classification et numéro de contrôle – Viennent ensuite, réparties sur la dernière ligne de la notice CIP et « dans l'ordre suivant, la cote établie selon la classification de la *Library of Congress* (LC), la cote définie selon la classification de Dewey et le numéro de contrôle canadien[10] ».

---

9. Bibliothèque nationale du Québec (BNQ), *Guide sur l'utilisation de l'ISBN*, 4e éd., 2002, 8 p.; p. 2, adresse URL : <http://www2.biblinat.gouv.qc/texte/t0174.htm>. Le guide est également disponible en version HTML sur le site de la BNQ : <www.bnquebec.ca/texte/t0174.htm>. L'abrégé HTML (Hypertext Markup Language) est le langage informatique créé et utilisé pour écrire les pages Web. En particulier, il permet d'insérer des hyperliens dans un texte, donc de créer de l'hypertexte, d'où le nom de ce langage. Consulté le 6 janvier 2005.

10. *Guide canadien d'utilisation du CIP* (précité), p. 5. La formulation suivante du guide : « la cote établie selon la classification de la *Library of Congress* » est imprécise, voire inexacte, vu le schème particulier de classification de la littérature canadienne, lequel s'écarte du cadre général de la *Library of Congress*. Les précisions données dans la suite du texte rendent compte de cette assertion.

La teneur de ces cotes et indices de classification et celle du numéro de contrôle exigent quelques précisions.

Dans le cadre de classification de la *Library of Congress*, la sous-classe PQ (1re partie) attribuée à la *French Literature* vers 1909, comporte alors cinq divisions majeures entre lesquelles se répartit l'ensemble; la dernière a pour titre: « Provincial, local, colonial, etc. ». À partir de là, passant d'une subdivision à l'autre selon un ordre dégressif allant de la « littérature française hors de France » à celle des « colonies et pays autres qu'européens », on est conduit à la séquence des indices PQ3900-PQ3919 intitulée: « Canada, French Canadian Literature[11] ». Cette entrée, qui est un simple point d'arrêt dans le cadre de classification LC, marque un nouveau point de départ dans celui de notre littérature.

En effet, au début des années 1950, les *Public Archives of Canada* amorcent le projet de créer un cadre de classification spécialement conçu pour la littérature canadienne[12]. Il s'agira de la classe PS8000 établie selon le schème de classification de la littérature américaine d'expression anglaise (PS1-PS3576), mais qui diffère des schèmes analogues de la LC en ce qu'il regroupe « la littérature canadienne en entier sans égard à la langue ». D'où la situation en résultant:

> [...] le cadre canadien PS8000 remplace les séquences des indices de la *Library of Congress* pour la littérature canadienne d'expression anglaise (PR9190-PR9199.3) et d'expression française (PQ3900-PQ3919.3) de même que les autres séquences des cadres LC pour la littérature canadienne, qu'il faudrait utiliser selon la langue d'expression[13].

---

11. Library of Congress, *Classification. French Literature* (Class P, Subclass PQ, Part 1), Washington, 1936, Reprinted 1966 with supplementary pages, v-186-18 p. (voir p. 171 et p. 174). Les données relatives à la sous-classe PQ ne seront pas modifiées par les additions et changements publiés en 1972 et en 1973. — Dans l'usage courant on emploie volontiers le terme *classe* pour désigner ce qui est en réalité une *sous-classe* LC.

12. Voir T. R. McCloy, « A Classification Schedule for Canadian Literature », *Ontario Library Review*, vol. 36, no 2 (mai 1952), p. 91-92. — Le projet de départ s'inspire d'un usage en cours « in the library of the University of British Columbia »; un second projet, plus adéquat, conduit à la création de la sous-classe d'indice PS8000, alors disponible dans le cadre de classification de la *Library of Congress.*

13. Bibliothèque et Archives Canada, *Cadre de classification de la littérature canadienne. Classe PS8000*, 3e éd., Ottawa, 2003, p. 4. — L'explication exhaustive du processus, avec référence au travail de T. R. McCloy (voir note 11), se trouve dans la publication de la *Library of Congress, Classification. Class P. Subclasses PN, PR, PS, PZ*, 3rd ed., 1988, xi, 481 f., 483-616 p.; p. 475. On y signale que « The Library

En raison de ce cadre, toutes les œuvres de la littérature canadienne, quelle qu'en soit la langue, peuvent désormais être classées sous les indices PS8000 et suivants. Par ailleurs, un moyen, une astuce, pourrait-on dire, permet alors de distinguer la littérature d'expression française de la littérature d'expression anglaise et autre.

Bibliothèque et Archives Canada explique ainsi le procédé mis en œuvre à cette fin : « [...] le cadre PS8000 utilise seulement les nombres impairs, de sorte que les nombres pairs puissent être employés facultativement pour la classification séparée de la littérature d'expression française. » Le pouvoir libérateur de l'adverbe *facultativement*, doublé d'initiatives prévisibles — prévues ou imprévues — offre l'occasion d'usages divers. La suite du texte cité rend compte de ces faits :

> Certaines bibliothèques ont classifié toute la littérature canadienne ensemble, d'autres ont utilisé les nombres impairs et pairs pour la littérature d'expression anglaise et française respectivement, alors que d'autres, plus nombreuses encore, ont tout simplement converti PS8000 en PS9000, (ce qui n'avait pas été envisagé dans la version originale) pour la littérature d'expression française[14].

En conséquence, la Bibliothèque nationale du Québec peut se prévaloir de la possibilité d'inscrire tous les ouvrages de littérature canadienne d'expression française sous l'indice PS9000, réservant l'indice PS8000 aux ouvrages de littérature canadienne d'expression anglaise et autre. Pour sa part, Bibliothèque et Archives Canada utilise le seul et unique indice PS8000 pour tous les ouvrages de littérature canadienne quelle qu'en soit la langue. Il s'ensuit que les données de catalogage avant publication des ouvrages de littérature canadienne d'expression française comportent deux indices de classification, auxquels s'ajoutait, jusqu'à tout récemment — à titre de cote « alternative » — l'indice QC3000 de la classification LC[15].

L'indice de classification de Dewey qui figure dans la notice CIP appelle une simple remarque touchant les signes de ponctuation qu'il

---

of Congress [...] recognizes a need for the PS8000 area and endorses its use as an official alternative classification scheme ».

14. *Cadre de classification de la littérature canadienne. Classe PS8000*, 3e éd., Ottawa 2003, p. 4. Consulté le 7 février 2005 sur le site Web <collectionscanada.ca/9/15/index-f.html>.

15. Bibliothèque et Archives Canada a cessé d'attribuer cette cote dite « alternative ».

contient. Ces signes (point, deux-points ou virgule) indiquent l'endroit d'éventuelles segmentations de la cote du livre, laquelle peut afficher un degré de précision et de raffinement plus ou moins élevé selon le type de bibliothèque et les besoins des usagers.

À la droite des indices de classification LC et Dewey, prend place le numéro de contrôle attribué par Bibliothèque et Archives Canada à toute notice de la bibliographie nationale *Canadiana.* Introduit par la majuscule C (mise pour Canada), immédiatement suivie de l'indication de l'année, ce numéro comporte six chiffres d'identification (précédés et suivis d'un trait d'union); s'y ajoute une dernière composante, le chiffre de contrôle de validité du tout.

Exemples

La première notice présentée à titre d'exemple est celle de l'ouvrage de Gilles Marcotte, *Les Livres et les Jours (1983-2001),* Montréal, Boréal, 2002, coll. « Papiers collés », 286 p. :

Données de catalogage avant publication (Canada)

Marcotte, Gilles, 1925-

Les Livres et les Jours : 1983-2001

(Collection Papiers collés)

ISBN 2-7646-0199-9

1. Marcotte, Gilles, 1925- – Livres et lecture.
2. Littérature. – 20e siècle. – Histoire et critique.

I. Titre.

PS8526.A64Z53	2002	845'5403	C2002-941091-6
PS9526.A64Z53	2002		
PQ3919.2.M37Z47	2002		

Le deuxième exemple s'inscrit dans la classe HQ de la classification LC : Groupes sociaux (famille, mariage, femme). Il s'agit de l'ouvrage d'Elizabeth Abbott, *Histoire universelle de la chasteté et du célibat,* traduit de l'anglais par Paule Pierre, [Montréal], Fides, 2001, 620 p.

Données de catalogage avant publication (Canada)

Abbott, Elizabeth

Histoire universelle de la chasteté et du célibat

Traduction de : A History of Celibacy.

Comprend des réf. bibliogr. et un index.

ISBN 2-7621-2190-6

1. Célibat — Histoire. 2. Chasteté — Histoire.
3. Continence — Histoire.
4. Célibat — Aspect religieux — Histoire.

I. Titre.

HQ800.15.A2214 2001 306.73'2'09 C2001-1538-9

36 ▪ La « marque » du droit d'auteur

Le présent contexte commande ou recommande de limiter la question du droit d'auteur à la « marque » qui en atteste l'existence en tête d'un ouvrage. Cette marque impose ses droits sous le symbole du copyright ©, symbole qui occupe « toute la place » ici comme ailleurs. De fait, les deux termes, *copyright* et *droit d'auteur*, sont couramment employés l'un pour l'autre.

Avant de confiner la vaste question du droit d'auteur entre les étroites balises déjà fixées, il convient de souligner que *copyright* et *droit d'auteur* n'ont pas la même connotation, et ce, même si l'Office de la propriété intellectuelle du Canada (OPIC) les présente dans ses textes bilingues comme un Janus anglais-français[1]. Le flou linguistique qui sous-tend une telle équivalence repose sur des conceptions différentes du droit d'auteur selon les systèmes juridiques en vigueur. Les lignes suivantes d'un parallèle établi entre les deux font écho à ce constat :

> Le droit d'auteur dont on parle en français — qui correspondrait à l'expression anglaise *author's right* — est fondé sur l'idée née en Europe occidentale, selon laquelle une œuvre est intimement liée à son créateur ; le droit d'auteur est de façon inaliénable attaché à la personne physique qui crée l'œuvre.
>
> Le concept de « copyright », quant à lui, découle de la tradition anglo-saxonne qui veut que les auteurs disposent d'un droit de propriété sur leurs créations et qu'ils peuvent commercialiser ce droit en vertu de principes économiques[2].

1. Voir Circulaire 5 : *Rectifications touchant le registre des droits d'auteur*, 6 avril 2000.

2. Confédération internationale des sociétés d'auteurs et compositeurs (CISAC), *Droit d'auteur ou Copyright ?* Congrès 2004, Séoul, Corée du Sud. URL : <http://www.cisac.org>. Consulté le 23 février 2005.

Toutefois, s'empresse-t-on d'ajouter, dans la pratique courante tend à prévaloir « une définition ouverte du droit d'auteur, combinant l'idée du droit d'auteur français et celle du *copyright* et que reflètent les lois sur le droit d'auteur de la plupart des sociétés ». C'est là une nuance significative que renforce manifestement l'ouvrage de droit comparé : *Droit d'auteur et copyright. Divergences et convergences*[3]. L'exploration érudite de l'auteur lui fait tenir ce litige « comme un faux différend » qui masque d'autres enjeux ; en conséquence, il estime pour le moins souhaitable, sinon impératif, de « prendre une certaine distance par rapport à l'idée très répandue [...] que le droit français est au service des auteurs, le droit américain, [au service] de l'industrie ».

De la propriété intellectuelle à sa protection juridique

Ce n'est qu'à compter du XVIIIe siècle que le droit d'auteur et les intérêts pécuniaires des écrivains font l'objet d'une protection juridique. Et il n'est pas indifférent de rappeler que l'histoire est redevable à Diderot d'avoir posé, vers 1767, les jalons d'une reconnaissance du droit de l'auteur : « Quel est le bien qui puisse appartenir à un homme, écrit-il, au cours d'une vigoureuse polémique, si un ouvrage d'esprit [...] ; si ses propres pensées [...] ; la portion de lui-même la plus précieuse, celle qui ne périt point ; celle qui l'immortalise, ne lui appartient pas ?[4] »

Il reste que c'est la Convention de Berne pour la protection des œuvres littéraires et artistiques qui donne le véritable coup d'envoi en ce domaine. Établie en 1886, révisée à maintes reprises, puis modifiée et complétée en 1971 par l'*Acte de Paris*, cette convention a fait l'objet de l'adhésion du Canada en 1928 d'abord, puis de nouveau en 1998.

---

3. Alain Strowel, Bruxelles, Éts Émile Bruylant, coll. « Bibliothèque de la faculté de droit de l'université catholique de Louvain », nº XXIV, 1993, « Avant-propos », p. 10 et p. 8.

4. Voir Philippe Schuwer et Jean-Claude Zylberstein, « Propriété littéraire et artistique », *Encyclopædia Universalis*, Paris, 2002, corpus 18, p. 1004. Le texte de Diderot est extrait de sa « Lettre sur le commerce de la librairie », *Œuvres complètes* (t. VIII, p. 465-568), édition critique et annotée, présentée par John Lough et Jacques Proust, Paris, Hermann, éditeurs des sciences et des arts, 1976, p. 509-510.

Son objet premier « consistait à étendre le droit d'auteur sur le plan international, en se substituant aux [...] accords bilatéraux d'État à État[5] ». Plus particulièrement, la Convention de Berne vise à accorder aux auteurs une protection minimale en regard de l'exploitation de leurs œuvres à l'étranger, tout pays signataire devant offrir aux auteurs étrangers les mêmes droits qu'à ses ressortissants.

L'historique des modifications législatives de la loi sur le droit d'auteur du Canada fait état des incidences majeures de la Convention de Berne et d'autres accords internationaux sur le droit canadien en la matière, notamment la *Convention universelle sur le droit d'auteur* à laquelle le Canada a adhéré en 1962. La législation spécifique à ce sujet est contenue dans la *Loi concernant le droit d'auteur* (L.R. 1985, ch. C-42) et le *Règlement sur le droit d'auteur*[6].

La notion de droit d'auteur

La définition générale de droit d'auteur appliquée aux livres (ou documents assimilés) emprunte les termes de la loi elle-même (art. 3) : l'expression « s'entend du droit exclusif de produire ou de reproduire une œuvre, ou une partie importante de celle-ci, sous une forme matérielle quelconque [...], et si l'œuvre n'est pas publiée, de publier l'œuvre ou une partie importante de celle-ci [...] ». Garanti à l'auteur ou à son mandataire, ce droit protège les œuvres publiées et non publiées ainsi que les traductions.

Mises à part les dispositions de caractère juridique explicitant ce droit et les droits inhérents (droit moral et droit patrimonial[7]) de

5. Voir <http://www.wipo.int/treaties/fr/ip/berne/summary_berne.html>, « Résumé de la Convention de Berne pour la protection des œuvres littéraires et artistiques (1886) ». Consulté le 23 février 2005.

6. Ces documents sont disponibles aux adresses URL suivantes : <http://lois.justice.gc.ca/fr/C-42/texte.html> et <http://lois.justice.gc.ca/fr/C-42/DORS-97-457/texte.html>. À jour : 31 août 2004. Consulté le 6 mars 2005.

7. Les droits moraux permettent à l'auteur de jouir du droit au respect de son nom, de sa qualité et de l'intégrité de son œuvre. Incessibles, ces droits sont toutefois susceptibles de renonciation en tout ou en partie ; « la cession du droit d'auteur n'emporte pas renonciation automatique aux droits moraux ». La loi précise en outre que, « indépendamment de ses droits d'auteur, et même après la cession partielle ou totale de ces droits, l'auteur conserve [...] la faculté de revendiquer la paternité de l'œuvre ». — Le droit patrimonial est le droit exclusif de l'auteur de tirer profit de son œuvre par cession, en conformité de la loi.

même que leurs modalités d'application, il est opportun de noter, à la suite du *Guide de l'édition savante au Canada*, que « le droit d'auteur protège le mode d'expression, le travail et la compétence nécessaires à la création d'une œuvre originale et non pas les idées qu'elle comporte »; de ce fait, « la simple paraphrase, par opposition au compte rendu *in extenso*, ne devrait jamais faire l'objet d'un privilège de droit d'auteur »; par ailleurs, « il n'existe pas de droits d'auteur protégeant un titre proprement dit, plusieurs titres — particulièrement les noms succincts de certains livres — ayant été utilisés fréquemment par divers auteurs et auteures[8] ». Par contre, il va de soi qu'un titre original, qui se distingue des autres, fait l'objet de la même protection que l'œuvre elle-même dont il constitue une partie.

Une question importante relative au droit d'auteur touche l'enregistrement de ce droit. Au Canada, « le droit d'auteur régit automatiquement les œuvres originales des domaines littéraire, dramatique, musical et artistique[9] ». La procédure d'enregistrement (auprès du Bureau du droit d'auteur) est donc facultative : elle ne conditionne pas la protection garantie par la loi, bien qu'elle comporte des avantages, notamment dans l'éventualité d'une contestation devant le Tribunal.

Par ailleurs, la protection internationale de ce droit est assurée en vertu de la Convention de Berne ou de la Convention universelle des droits d'auteur, toutes deux ratifiées par le Canada[10]. Notons cependant que si la première de ces conventions n'impose aucune formalité d'inscription du droit, la seconde stipule qu'un avis exprès doit figurer dans « tous les exemplaires d'ouvrages publiés » : c'est l'objet de la « marque » de copyright traitée ci-après.

8. Le titre de la 5e édition de cette brochure (1995) se lit comme suit, dans l'ordre : *A guide to Scholarly Publishing in Canada. Guide de l'édition savante au Canada*; il s'agit d'un programme d'aide à l'édition savante publié sous les auspices de la Fédération canadienne des sciences sociales et de la Fédération canadienne des études humaines. Le texte sur le droit d'auteur (p. 76-88) est une mise à jour (de la version de 1986) sous la signature de Harald Bohne ; les extraits cités renvoient à la page 78.

9. *Ibid.*, p. 80. — L'œuvre originale est l'œuvre créée par l'auteur.

10. La *Convention universelle sur le droit d'auteur* accorde automatiquement la protection aux œuvres non publiées, sans préavis ni autres formalités ; elle exige la marque de *copyright* pour les œuvres publiées.

La « marque » de *copyright*

Le *copyright* est une mention légale ayant pour objet de signaler qui détient les droits de reproduction de l'ouvrage ; plus explicitement, il désigne le droit que se réserve un auteur ou son mandataire (généralement l'éditeur) d'imprimer et de diffuser pour son profit une œuvre littéraire, scientifique, artistique ou autre. Cette mention figure le plus souvent au verso du feuillet de titre bien qu'elle puisse se trouver en d'autres endroits.

Comme on l'a signalé, la Convention universelle des droits d'auteur fait de cet « avis » la condition expresse de la protection internationale du droit d'auteur de « tout ouvrage publié ». L'indication comporte trois éléments : la lettre *c* encerclée, soit ©, le nom du titulaire du droit et l'indication de l'année de la première publication[11]. Le cas échéant, la mention de la date d'éditions successives s'impose ; par ailleurs, une nouvelle édition comportant des remaniements majeurs est considérée comme une première édition exigeant, de ce fait, que la date de publication soit réactualisée.

Exemples

Le cas le plus ordinairement attesté est celui où l'auteur cède ses droits à l'éditeur, en conformité de la loi et des dispositions arrêtées à ce sujet dans le contrat d'édition. Exemple (éditeur titulaire du droit) :

© Éditions Fides, 2004

Lorsque l'auteur conserve ses droits conjointement avec l'éditeur, la mention de *copyright* fait état de l'un et de l'autre ; le même principe s'applique quel que soit le nombre de titulaires du droit d'auteur. Exemple (auteur et éditeur, titulaires du droit) :

© Yves Beauchemin et Éditions Fides, 2004

Dans le cas d'une traduction, d'une coédition, d'éditions successives chez deux éditeurs (ou plus), des mentions distinctes s'imposent

11. En règle générale, dans le cas d'éditions subséquentes, toute nouvelle date s'ajoute à la première. Exemples : « © Éditions Gallimard, 2001, et 2003, pour la présente édition » ; « © 1977, 1984, 1988, 1995 by The Modern Language Association of America ».

pour chacun des ayants droit. Exemple (auteur, titulaire du droit de l'ouvrage ; éditeur, titulaire du droit pour la traduction) :

© Elizabeth Abbott, 1999
© Éditions Fides, 2001, pour la traduction française

Autre exemple du même type, avec variantes (édition originale où l'auteur demeure titulaire du droit ; traduction faisant l'objet d'une double édition) :

© 1989 Charles Taylor, pour l'édition originale.
© 1998 Les Éditions du Boréal, pour l'édition française au Canada.
© 1998 Les Éditions du Seuil, pour le reste du monde.

Diverses autres modalités peuvent avoir cours (exemple de *copyright* assigné au « fonds » constitué par l'œuvre de l'auteur) :

© Fonds Gabrielle Roy, 1997

Les quelques exemples relevés ci-dessus ne suppléent aucunement à la consultation (instructive) de la « page de copyright » d'ouvrages de diverses maisons d'édition.

Corollaires

Trois corollaires retiennent l'attention.

La mention « droits réservés » – La mention « droits réservés » ou « tous droits réservés pour tous pays » n'assure aucune protection particulière, sinon le bénéfice d'un rappel de l'existence des droits d'auteur protégés en vertu de la loi, protection qui existe même en l'absence de toute indication ou avertissement en ce sens.

Exemples :

© 1993 Éditions Typo et Gaston Miron
Tous droits réservés pour tous pays

© Les Presses de l'Université Laval 1998
Tous droits réservés. Imprimé au Canada

L'insertion d'avis ou de textes juridiques doublant le *copyright* – Un avis explicite de l'éditeur ou la reproduction d'un extrait de texte juridique (code de la propriété intellectuelle, loi concernant le droit d'auteur, etc.) a valeur de rappel des impératifs du droit d'auteur sur l'ouvrage en cause. Cet usage est peu attesté du fait que la loi et les accords internationaux garantissent déjà la protection des droits en cause.

Exemples :

© 1992 Linguatech éditeur inc.
Toute reproduction interdite, sous quelque forme que ce soit, sans l'autorisation écrite de l'éditeur

© Guérin éditeur ltée, 1998
Tous droits réservés.
Il est interdit de reproduire, d'enregistrer ou de diffuser, en tout ou en partie, le présent ouvrage par quelque procédé que ce soit, électronique, mécanique, photographique, sonore, magnétique ou autre, sans avoir obtenu au préalable l'autorisation écrite de l'éditeur.

Les publications numériques – Les publications numériques disponibles sur Internet ou sous toute autre forme sont protégées par la *Loi concernant le droit d'auteur* au même titre et aux mêmes conditions que l'œuvre imprimée, et cela, en vertu du principe selon lequel le recours aux ressources électroniques ne crée pas une nouvelle catégorie d'œuvres, mais simplement un nouveau type de support[12].

Et comme le voulait Diderot, la législation en cette matière protège l'« *ouvrage d'esprit* », abstraction faite du support matériel ou virtuel sur lequel il existe. Mais entre la reconnaissance du principe et sa mise en œuvre efficace, il se pose un défi incommensurable que les incitatifs de la loi et de la réglementation touchant le droit d'auteur s'épuisent à relever de leur mieux, c'est-à-dire tant bien que mal.

12. Dans les publications en ligne (sur Internet) la notice de *copyright* peut devoir être mentionnée à chacune des pages ou des sections du document et se doubler de celle de la version « papier ». Exemple emprunté au *Chicago Manual of Style*, 15th ed., 2003, p. 39 § 1.119, faisant état d'un ouvrage publié sous le © 2001 avant de paraître sous la forme électronique : © 2001 by The University of Chicago. All rights reserved. Electronic edition published 2005. [Cette citation est étalée sur trois lignes.]

37 ▪ La mention de dépôt légal

La mention de dépôt légal s'inscrit dans le présent contexte au même titre que la marque du droit d'auteur : elle donne une information de caractère juridique qui lui est propre et exclusive. Cette mention atteste (au sujet de l'ouvrage dans lequel elle est apposée) que l'éditeur a rempli l'obligation de remettre à l'État — soit auprès de la Bibliothèque nationale ou de l'établissement désigné — des exemplaires de cette nouvelle publication ou édition.

L'objectif premier du dépôt légal est de rassembler, de conserver et de sauvegarder les documents publiés. Cette richesse documentaire d'un État constitue la collection nationale qui est à la fois témoin privilégié du développement de l'édition, fondement de la mémoire collective et part essentielle du patrimoine commun.

L'institution du dépôt légal tient son origine de l'*Ordonnance de Montpellier*[1] promulguée par François Ier en décembre 1537. Reconnu progressivement à travers le monde, le principe ne sera mis en œuvre au Canada qu'à partir de 1953, date de la création de la Bibliothèque nationale, devenue en mai 2004 « Bibliothèque et Archives du Canada[2] ».

1. Voir Simone Balayé, *La Bibliothèque Nationale des origines à 1800*, Librairie Droz, Genève, 1988, p. 37-41. Cet édit restera à peu près lettre morte ; il sera suivi de multiples rappels jusqu'à la fin du XVIIIe siècle. — Voir aussi Claude Fournier, « Le dépôt légal », dans *Documentation et bibliothèques*, 1993, vol. 37, n° 2, p. 95-99.

2. La loi canadienne constituant « un secteur de l'administration publique fédérale appelé "Bibliothèque et Archives du Canada" placé sous l'autorité du ministre et dirigé par son administrateur général » s'intitule : *Loi sur **la** Bibliothèque et **les** Archives **du** Canada*, 2004, chap. 11. L'appellation perd un déterminant et prend une allure hybride dans le titre : *Règlement sur l'envoi de documents à **la** Bibliothèque et Archives **du** Canada (1995)*. Elle perd les trois mots de liaison (*la*, *les*, *du*) dans l'usage courant de l'Administration, où l'en-tête des documents devient : « Bibliothèque et Archives Canada », réduit au sigle BAC dans le texte.

Au Québec, l'entrée en vigueur du premier règlement sur le dépôt légal remonte à janvier 1968.

Les dispositions relatives au dépôt légal sont fixées par la législation. Partant, les éditeurs du Québec sont soumis à une double série de prescriptions : celles du dépositaire fédéral, déjà mentionné, et celles de la Bibliothèque nationale du Québec, organe du gouvernement provincial.

Teneur de l'obligation de dépôt légal

Selon la législation canadienne – L'article 10 de la *Loi sur la Bibliothèque et les Archives du Canada* stipule ce qui suit : « Sous réserve des règlements, l'éditeur d'une publication au Canada est tenu d'en remettre à ses frais deux exemplaires à l'administrateur général [...] », lequel est désigné sous le titre de « bibliothécaire et archiviste du Canada ». Le ministre chargé de l'application de la loi peut, par règlement, prendre les mesures d'application de cet article ; il lui revient notamment de « prévoir les catégories de publications pour lesquelles la remise d'un seul exemplaire suffit » ou encore de « prévoir les catégories de publications pour lesquelles la remise ne se fait qu'à la demande écrite de l'administrateur général[3] ».

De l'analyse des dispositions de la loi et du règlement touchant le dépôt légal ressortent, entre autres, les constats suivants : d'une part, l'obligation d'exécuter ce dépôt est assortie de peines pour qui y contrevient ; d'autre part, contrairement à certaines législations (celle de la République française, par exemple[4]), la loi canadienne n'oblige pas à inscrire la mention de dépôt légal dans les documents qui en font l'objet.

Selon la législation québécoise – La législation provinciale spécifique au dépôt légal se trouve dans la *Loi sur la Bibliothèque nationale du*

3. Art. 10 (2) c) et d) de la loi précitée. — Le titre de l'administrateur général est défini à l'art. 5 de la même loi.

4. « Sur tous les exemplaires d'une œuvre soumise au dépôt légal doivent figurer obligatoirement », entre autres, les mots « dépôt légal. » (*Encyclopédie de la chose imprimée*, sous la direction de Marc Combier et Yvette Pesez, Retz, Paris, 1999, [p. 273], note 11).

Québec[5] que complète le *Règlement sur le dépôt des documents publiés*[6] édicté en vertu de cette loi.

Le chapitre II de la loi fixe les conditions et mesures relatives au « dépôt des documents publiés ». Le premier article (20.1) se lit comme suit : « Un éditeur qui publie un document doit, à chaque édition, dans les sept jours de sa publication, en déposer gratuitement deux exemplaires auprès de la Bibliothèque. » Les documents en cause sont énumérés dans le règlement : ce sont d'abord les livres, les brochures, les journaux, les revues, etc. ; les documents électroniques s'y ajoutent à compter de 1992. Amorcé quelques années plus tard, soit en 2001, le programme en cette matière a d'abord été limité aux documents enregistrés sur support matériel (cédérom, disquette), mais il était alors prévu de l'étendre progressivement aux publications diffusées sur Internet[7].

La suite de l'article 20 de la loi (art. 20.2-20.12) en définit les modalités d'application, décrit l'objet du règlement et arrête les dispositions pénales à l'endroit des contrevenants. De cet ensemble, un seul point touche directement le propos en cours : la mention de dépôt légal dans les documents publiés.

Les considérations qui suivent portent sur les documents publiés, soumis au dépôt légal auprès de Bibliothèque et Archives du Canada, d'une part, et de la Bibliothèque nationale du Québec, d'autre part. Le caractère coercitif ou non de la loi en regard de la mention du « dépôt légal » est un préalable au traitement du sujet dans l'optique de la présente étude.

Comme on l'a signalé, la loi canadienne n'impose pas qu'il soit fait mention du dépôt légal dans les publications. À l'opposé, l'article 20.8

---

5. L.R.Q., chap. B-2.2. La loi en vigueur date de 1998 ; depuis, elle a fait l'objet de quelques amendements. En 2001, le titre actuel y a remplacé l'intitulé d'origine, soit : *Loi sur la Grande Bibliothèque du Québec.*

6. Le règlement révisé date du 18 mars 1992 (Décret 359-92, *Gazette officielle*, 2e partie, 1er avril 1992, 124e année, no 14, p. 2371).

7. L'information à ce sujet est disponible en ligne ; adresse URL : <http://www.bnquebec.ca/texte/t0024.htm>. Consulté le 31 décembre 2005 ; dernière modification alors : 19 mai 2005. Bibliothèque et Archives du Canada présente sa politique à ce sujet sous le titre : *Édition électronique. Guide des pratiques exemplaires à l'intention des éditeurs canadiens*. Adresse URL : <http://www.collectionscanada.ca/9/13/index-f.html#>. Consultation : le 10 mars 2005. — On note l'ambiguïté de l'expression : *pratiques exemplaires.*

de la législation québécoise stipule ce qui suit à cet égard : « L'éditeur inscrit sur tout document publié ou [sur] le contenant d'un tel document les mentions relatives au dépôt requises par règlement. »

Composantes

L'article 6 du règlement québécois qui vient d'être évoqué décrit en ces termes les composantes de la mention de dépôt légal :

> Un éditeur doit inscrire sur un document publié qui doit être déposé auprès de la Bibliothèque ou, le cas échéant, sur le contenant d'un tel document, la mention *Dépôt légal, Bibliothèque nationale du Québec* ainsi que l'année au cours de laquelle le document a été publié.

Le cas échéant, le libellé de la mention [facultative] du dépôt auprès de Bibliothèque et Archives du Canada est analogue à celui de la Bibliothèque nationale du Québec. On observe que, dans l'un et l'autre cas, nombre d'éditeurs indiquent le trimestre de l'année au cours duquel le document a été publié et déposé.

Emplacement

Selon l'usage le plus attesté, du moins chez les éditeurs du Québec, la mention de dépôt légal se place au verso du feuillet de titre. Elle est généralement inscrite sous la marque du *copyright*, bien qu'il n'existe, dans le cas, aucun rapport entre ces deux mentions de caractère officiel.

Exemples

Les exemples présentés sont extraits d'ouvrages parus chez des éditeurs qui illustrent l'usage canadien ou l'usage québécois.

Presses de l'Université du Québec :

Dépôt légal – 1er trimestre 1990
Bibliothèque nationale du Québec
Bibliothèque nationale du Canada

Éditions Fides :

Dépôt légal : 4e trimestre 2003
Bibliothèque nationale du Québec

Leméac :

Dépôt légal — Bibliothèque nationale du Québec, 3e trimestre 2003

Aurel Ramat, éditeur :

Dépôt légal :
Bibliothèque nationale du Canada, troisième trimestre 2004
Bibliothèque nationale du Québec, troisième trimestre 2004

Dans ce dernier cas, suit l'information suivante : « La première édition est parue en 1982. »

Dans l'édition française, la mention de dépôt légal est placée au recto ou au verso du dernier feuillet du livre, là où se trouve l'achevé d'imprimer ; elle peut aussi figurer au verso de la page de titre. À l'indication de l'année de publication s'ajoute parfois celle du mois ou du trimestre ; le numéro de dépôt doit normalement y être reproduit comme référence administrative.

Exemples

Éditions du CNRS (Centre national de la recherche scientifique) :

Dépôt légal : 155 – Mars 1990

Éditions du Seuil :

Dépôt légal : février 1987 – N° 9525

Les Éditions de Minuit :

Dépôt légal : octobre 2001

Presses universitaires de France :

Dépôt légal — 1re édition : 2003, octobre

Dans les trois premiers spécimens illustrant l'usage éditorial français, la mention de dépôt légal est à la fin du document ; seuls deux des quatre comportent le numéro de dépôt ; le libellé du texte et la ponctuation varient d'un exemple à l'autre. Par ailleurs, on relève que la mention de dépôt légal est manquante dans un certain nombre d'ouvrages parus chez des éditeurs français.

Avantages du dépôt légal

Il est permis d'affirmer que les avantages actuels du dépôt légal sont inhérents aux objectifs visés par cette obligation. Toutefois, la corrélation entre objectifs et avantages est plutôt récente, même si les deux concepts ont paru imbriqués dès l'ordonnance de 1537.

L'histoire de la législation atteste en effet que les mesures prises en vue de rassembler et de sauvegarder les produits de l'édition nationale ont également ciblé d'autres fins : il s'est agi parfois de censure ou de contrôle exercé par l'État, ou bien de condition pour obtenir le privilège d'imprimeur ou pour garantir la protection du droit d'auteur.

Ces objectifs n'ont plus cours aujourd'hui, si ce n'est que virtuellement. Censure et contrôle de l'État ont disparu les premiers ; a suivi la dissociation entre « dépôt légal » et « privilège d'imprimeur » ; par contre, le lien entre « dépôt légal » et « protection du droit d'auteur » a subsisté plus longtemps. En fait, il revient à la convention de Berne (1886) d'avoir établi une distinction infrangible entre le droit à la propriété intellectuelle et les formalités d'ordre administratif touchant le dépôt légal.

Les objectifs majeurs qui prévalent aujourd'hui sont au principe des avantages inhérents au dépôt « imposé par la loi » : avantages pour l'État et la nation d'abord ; avantages pour les éditeurs, ensuite ; avantages pour les créateurs et les auteurs à un titre qu'il est permis de qualifier de premier et d'exclusif, même si les directives officielles n'en disent mot[8].

Avantages pour l'État – Le dépôt légal est le moyen traditionnel le plus sûr et le plus efficace pour constituer, développer et préserver une collection nationale exhaustive des publications et documents de tous genres et, corrélativement, d'en dresser la bibliographie témoin. Ce fonds documentaire qui s'accroît progressivement a le merveilleux pouvoir de décupler la valeur de ses composantes, de permettre d'en inscrire la marque dans la mémoire collective, de porter au-delà de son temps et de ses frontières la part ineffable de pensée et de créativité,

---

8. L'adresse URL générale de Bibliothèque et Archives du Canada comporte des liens vers les points particuliers évoqués dans la description de ces divers avantages : <http://www.collectionscanada.ca/index-f.html>. On y trouve en particulier le site de la base de données *Amicus* : <http://www.collectionscanada.ca/amicus/index-f.html>, laquelle donne accès à la collection *Canadiana*. Consultation : le 31 mars 2005.

de culture et d'humanité « déposée là » au jour le jour et qui sera proposée aux générations de demain.

Avantages pour l'éditeur – Les avantages du dépôt légal pour l'éditeur sont abondamment décrits par les bibliothèques dépositaires du Canada et du Québec. Malgré les recoupements inévitables de l'une à l'autre, il convient de faire place aux propos de chacune dans son « adresse aux éditeurs[9] ».

Selon Bibliothèque et Archives du Canada, « le dépôt légal est gage d'accessibilité ». Versés aux collections de la Bibliothèque, précise-t-on, « les ouvrages des éditeurs canadiens » sont disponibles pour la consultation ; ces documents font l'objet « d'une vaste publicité grâce aux nombreux programmes » mis en œuvre par la Bibliothèque[10]. Entre autres mesures, les documents provenant du dépôt légal sont catalogués et répertoriés dans la bibliographie nationale *Canadiana*, laquelle est diffusée au pays et à l'étranger ; de plus, l'ensemble de ces ressources documentaires est intégré dans la base de données *Amicus*, accessible en ligne.

De façon analogue, la Bibliothèque nationale du Québec répartit les divers avantages du dépôt légal « pour les éditeurs » sous les titres suivants : description bibliographique de chaque document inscrite dans *Iris*, base de données offerte à la consultation sur le réseau Internet ; intégration de cette description dans la *Bibliographie du Québec*[11] ; publication d'autres bibliographies, inventaires et catalogues, où trouvent place nombre de documents faisant l'objet du dépôt légal ; mise en valeur des collections et numérisation de documents

9. Les avantages du dépôt légal à Bibliothèque et Archives du Canada sont présentés en ligne, à l'adresse URL suivante : <http://www.collectionscanada.ca/6/25/s25-200-f.html>, intitulé *Le dépôt légal : pour conserver les publications du patrimoine canadien.* Mise à jour : 6 octobre 2004. Consultation : 3 février 2005.

10. Les programmes nommés en priorité ont trait à l'attribution des numéros internationaux normalisés ISBN, ISMN et ISSN, relatifs au livre, à la musique et aux publications en série. De fait, l'obtention de ces numéros qui facilitent l'identification des publications et leur repérage dans les bases de données est conditionnelle au dépôt légal. Ce dépôt est également un préalable pour bénéficier du programme de catalogage avant publication.

11. Il s'agit d'un mensuel diffusé sur le site de la Bibliothèque nationale du Québec : <http://www.bnquebec.ca>. L'exposé des avantages est extrait du document suivant : *BNQ-Dépôt légal*, p. 2, à la même adresse URL.

choisis; puis, dernier avantage appréciable, entreposage dans des conditions idéales de conservation d'un exemplaire de chaque publication déposée, l'autre exemplaire objet du dépôt étant mis à la disposition du public pour consultation.

Avantages pour l'auteur – Traiter cet aspect en finale autorise à l'aborder en surplomb et, partant, à dire que l'auteur des documents déposés aux bibliothèques nationales est justifié de prendre à son compte une part significative des avantages associés au dépôt légal. Plus concrètement, une vue pragmatique du processus peut l'inciter à y reconnaître le bénéfice d'une diffusion privilégiée de son « ouvrage » grâce à cette mesure. Un regard porté au large, à l'horizon le plus lointain, a chance de lui procurer la satisfaction de voir son œuvre intégrée au patrimoine national.

38 ▪ L'achevé d'imprimer

L'achevé d'imprimer est la forme moderne du colophon des débuts de l'imprimerie, qui remonte lui-même à l'époque des Grecs anciens. Le *kolophôn* originel consistait en l'indication donnée, à la fin d'un manuscrit en rouleau, des composantes de ce dernier: nombre de feuilles collées bout à bout, nombre de colonnes, nombre de lignes écrites.

Du manuscrit, le colophon se transmet au codex sur parchemin avant de passer ensuite au livre imprimé de la période incunable[1]. Au début du XVIe siècle, il rassemble en fin de volume le titre exact de l'ouvrage et le nom de son auteur, celui du typographe ou du libraire, ainsi que le lieu et la date d'impression[2]. Par la suite, bon nombre de ces renseignements trouveront place en page de titre. Le peu qu'il en reste constitue l'équivalent de l'achevé d'imprimer actuel.

Le *Dictionnaire des règles typographiques* de Louis Guéry décrit en ces termes l'achevé d'imprimer: « [...] mention qui figure à la dernière page d'un ouvrage. Elle indique obligatoirement la date de fin de tirage de l'ouvrage et le nom de l'imprimeur. » L'essentiel est dit; toutefois, il y a plus: « D'autres précisions comme le nom du maquettiste, du compositeur, du photograveur, ou le nombre d'exemplaires peuvent y figurer également. Dans les ouvrages de "qualité" sont précisés le caractère utilisé pour la composition, le genre et la qualité du papier[3]. »

1. Le mot *incunable* vient du latin *incunabilis*, qui signifie *langes* ou *berceau*. Il a été convenu de qualifier d'incunables les livres imprimés au temps où la typographie était encore dans les « langes », soit depuis l'invention de l'imprimerie jusqu'à 1550. (Voir Albert Labarre, « Les incunables: la présentation du livre », *Histoire de l'édition française*, t. I, Promodis, avec le concours du Centre national des lettres, 1982, p. 195.)

2. Les renseignements relatifs au *colophon* sont extraits de l'*Encyclopédie de la chose imprimée*, sous la dir. de Marc Combier et d'Yvette Pesez, Paris, Retz, 1999, p. [57] *s.v.* colophon.

3. Paris, Éditions du CFPJ (Centre de formation et de perfectionnement des journalistes), coll. « Techniques rédactionnelles », 2000, p. 21.

En principe cette dernière page d'un ouvrage est la belle page de l'avant-dernier ou du dernier feuillet du livre ; en pratique, les dérogations à ce sujet sont fréquentes : l'achevé d'imprimer se trouve — ou risque de se retrouver — « quelque part » à la fin du livre, ce qui est déjà mieux que d'être omis.

La législation française fait de l'achevé d'imprimer une mention obligatoire liée à celle du dépôt légal, lequel est exigé à la fois de l'éditeur et de l'imprimeur. Au Canada, au Québec, l'inscription de l'achevé d'imprimer est facultative : elle ne fait l'objet d'aucune prescription légale. Par contre, s'impose ici comme ailleurs la mention du « pays » où le livre est imprimé, suivie du millésime qui date la publication[4].

Propriétés

Il est plutôt facile de relever au moins trois propriétés de l'achevé d'imprimer, voire une quatrième, et même une cinquième que dévoileront ce qu'on nomme — pour les besoins de la cause — les à-côtés éditoriaux relatifs à l'achevé d'imprimer.

L'achevé d'imprimer est un moyen connu et reconnu de déterminer la date de publication d'un ouvrage lorsque cette date ne figure pas à l'endroit prévu, sur le feuillet de titre, ou bien lorsque le feuillet porteur de cette date est manquant. Ce recours à l'achevé d'imprimer comme source de l'établissement des références bibliographiques s'impose de plus en plus, et cela, en conformité de la *Description bibliographique internationale normalisée*, communément désignée sous le sigle ISBD[5]. Pour sa part, le *Guide de rédaction bibliographique* de la Bibliothèque nationale du Canada (§ 106) suggère de recourir au *copyright* d'abord, puis à la date d'impression ou de tirage qui est l'élément essentiel de l'achevé d'imprimer. Corroborent également l'utilité et la légitimité de cette ressource, les « Services documentaires multimédia » accrédités

4. Renseignement obtenu auprès de l'Association nationale des éditeurs de livres (Montréal, 12 avril 2005). Le but de cette mesure est de gérer les exportations et les importations ainsi que les crédits d'impôt, le cas échéant.

5. D'autres renseignements se trouvent à l'adresse URL : <http://bnf.fr/pages/infopro/normes/no-isbd.htm>. Consulté le 18 avril 2006. La recommandation en faveur de ce recours à l'ISBD avait été faite antérieurement par Bernard Wodon et Christian L'Hoest dans *Itinéraire pour la publication*, Bruxelles, Ciaco, 1990, p. 64.

au Québec : selon cet organisme, la date de l'achevé d'imprimer serait le premier recours pour suppléer, au besoin, à la date de publication[6]. Il arrive même que ce soit la source de datation officiellement prise en compte, ce dont témoigne la Fondation du Barreau du Québec qui termine ainsi les dispositions du *Concours juridique 2005* : « [...] la date de l'achevé d'imprimer en faisant foi. »

L'achevé d'imprimer est également une excellente façon de répondre à l'exigence imposée aux éditeurs de mentionner le nom du pays dans lequel un livre a été imprimé. Porté à cet endroit, le renseignement « Imprimé au Canada en mars 2005 » soulagerait d'autant le verso du feuillet de titre qui porte déjà de nombreuses données au détriment des exigences de l'esthétique de cette page liminaire.

L'achevé d'imprimer est une information d'une valeur inestimable pour l'établissement de l'édition critique de l'œuvre d'un auteur.

Deux cas, parmi d'autres, peuvent illustrer l'assertion. Le répertoire des imprimés de Jacques Ferron accorde une portée significative à cette mention[7]. Ainsi au nombre des indications techniques répertoriées, telle édition comporte la notice suivante : « Aucun achevé d'imprimer [...] » ; telle autre offre au contraire de précieuses données, soit : « Achevé d'imprimer aux ateliers des éditions d'Orphée, à Montréal, le 15 septembre 1957. » Le second cas est tiré d'une liste d'éditions originales d'André Gide[8]. On y relève les attestations suivantes : « *Paludes*. L'art indépendant, 1895 (Achevé d'imprimer : 5 mai 1895) ; *Les Nourritures terrestres*. Mercure de France, 1897 (Pas d'achevé d'imprimer) ; *L'Immoraliste*. Mercure de France, 1902 (Achevé d'imprimer : 20 mai 1902). »

À-côtés éditoriaux

Il est permis de croire que l'endroit traditionnel de l'achevé d'imprimer est le lieu indiqué pour inscrire des renseignements divers que

---

6. Voir Services documentaires multimédia, *Normes et politiques. TD 1 Catalogage*, 1.4 F1, à l'adresse URL suivante : <http://www.sdm.qc.ca>. Consulté le 9 avril 2005. La pratique courante, aussi bien que l'histoire de la bibliophilie et les travaux d'édition critique d'une œuvre, attestent le bien-fondé de ce recours.

7. Voir l'adresse URL : <http://www.ecrivain.net/ferron/index.cfm?=5_Ferronnerie/Polygraphe/poly_tdm.htm>, sous *Jacques Ferron, polygraphe. Liste alphabétique des titres*, 2. Imprimés, 3 p. Consulté le 9 avril 2005.

8. Voir l'adresse URL : <http://www.gidiana.net/Ouvrages.htm>, *Livres d'André Gide*. Consulté le 9 avril 2005.

nombre d'auteurs, de lecteurs et, peut-être, d'éditeurs déplorent de voir encombrer le verso du feuillet de titre.

Les exemples relevés ci-après attestent de l'usage qui en est fait au Québec et en France. Non seulement témoignent-ils des propriétés déjà décrites, mais ils s'offrent comme des modèles de ce qu'on peut inclure dans cette page et, par ricochet, ils suggèrent des voies de mise à profit de cet espace pour inscrire des adresses ou des renseignements du même ordre.

Premier exemple[9]:

Achevé d'imprimer
chez AGMV Marquis
imprimeur inc.
Cap-Saint-Ignace (Québec)
en janvier 2005
pour le compte des Éditions Nota bene

Dépôt légal, 1er trimestre 2005
Bibliothèque nationale du Québec

Deuxième exemple[10]:

Le présent ouvrage
publié par les Éditions Fides
a été achevé d'imprimer
le 15e jour d'août
de l'an mil neuf cent quatre-vingt-quinze.
Dépôt légal: 3e trimestre 1995
ISBN: 2-7621-1826-3

Infographie:
Atelier de composition MHR inc.
Candiac (Québec)

9. Éric Méchoulan, *Le crépuscule des intellectuels. De la tyrannie de la clarté au délire de l'interprétation*, Éditions Nota bene, coll. « Nouveaux Essais *Spirale* », 2005, [p. 232], verso du dernier feuillet du livre. Au verso de la table des matières (feuillet précédent) sont inscrites les données suivantes réparties en trois blocs: Composition et infographie; Conception graphique; Diffusion pour le Canada; Distribution; Éditeur.

10. Benoît Patar, *Dictionnaire actuel de l'art d'écrire*, Fides, 1995. L'achevé d'imprimer se trouve au verso du dernier feuillet du livre, feuillet dont le recto ne porte aucun texte.

Troisième exemple[11]:

L'impression et le façonnage de cet ouvrage
ont été réalisés par l'imprimerie Willaume-Egret
à Saint-Pierre-du-Perray 91280
Sur une idée de Robert Guibert:
maquette, composition, photos de couverture
Presse anglaise époque XVIIIe siècle
Écran 20 pouces, Apple
Relecture: Gérard Streletski
Montage photo de la couverture: Willaume-Egret
Achevé d'imprimer
Septembre 1997

Dépôt légal septembre 1997
Tous droits réservés

La diversité des éléments mentionnés dans ces textes de fin d'ouvrage suggère des possibilités d'alléger d'autant les pages liminaires. Certaines indications sont à exclure, sans doute, mais d'autres peuvent y figurer: tirage numéroté, tirage de tête sur différents papiers, exemplaires constituant l'édition originale, et cætera[12].

Un avantage supplémentaire de l'achevé d'imprimer tient — en des cas exceptionnels, mais bien réels — au rapport significatif entre cette entrée et la formule connexe et analogue: *achevé de rédaction* que l'auteur peut juger bon d'insérer au terme de son écrit.

Un exemple éloquent de ce fait est tiré du roman de Milan Kundera, *La Plaisanterie*, dont la simple note « Achevé le 5 décembre 1965 » prend sens en regard de la date de publication de cet ouvrage, date reportée plus d'une fois entre 1965 et 1967 et finalement advenue à l'heure d'une

---

11. *Le Nouveau Code typographique*, révisé, complété et modernisé par Robert Guibert, Paris, Fédération de la communication CFE/CGC (Confédération française de l'encadrement / Confédération générale des cadres), 1997, [p. 178].

12. S'inscrirait ici, à titre d'exemple, l'achevé d'imprimer du livre *Non, vous ne m'aurez pas vivant* de l'auteur-éditeur Pierre Bettencourt: « Cet ouvrage a été tiré à 110 exemplaires (dont 25 parfumés) numérotés (...) Les personnes qui auront les numéros 26, 48, 69 et 109 mourront dans l'année. » (Voir « Entretien avec un artiste charnel et fantaisiste », dans *Le matricule des anges* [Paris, *Le mensuel de la littérature contemporaine*], mars-avril 1997, n° 19, p. 50. Propos recueillis par Éric Dussert et Éric Naulleau.)

« brève aération de l'atmosphère culturelle tchécoslovaque[13] ». Kundera lui-même explique le jeu de la censure à l'endroit de son manuscrit dans une « Note de l'auteur » — datée de 1985 — qu'il place alors dans la version française, dite « définitive », de cet ouvrage souvent réédité depuis avec cette même mention[14].

La Disparition, roman de Georges Perec, fournit un exemple moins éloquent, peut-être, mais dont la critique dégage une valeur certaine. De façon inédite, l'auteur inscrit la date et le lieu de l'achèvement de son livre : « Au Moulin d'Andé, 1968 ». Placée comme une signature au bas de la table des matières, cette mention fait corps avec le contenu du livre ; elle est une référence significative pour l'achevé d'imprimer qui prend en elle un surcroît de sens si on veut bien s'y arrêter[15].

Chacune à sa manière, la note originale de *La Plaisanterie* et l'indication énigmatique de *La Disparition*, recèle un pouvoir d'évocation insoupçonné. Mise en parallèle avec l'achevé d'imprimer chez Kundera, posée comme un timbre qui scelle le roman, chez Perec, elles indiquent une zone de mystère à préserver, une zone où l'on peut trouver beaucoup « si l'on s'avise d'y prêter quelque attention ».

13. Vincent Colonna, « Fausses Notes », Colloque de Cerisy, juillet 1984, dans *Cahiers Georges Perec*, n° 1, Paris, 1985, *ibid.*, p. 109, n. 28.

14. Voir *La Plaisanterie*, traduction du tchèque par Marcel Aymonin entièrement révisée par Claude Courtot et l'auteur, Gallimard, coll. « Folio », n° 638, 1996, « Note de l'auteur », p. 457-462.

15. Denoël, Paris, coll. « Les Lettres nouvelles », 1969, p. 319.

39 ▪ La couverture de livre

« L'important, c'est le titre et la couverture », affirme Jean-Marie Bouvaist, un théoricien de l'édition[1]. À l'opposé, Roger Caillois taxerait de « nécrophile » quiconque se dirait plus sensible au contenant qu'au contenu d'un livre[2]. Entre les deux, prennent place éditeurs et lecteurs qui ont leur idée — souvent radicale — sur le sujet. Les expressions suivantes en sont un écho : image de marque, la couverture révèle l'esprit de l'éditeur, son regard sur « ce » livre ; reflet de l'œuvre, la couverture donne au lecteur le goût d'y entrer, d'aller y voir ; document bibliographique, la couverture a son histoire et participera demain à l'histoire du livre.

Ces faibles échos — est-il besoin de le signaler — portent bien au-delà de la présentation matérielle du livre, laquelle revêt néanmoins une grande importance. En fait, la bonne facture d'un ouvrage exprime une conception d'ensemble qui peut déjà s'annoncer sous les traits de sa couverture ; mieux encore, de la couverture peut transparaître un message où l'auteur, l'éditeur et le lecteur se rencontrent, et parfois se reconnaissent.

La couverture de livre, c'est l'ensemble des éléments conceptuels et matériels, artistiques et typographiques, sous lesquels celui-ci est offert au regard du public. Marque de l'avènement d'un ouvrage, la couverture signe l'accomplissement ou l'événement d'une édition. Voilà qui fonde le principe reçu : la couverture est de la responsabilité propre de l'éditeur, à quoi l'on ajoute volontiers, « mais sans exclusive ».

---

1. Travail collectif des formateurs de la filière de l'édition, Paris-Nord, *Pratiques et métiers de l'édition*, Promodis, 1986, p. 66. Dans un autre contexte, on écrirait : « L'important, c'est l'auteur, le titre, etc. »

2. Propos extrait de l'article de Dominique Autié, paru sous le titre : *La bibliothèque est un siphonophore*. Adresse URL : <http://www.intexte.net/edition/article.php3?id_article =29>. Consulté le 18 juillet 2005.

Que cette entité composite appelée « couverture de livre » soit un attribut privilégié de l'éditeur, que la décision finale en la matière lui revienne de droit, cela ne préjuge en rien de la concertation éventuelle avec les collaborateurs engagés dans le processus d'édition. En leur qualité respective, ils sont les agents de la mise en œuvre de ce produit, résultat de compétences diverses.

Au sujet de l'intervention de l'auteur du livre en la matière, on admet que la politique éditoriale en dispose. De là, on acquiesce à l'hypothèse lénifiante selon laquelle « les éditeurs demandent autant que possible son avis à l'auteur[3] ». Toutefois, s'agissant de la présentation du livre, du texte de la quatrième de couverture, nombre d'éditeurs souscrivent au principe suivant : « jamais l'auteur » ; certains y vont même d'une nuance — nuance ténue, mais incisive : « surtout, pas l'auteur ».

La première de couverture

La première de couverture la mieux réussie serait peut-être celle qui, dans l'empan symbolique d'un regard, découvre l'essentiel : nom de l'auteur et titre, logo de la maison d'édition, dessin ou illustration, le tout fondu dans une page blanche, ou discrètement colorée, ou franchement sombre.

La première de couverture la plus expressive serait celle dont les couleurs chaudes affichent en clair l'identité de l'auteur et du livre, marquée au sceau de la maison d'édition.

La première de couverture la plus recherchée serait celle qui séduit par son originalité subtile, par son éloquence à traduire les noms et les titres ; bref, la couverture qui attire délicatement, mais irrésistiblement, qui retient l'œil, silencieux, ébloui.

Dans tous les cas, sous quelque forme qu'elle se présente, la première de couverture mérite son titre de « première » si elle récapitule en l'unité d'une harmonie certaine, couleurs, lettres et symboles ; noms, titres et logo éditorial, le tout dans une maquette artistique qui accroche le regard, suscite la curiosité, met l'imagination en alerte et l'esprit en attente.

---

3. C'est le constat rapporté par Patricia Jaffray dans le dossier « Fiez-vous aux apparences ou les politiques de couverture des éditeurs », dans *Livres hebdo*, vol. 3, nº 13, 31 mars 1981, p. 87-95.

À ce chapitre, les goûts s'accordent rarement et se désaccordent aisément. Toutefois, cela ne dévalue en rien, ou en presque rien, une première de couverture qui présente les qualités essentielles de la précision, de la lisibilité des caractères, de l'exhaustivité des renseignements, à savoir: prénom et nom de l'auteur ou des auteurs[4], ou bien mention équivalente, telle que « sous la direction de... », « textes réunis et présentés par... », « édition critique établie par... »; titre et sous-titre du livre et, s'il y a lieu, numéro du volume ou du tome, ou les deux, le cas échéant: « Volume 2 »; « Tome III »; « Volume IV, tome premier »; mention du titre de la collection, s'il y a lieu; nom de la maison d'édition.

De la première de couverture, on passe à la « quatrième » en notant que les « deuxième et troisième » sont couramment assimilées aux « gardes », c'est-à-dire aux feuillets non imprimés qui protègent la première et la dernière page d'un volume.

La quatrième de couverture

La quatrième de couverture revêt un caractère hautement stratégique. Elle a pris le relais du « prière d'insérer », dont l'histoire s'étale au long du XIXe siècle jusqu'au milieu du XXe. Il s'agissait d'abord d'une feuille volante communiquée aux directeurs de journaux les priant d'insérer l'annonce d'un nouvel ouvrage sous la rubrique appropriée. Progressivement, les éditeurs jugeront opportun d'étendre à tous ceux qui s'intéressent au livre l'information réservée jusque-là aux critiques: le « prière d'insérer » se retrouve ainsi dans chacun des exemplaires du volume. Alors ne tarde pas à se faire entendre la voix d'un meilleur rendement à moindres frais: il serait moins onéreux et plus efficace d'intégrer ce « message » au livre lui-même, plutôt que de l'y encarter. Il n'est que de trouver un emplacement à cette fin. La quatrième de couverture offre l'espace nécessaire; la décision est prise; le moyen, adopté.

4. À titre très exceptionnel, le nom du traducteur, ou du préfacier, ou du signataire de toute autre composante liminaire peuvent y figurer. — En règle générale, la première de couverture des publications d'actes de congrès fait l'économie de tout nom d'auteur. La mention de l'événement scientifique y supplée sous la forme d'une évocation collective de spécialistes de la discipline.

Le plat verso récupère alors le meilleur du prospectus ; mais surtout, il fait siennes les fonctions du « prière d'insérer ». Mieux, il s'enrichit d'attributions inédites et rivalise de finesse pour traduire la spécificité de l'œuvre, pour atteindre et toucher le lecteur. Dès lors, cette visée tend à assimiler le texte de la « quatrième » à un argumentaire de vente. Et cela, sous le regard sombre de qui estime que le lecteur peut être atteint également et vraiment touché par la première de couverture, par la pertinence du titre, par le sujet traité, par le nom de l'auteur, par le prestige de l'éditeur, etc.

Tâche extrêmement délicate que de « composer » la quatrième de couverture : composer au sens de concevoir cette page, d'élaborer la présentation de cet écrit sans dénaturer l'œuvre, sans falsifier l'intention de l'auteur, sans imposer une vue étrangère sur une création personnelle. On relève trois modalités principales de présentation du livre ou de conception du texte de la quatrième de couverture.

Première modalité : Texte apparenté à un résumé, mais sans les stéréotypes du genre

La responsabilité de cette tâche, on l'a dit, incombe à l'éditeur ; c'est lui qui doit en répondre. Peuvent le seconder à cette fin, le directeur de collection, le responsable scientifique ou littéraire, un collaborateur particulièrement doué pour ce type d'écriture, ou celui qui a le plus d'affinités avec le sujet, ou encore celui qui détient le secret de rendre irrésistible le goût de tel genre de livre, de percer les vues de tel écrivain, de dégager le caractère exclusif de tel traité.

Comme on l'a souligné, le principe selon lequel l'auteur serait mal placé pour présenter son livre — mal placé, parce que trop près ou trop proche — admet des exceptions. La première exception relève d'une politique de bon aloi : l'auteur tient farouchement à rédiger le texte de présentation de son livre, et l'éditeur acquiesce, sachant bien que nombre d'écrivains réputés, les « institutionnels » d'une maison d'édition, rédigent souvent la « quatrième » de couverture de leurs ouvrages[5].

---

5. Voir Daniel Bermond, *Enquête* : « Les livres vus de dos », dans *Lire*, nº 308, septembre 2002, p. 36. L'auteur nomme, entre autres, Michel Tournier, Jean Dutourd, Philippe Sollers, Jean d'Ormesson.

La seconde exception s'impose de soi : l'auteur est appelé à rédiger ce texte en raison de la teneur du sujet, hautement spécialisé ou très complexe[6]. Autre possibilité qui n'est pas une exception, l'éditeur s'inscrit en faux contre le principe « surtout pas l'auteur » au motif que ce dernier est le mieux placé pour parler de son livre : le connaissant mieux que quiconque, il est le plus habilité à en traduire l'esprit, à le rendre présent aux autres. La quatrième de couverture n'en demeure pas moins un texte éditorial dont la facture est réglée à la pièce.

Deuxième modalité : Reproduction d'extraits de presse touchant l'auteur ou son œuvre

Le choix de cette politique a souvent partie liée avec des circonstances spéciales : c'est parfois le cas au moment d'une réimpression, ou bien lorsqu'un titre précédent du même auteur a reçu une très bonne critique, ou encore lorsqu'un livre passe d'une collection à une autre, d'une édition standard à une édition de luxe, etc.

Ce mode de présentation s'accompagne de retombées bénéfiques : le lecteur peut établir des liens avec des aspects insoupçonnés de l'œuvre, avec des titres déjà parus ou de nouvelles publications de l'auteur. Cette politique évite généralement de déflorer l'ouvrage, ce qui est loin de déplaire aux lecteurs qui aiment bien entrer dans un livre sans interférence.

Une illustration exemplaire de cette pratique se trouve en page quatre de couverture de *L'homme rapaillé* de Gaston Miron. On y entend la voix de critiques et d'écrivains d'ici et d'ailleurs, qui font écho à celle du poète, en diverses publications : *Europe*, *Liberté*, *Le Devoir*, *Le Temps des poètes*, *Les Nouvelles littéraires*, *Les Lettres françaises*. On en extrait le message le plus court, le très beau témoignage que signe René Lacôte dans *Les Lettres françaises* : « Gaston Miron, poète incomparable avec aucun dans le monde actuel[7]. »

6. En offre un bon exemple l'ouvrage du Nobel de physiologie et de médecine, Jacques Monod, *Le hasard et la nécessité. Essai sur la philosophie naturelle de la biologie moderne*, Paris, Seuil, 1970.

7. *Poésie* (Version non définitive), Typo, coll. « Typo », n° 75, 1993, p. 4 de couverture.

Troisième modalité : Transcription d'un extrait du livre

Cette forme de présentation situe de plain-pied avec le texte de l'ouvrage : elle est « censée tenir lieu de la totalité de l'œuvre » ; elle fait découvrir le style et l'esprit de l'auteur ; elle est source d'information privilégiée pour qui sait découvrir le sens caché au revers des mots qui fleurent le souffle et la passion de l'auteur ou de l'écrivain.

Intéressant en soi, s'il est bien choisi, un extrait de l'ouvrage invite à retrouver le contexte d'origine ; il incite souvent à parcourir le livre d'une couverture à l'autre. C'est l'effet assuré de la « quatrième » du roman d'Annie Ernoux, *Passion simple*, qui trace ces quelques lignes — dans l'immense cadre aux filets rouge et noir de Gallimard : « À partir du mois de septembre l'année dernière, je n'ai plus rien fait d'autre qu'attendre un homme : qu'il me téléphone et qu'il vienne chez moi[8]. » Tout est dit, et signé A. E. De nombreux exemples attestent l'intérêt de cet usage des initiales de l'auteur paraphant le texte reproduit[9].

Une dernière modalité orienterait vers les très rares éditeurs qui renoncent à la quatrième de couverture, qui laissent vide le « rempli » du plat verso — selon l'expression usitée au Seuil pour désigner cette page[10]. C'est le cas de la maison d'édition Le Dilettante qui défend ce choix au nom d'un « parti pris esthétique ». À dire vrai, le tenant de ce luxe un peu désinvolte se ménage une solution de rechange à portée de main, à portée de regard : il n'est que de soulever l'un ou l'autre des rabats de couverture pour y trouver l'équivalent d'une « quatrième »[11].

* * *

La question : « Comment réussir une quatrième de couverture ? » a tous les traits d'une question piège. Au mieux, s'offrent des tentatives

---

8. Gallimard, 1991, p. 13.

9. La collection Folio illustre abondamment ce procédé. Voir Christian Bobin, *L'inespérée*, Gallimard, coll. « Folio », nº 2819, 1994 ; un très beau paragraphe de la page 108 est reproduit en « quatrième ».

10. Propos d'une interview de G.G. [Gérard Genette] menée par Daniel Bermond, « Les livres vus de dos », dans *Lire*, nº 308, septembre 2002, p. 38.

11. Confirme cette pratique, l'ouvrage d'Anna Gavalda, *Ensemble, c'est tout*, Paris, Le Dilettante, 2004. Exception faite des mentions techniques obligatoires, la « quatrième » est vide, mais les rabats portent la présentation du livre, une courte biographie de l'auteur et une liste de titres de ses publications.

de réponse en mots évanescents, en formules scellées. De fait, le tout tiendrait en une savante alchimie dont on connaît mal les essences et surtout les dosages. Il n'existe pas de véritable nomenclature de ces qualités : il faut les découvrir en des spécimens, et encore.

D'après Michel Tournier, longtemps spécialiste de cette page chez Plon et qui se proclame lui-même « grand maître de la quatrième de couverture », il n'est d'autre réponse à la question que celle-ci : « il y faut beaucoup d'art[12] ». Selon Jean Dutourd, qui a pratiqué le genre pendant de longues années chez Gallimard, « il s'agit d'un tour de main à acquérir ». Comment donc ? En observant les consignes suivantes : « en rester à un enthousiasme mesuré, ne pas faire trop long [...], ne pas trop dévoiler l'intrigue[13] ». Il n'est rien de très précis dans ces consignes négatives pour se faire la main, surtout cette main-là.

La pratique de ce genre d'écrit est assimilée à un véritable métier de professionnel, un métier qui exige un savoir-faire de haut calibre. C'est même plus qu'un métier : c'est un art, comme l'affirme Tournier, un art où se conjuguent la finesse et la subtilité de l'écriture, un art qui prend source dans une affinité certaine avec le propos de l'auteur, un art capable de révéler l'éditeur qui a choisi, rêvé ou décidé de voir ce livre au catalogue de la maison.

Dans cette perspective, assimiler la « quatrième » à un banal support publicitaire, c'est en fausser la nature. La réduire à un simple résumé n'est pas moins risqué. Il y faut trouver une fibre, une touche à laquelle l'acheteur éventuel accordera grand prix, un prix sans commune mesure avec celui que fixe le libraire. À ces égards, le texte de la « quatrième » doit avant tout garder un juste équilibre entre l'informatif approprié et l'incitatif sobre et intelligent.

Proposer des exemples qui illustrent des registres variés d'expression permet de donner figure concrète à ces propos. Et d'abord, des exemples en mode interrogatif, parce que ce sont les questions et les incertitudes qui donnent l'envie d'aller plus loin, au-delà de la couverture. Suivront quelques autres types de versos également efficaces et éloquents.

---

12. Voir Daniel Bermond, art. cité, p. 32.
13. *Id.*, art. cité, p. 35.

– Exemple en mode interrogatif direct : début de la « quatrième » de l'ouvrage de Pierre Guenancia, *Lire Descartes*, Gallimard, coll. « Folio essais », n° 354, 2000.

> Pourquoi lire Descartes ? Parce qu'il n'est pas sûr que les usages scolaires et isolés du *Discours de la méthode* n'aient pas contribué à une incompréhension de cette philosophie : trop souvent la limpidité de sa langue occulte la complexité de sa pensée.
>
> Comment lire Descartes ? En reprenant son mouvement — comme le fait Pierre Guenancia dans la première partie de cet ouvrage —, en réorganisant la lecture de l'œuvre à partir de ce qui en est la causalité première, l'impulsion et le moteur : l'idée de liberté.

– Exemple en mode interrogatif à saveur ésotérique : début de la « quatrième » du *Dictionnaire des matériaux du peintre* de François Perego, Paris, Belin, 2005.

> Saviez-vous que l'on a utilisé de la momie broyée comme pigment ? Que les Indiens ont extrait un pigment jaune de l'urine de vaches nourries avec des feuilles de manguier ? Que l'on produit annuellement plus de quatre millions de tonnes de blanc de titane ? [...] On dit parfois de ne pas utiliser le siccatif dans les peintures à l'huile, sur quoi est fondée cette idée ? Peut-on encore travailler avec le précieux outremer naturel ? Connaissez-vous le bleu maya ? Quelle recette d'huile cuite allez-vous choisir ?

– Exemple en mode interrogatif démonstratif : début et extrait de la « quatrième » de Daniel Soulez Larivière, *L'avocature*, Paris, Ramsay, 1982.

> Maître, comment pouvez-vous défendre un p.-d. g. en faillite, un mari infidèle, un fraudeur, un terroriste, un assassin, un gros bonnet du crime ?
>
> Pour la première fois un avocat s'attaque à cette question cent fois posée, jamais élucidée. Entre deux plaidoiries, Daniel Soulez Larivière se penche sur ce qui est le paradoxe de l'avocat. [...] il accepte de jouer le jeu de sa vérité professionnelle.
>
> Un avocat est un mélange subtil de goût du pouvoir, de goût de l'argent, de réactions inconscientes, d'idées généreuses et de goût du spectacle.

– Exemple en mode interrogatif didactique : début de la « quatrième » du *Traité de la ponctuation française*, de Jacques Drillon, Gallimard, coll. « Tel », 1991.

> [...] Quelle est la différence entre un crochet et une parenthèse ? Quels sont les cent quarante cas d'emploi de la virgule ? En faut-il une avant « qui », et avant « et » ?
>
> Mais, pour commencer, la ponctuation est-elle une question de rythme, de respiration ou de syntaxe ? Est-on libre de ponctuer comme on le veut ?

– Exemple en mode mi-philosophique, mi-séducteur : début et finale de la « quatrième » de l'ouvrage d'Éric-Emmanuel Schmitt, *Diderot ou la Philosophie de la séduction*, Paris, coll. « Bibliothèque Albin Michel. Idées », 1997.

> « Mes pensées ce sont mes catins. » [*sic* : avec guillemets et sans virgule]
>
> Denis Diderot inventa un nouveau rapport à la philosophie, un rapport libre, libertin, fait de plaisir, d'abandon et de lucidité.
>
> Éric-Emmanuel Schmitt remet en question l'image traditionnelle de Diderot [...] Il nous présente un Diderot problématique, incertain, aussi tenté par l'ombre que par la lumière, le rationnel que l'irrationnel. Quel philosophe du XVIIIe siècle fut aussi attentif à la nuit, au rêve, au délire, à l'extravagance, au génie ? [...] Loin des certitudes, il s'en tient aux paradoxes. « Je vois le matin la vraisemblance à ma droite, et l'après-midi elle est à ma gauche. » Il flirte avec les théories comme avec les femmes, elles exercent leur *séduction* sur lui, et Diderot nous propose ultimement une *érotique* de la philosophie.

– Exemple en mode incisif : texte intégral de la « quatrième » de l'ouvrage de Pierre Vadeboncoeur, *L'humanité improvisée*, Bellarmin, coll. « L'essentiel », 2000.

> Ce livre est un pamphlet. Sa cible : le postmodernisme. Pour Pierre Vadeboncoeur, l'insupportable surfing postmoderne, c'est le déracinement, l'homme sans grands modèles, l'humanité improvisée.
>
> Mais il y a également ici tout l'opposé d'un pamphlet, comme le montrent d'entrée de jeu une trentaine de pages sur Gaston Miron. Le poète Miron et d'autres figures représentent dans ces pages le contraire de notre époque vulgaire et déglinguée. Le thème de l'absolu surgit à travers ces figures et constitue en fait le sujet essentiel de cet ouvrage où encore une fois Pierre Vadeboncoeur atteint une maîtrise lumineuse de l'art de l'essai.

– Exemple en mode informatif intimiste : début et fin de la « quatrième » de l'œuvre d'Hubert Aquin, *Journal 1948-1971*, Montréal, Bibliothèque québécoise, 1999.

> De 1948 à 1971, selon des fréquences irrégulières, à Londres et Paris, Montréal, Wells Beach, en Suisse et en Italie, Hubert Aquin a écrit des notes personnelles qui ensemble forment ce journal, document capital qui représente une entrée privilégiée dans son univers mental. L'anecdotique y tient en effet moins de place que la réflexion morale, philosophique et littéraire. [...]
>
> Ces pages incendiaires, Hubert Aquin ne les a pas seulement écrites, il les a vécues, lui qui disait déjà, en 1953: « Je vois ma vie comme une action, et non comme un recueillement. »

À la composante essentielle de la quatrième de couverture, qualifiée de « présentation du livre », peuvent ou doivent s'ajouter d'autres éléments: courte biographie de l'auteur; mention de ses écrits, à moins que leur nombre n'exige d'en porter la liste sur une page appropriée à cette fin; insertion d'une photographie de l'auteur, ce qui s'avère néanmoins une question discutable. L'opinion que rapporte à ce sujet la journaliste de *Livres hebdo* ne manque pas de charme sarcastique: on ajoute « parfois » une photo, écrit-elle, « quand l'auteur est très connu et que son visage constitue un argument de vente[14] ».

S'ajoutent obligatoirement les indications techniques suivantes: numéro international normalisé du livre (ISBN) et code à barres de treize chiffres[15]. Généralement, on y trouve aussi l'indication du coût de l'ouvrage en devises courantes.

Le dos du livre

Il faut consentir un détour, un rappel, pour situer le contexte d'emploi du terme « dos ». L'expression « plat de livre » désigne « chacune des deux parties qui forment la couverture d'une reliure et qui s'articulent

---

14. Patricia Jaffray, art. cité, p. 94.

15. L'ISBN (*International Standard Book Number*), devenu insuffisant en raison surtout des publications électroniques, sera porté de 10 à 13 chiffres à compter du 1er janvier 2007. Dans le code à barres de 13 chiffres, établi sur la base de l'ISBN, les trois premiers chiffres de la séquence identifiant le produit sont identiques pour tous les livres, soit: 978. Voir Daniel Garcia, « Manœuvres autour de l'ISBN », dans *Livres hebdo*, n° 584, 14 janvier 2005, p. 6-9. Voir aussi sous l'adresse URL: <http://www.afnil.org>. (Agence francophone pour la numérotation internationale du livre). Consulté le 19 avril 2006.

au dos » ; le dos, « c'est la tranche visible d'un livre rangé en bibliothèque, et non la quatrième page de couverture[16] ».

Les inscriptions suivantes y sont portées : nom (et parfois prénom) de l'auteur (ou des auteurs) ; titre de l'ouvrage ; sous-titre (exceptionnellement) ; figure aussi le nom ou le logotype de la maison d'édition.

Or, il existe une controverse au sujet de la mise en place de ces inscriptions. Le dossier documentaire « Les livres vus de dos », qui a colligé les résultats d'une enquête auprès de grandes maisons d'édition françaises, démontre que la « querelle des dos » n'a rien de fictif.

À preuve, ces échanges de vues sur le sujet[17] : le dos, c'est « le plus important dans l'apparence d'un livre » ; on prend soin « de le rendre le plus lisible possible [...] en conservant la tradition séculaire de l'horizontalité » ; l'alignement des caractères de haut en bas est « beaucoup plus logique » ; « de plus en plus, les livres sont disposés en piles chez les libraires ; avec les caractères dans ce sens [longitudinal], on n'a plus besoin de retourner le livre pour voir la première de couverture » ; « Absurde ! les livres sont faits pour être mis dans les bibliothèques. La disposition à l'américaine oblige à se tordre le cou pour déchiffrer ». Et la journaliste qui rapporte la discussion conclut : « Querelle d'école ! Quoi qu'il en soit, les éditeurs et les amoureux des livres se retrouvent pour préférer la lisibilité horizontale. »

Prenant quelque distance de ces propos, il convient de rappeler la norme internationale intitulée : *Documentation. Titres de dos des livres et autres publications*, que l'Association française de normalisation a faite sienne. On y relève les définitions suivantes[18].

- Titre de dos transversal : titre de dos avec une inscription horizontale quand le livre est debout.
- Titre de dos descendant : titre de dos longitudinal lisible de haut en bas du dos. [...] Avec cette configuration, le titre de dos se lit facilement quand le livre repose à plat, la première page de couverture au-dessus.
- Titre de dos ascendant (non normalisé) : titre de dos longitudinal lisible de bas en haut du dos.

L'observation sommaire des ouvrages sur les rayons d'une bibliothèque à dominante francophone montre que le titre de dos longitu-

16. *Grand Larousse de la langue française*, t. V, 1976, *s.v.* plat.
17. Voir Patricia Jaffray, art. cité, p. 95.
18. Normes ISO 6357-1985 et NF Z 41-010, décembre 1987.

dinal ascendant est, de loin, le plus attesté[19]. Se glissent ici et là quelques spécimens de titres descendants. Une observation plus poussée laisse voir que l'inscription horizontale s'y trouve aussi, mais elle est généralement à l'honneur dans les grandes collections et les publications de prestige. La pratique en la matière n'est pas uniforme : elle diffère d'un éditeur à l'autre, elle peut différer chez un même éditeur en raison des types de volumes publiés, et même sans aucune raison perceptible[20].

À défaut d'une conclusion ferme, il est indiqué de garder l'œil ouvert sur les convergences de l'usage, du meilleur usage.

---

19. Dans le *Lexique de l'édition et des techniques éditoriales* (Paris, Hachette technique, coll. « Lexitec », 1992, p. 48, *s.v.* couverture), Jacques Berthelot décrit l'usage en ces termes : « Si l'ouvrage n'est pas assez épais pour que ces noms [nom de l'auteur et titre] soient lisibles horizontalement, ils sont disposés verticalement, c'est-à-dire qu'il faut pencher la tête pour les lire lorsque les livres sont en rayon. L'usage français est de pencher la tête à gauche, l'usage anglo-saxon, de pencher la tête à droite. » Suave, mais justification insolite.

20. Illustration en ce sens : Gallimard chez qui l'on cherche vainement (sinon exhaustivement) quelque dérogation au noble principe du « titre de dos transversal à inscription horizontale », Gallimard est bel et bien passé d'une forme à l'autre entre couverture et jaquette d'un même livre : Marguerite Yourcenar, *Le labyrinthe du monde*, t. III, *Quoi ? L'Éternité*, 1988. L'inscription au dos de la jaquette est longitudinale ; celle du livre est horizontale.

40 ▪ La jaquette de couverture et ses rabats

La jaquette de couverture, c'est d'abord une seconde couverture et à ce titre elle en présente sensiblement les mêmes caractères. Néanmoins, on lui reconnaît un statut autonome qui en justifie l'existence.

Premier trait : elle est la gardienne du livre, ou plutôt de sa couverture qu'elle met à l'abri en la dissimulant, en la « couvrant ». Deuxième trait : elle a besoin de rabats, nommés aussi *volets*, pour « tenir » au livre dont elle est solidaire. Troisième trait qui la distingue encore, mais sans lui être exclusif : elle remplit la fonction d'accroche pour l'œil qui se porte sur ce livre en attente de preneur ou d'acheteur et surtout de lecteur.

La liste des caractéristiques de la jaquette n'est pas close : elle pourra s'enrichir au fil de l'analyse. Dans cette perspective, il y a lieu de faire d'abord place à la définition du terme entendu dans son acception spécifique au contexte du livre.

Passant ensuite aux considérations d'ordre pratique, on dégagera les notes relatives à l'avènement de cette jaquette ainsi qu'au rôle publicitaire qui lui est dévolu. Une seconde étape d'exploration permettra de découvrir son apport au bénéfice du lecteur et, sans doute, au profit de l'éditeur. La démarche à cette fin passera par l'analyse de spécimens représentatifs de deux types de couvertures et prendra en compte l'utilité de leurs rabats, utilité qui ne se limite pas à tenir la jaquette en place.

Pour terminer sans conclure — le sujet n'appelant guère de conclusion — on relèvera d'autres exemples de jaquettes de couverture jugées originales et de belle venue.

Définition et description

En dépit des redites prévisibles et prévues, il n'est pas vain de puiser à trois sources distinctes la notion de « jaquette de couverture ». Le

Trésor de la langue française enregistre l'acception suivante : « Chemise de protection d'un livre, qui porte souvent une illustration en couleurs destinée à attirer l'attention du public sur l'ouvrage[1]. »

Le *Dictionnaire encyclopédique du livre* ajoute peu à cette notion; cependant, il y apporte une nuance aisément perceptible. Sa description est ainsi libellée : « Chemise amovible, en matière souple (papier, matière plastique, etc.), qui protège la couverture d'un livre et sous laquelle celui-ci est présenté à la vente[2]. »

Le *Dictionnaire de l'édition* qui s'étale sur Internet offre des traits inédits, mais dans un style qui appelle des réserves d'ordre linguistique. Les premières lignes de la description du mot *jaquette* s'y lisent comme suit :

> Seconde couverture en papier, souple et amovible, repliée sous les plats de la (première) couverture d'un livre relié ou broché et destinée à protéger celle-ci. Son rôle d'accroche commerciale est aujourd'hui très important, dans la mesure où la jaquette est supposée provoquer un achat dit « d'impulsion ». Elle est ainsi parfois assimilée à une démarche publicitaire[3].

Deux caractères principaux se retrouvent d'une source à l'autre : le premier est identique dans les trois cas : « la jaquette est une couverture qui protège le livre » ; le second est axé sur la fonction publicitaire de la jaquette; il est présent dans les trois, mais d'une présence plus dissemblable que semblable : le concept de publicité y est évoqué sous le signe de l'analogie.

Le *Grand Robert* ne prononce pas le terme « vente » ; il le glisse en mode de sous-entendu : « la jaquette porte souvent une illustration en couleurs, propre à attirer l'attention du public. » Le *Dictionnaire encyclopédique du livre* traite le sujet crûment ; sa description s'achève par le mot culte de la publicité : « la jaquette est la chemise [...] sous laquelle le livre est présenté à la vente. » Pour sa part, le *Dictionnaire de l'édition* joue sur l'ambiguïté familière au support médiatique qu'il

1. Tome X, 1983, *s.v.* jaquette, 2 A.

2. *Dictionnaire encyclopédique du livre*, sous la direction de Pascal Fouché, Daniel Péchoin, Philippe Schuwer, Paris, Éditions du Cercle de la Librairie, t. II, 2005, p. 629, *s.v.* jaquette.

3. Adresse URL : <http://www.cavi.univ-paris3.fr/phalese/desslate/dico0608.htm>. — Entre autres anomalies de nature stylistique, on relève celle qui assimile la *jaquette* à une *démarche*. (Voir la finale du texte cité.)

emprunte. La marque publicitaire qui affecte la jaquette s'y trouve, mais d'une façon réduite et amortie en douce : « la jaquette, peut-on y lire, est *ainsi parfois assimilée* à une démarche publicitaire[4]. » La cadence des mots « ainsi », « parfois », « assimilée », dilue la connotation mercantile, laquelle n'en demeure pas moins présente.

Le constat à cet égard se renforce à travers l'investigation sur l'origine de la jaquette et l'usage qui en est fait, qui peut en être fait.

Avènement et rôle de la jaquette de couverture

D'origine récente, la jaquette de couverture voit le jour à l'ère des médias, une ère qui touche de plein fouet le sort de l'édition et l'avenir du livre. En témoigne avec emphase cette assertion dont la visée concerne à la fois la couverture et la jaquette :

> En période de massification des publics, de standardisation du livre et de concentration capitaliste de l'édition, c'est désormais à la couverture qu'il revient de « faire le livre » sans oublier de le faire vendre[5].

Témoigne dans le même sens, cette observation plus raffinée, mais de même trempe : il ne faut « pas perdre de vue que le livre, "produit pas comme les autres", est aussi destiné à être vendu ; il doit se voir, se reconnaître de loin, porter une empreinte[6] ». Est à citer encore, cette observation à figure de Janus, c'est-à-dire à deux faces, qui n'en reste pas moins au même diapason : « La jaquette joue le rôle d'emballage, en même temps qu'elle est une promotion publicitaire que la couverture se révèle parfois incapable d'assurer à elle seule[7]. »

4. En raison du contexte, nous soulignons l'expression *ainsi parfois assimilée*.

5. Jean-Dominique Mellot, « État civil du livre », dans *Dictionnaire encyclopédique du livre*, p. 134.

6. Danièle Neumann, « L'atelier Pascal Vercken : 5000 couvertures en 7 ans », extrait d'une interview de l'éditeur, Pascal Vercken, paru dans *Livres hebdo*, vol. II, n° 16, 22 avril 1980, p. 85.

7. Roger Lanuit, « Jaquette », dans *Dictionnaire encyclopédique du livre*, p. 629 ; l'auteur de *Seuils*, Gérard Genette, est du même avis : « La fonction la plus évidente de la jaquette, écrit-il, est d'attirer l'attention par des moyens plus spectaculaires qu'une couverture ne peut ou ne souhaite s'en permettre. » Par contre, il juge à tort croyons-nous, que les textes de la jaquette sont « transitoires, à oublier après effet ». (Paris, Seuil, coll. « Poétique », 1987, p. 30, *passim*). — On démontre ci-après la valeur durable de la jaquette en lui reconnaissant une fonction autre que publicitaire.

La jaquette porte donc la marque de son origine: née à l'ère des médias, elle est soumise — et le livre avec elle — aux impératifs de la publicité. Elle porte si bien cette marque, qu'il est permis d'affirmer qu'elle « expose » le livre plus qu'elle ne le « protège »: elle l'expose à l'étalage du libraire, elle l'expose au regard du passant pour amorcer son désir de « ce » livre-là; elle l'expose à la convoitise du premier venu pour déclencher son réflexe d'acheteur. Bref, elle remplit à souhait son rôle d'outil de vente en présentant une image séduisante, voire séductrice, du livre.

Néanmoins, cette image du livre offert sous mille couleurs et nuances comporte aussi des mots, des noms et des textes. La jaquette ne s'évalue pas uniquement en « chiffres » de vente: elle a des « lettres » à son crédit. En conséquence, au discours courant sur le sujet, dont on a fait écho, s'ajoute un discours second qui parle d'une autre fonction de la jaquette, qui situe à l'avant-scène la valeur et la portée de son contenu textuel et de celui qui s'affiche sur ses volets.

Fonction ennoblie de la jaquette

Sous réserve des particularités matérielles de chaque livre, on peut résumer ainsi le contenu imprimé de la jaquette de couverture en distinguant le livre broché du livre relié. Dans le cas du livre broché, la jaquette est une réplique légèrement modifiée de la couverture de l'ouvrage. S'agissant d'un volume relié, la jaquette devient support exclusif de mise en relief de certaines données.

L'analyse d'un spécimen de chacun de ces types d'ouvrage devrait donc montrer que le contenu de la jaquette et de ses rabats présente des avantages qui transcendent le registre des intérêts publicitaires.

Jaquette et rabats d'une couverture de livre broché – Roman d'Irène Némirovsky, *Suite française*, Paris, Denoël, 2004, 440 pages.

Sous la riche couleur sépia des photos anciennes, la couverture de cette jaquette présente justement une très belle photographie à fond perdu d'Irène Némirovsky. Aux inscriptions ordinaires de cette page (nom de l'auteur, titre et genre de l'ouvrage), s'ajoute la mention *Préface de Myriam Anissimov*, absente de la couverture même du livre.

Le texte de la « quatrième » comporte deux parties: présentation de l'œuvre et notes biographiques de l'auteur. Cette mise en page qui distingue nettement les deux textes permet d'en disposer d'une façon plus significative sur la jaquette. Seul le premier texte est porté sur la face extérieure du plat verso. Ce texte important, à valeur d'argumentaire, se trouve ainsi très avantageusement mis en relief : c'est là un bénéfice certain pour le lecteur et pour l'éditeur. Le second texte — les notes biographiques — est placé sur le rabat de la face intérieure du verso, espace couramment affecté à ce type d'information.

Par ailleurs, les entrées usuelles du verso de couverture (ISBN, code à barres, prix) sont obligatoirement répétées sur le plat correspondant de la jaquette ; s'y ajoute tout naturellement la référence de la photographie, exclusive à la jaquette. Quant au premier rabat, il donne la liste intégrale des publications « du même auteur ».

Au terme de cette description, il faut souligner que ce spécimen de jaquette de couverture est des plus représentatifs : il est tout à fait remarquable en son genre. Sa qualité artistique, la mise en relief de la présentation de l'ouvrage, la répartition efficace des données techniques, témoignent de multiples avantages éditoriaux, publicitaires ou non, de cette jaquette. Le deuxième spécimen analysé démontrera à sa façon l'utilité multiforme de la jaquette.

Jaquette et rabats d'une couverture de livre relié – Ouvrage de Pierre Harvey, *Histoire de l'École des Hautes Études Commerciales de Montréal*[8], *tome I : 1887-1926*, Montréal, Québec Amérique, 1994, 384 pages.

Dans le cas, la reliure de la première de couverture porte uniquement le titre général du livre ; l'indication du tome et des dates figure exclusivement au dos[9]. En revanche, la première page de la jaquette contient les indications suivantes : titre du livre et dates, numéro du tome, nom et symbole de la maison d'édition, le tout imprimé sur papier clair portant en filigrane l'esquisse de l'établissement d'origine ; au-dessous du titre et du nom de l'auteur se détache une photographie d'époque en noir et blanc.

---

8. Nous respectons la graphie de ce titre dans lequel le nom de l'École comporte cinq majuscules initiales. Au cours de l'ouvrage, l'appellation est généralement réduite à « l'École des HEC de Montréal », sauf dans les citations. Aujourd'hui, l'École est désignée à l'américaine : « HEC Montréal ».

9. L'inscription au dos de la couverture se répartit comme suit : toutes les données, sauf la partie majeure du titre « L'École... », sont à l'horizontale ; le reste est en mode « longitudinal, lisible de haut en bas du dos ».

Par ailleurs la jaquette qui couvre le plat verso du livre reproduit le titre intégral et le nom de l'auteur. Cette répétition est qualifiée de discutable par certains ; elle est d'un usage courant. Quant au texte de présentation, l'équivalent de celui d'une quatrième de couverture, il est constitué ici d'extraits de la préface, dont le texte intégral a place dans les préliminaires du livre. Pour le reste, le plat verso de cette jaquette n'apporte rien d'inédit : numéro ISBN, code à barres, référence touchant la conception graphique, y sont portés à la lumière dans les tons clairs de la jaquette bien qu'ils aient déjà place dans les premières pages du livre, notamment au verso du feuillet de titre.

D'autre part, le premier rabat comporte une entrée fort utile : le sommaire de l'ouvrage réduit à l'essentiel (mention des titres de parties et de chapitres, sans numérotation). Le lecteur trouve là une vue d'ensemble des événements à venir au fil de l'histoire. La deuxième partie de ce même rabat est affectée au témoignage de remerciements de l'éditeur aux entreprises qui ont contribué à la publication du volume. Le second rabat est consacré à la présentation de l'auteur. Nom et photographie de ce dernier surmontent un texte à deux volets : notes autobiographiques et récit du projet qui a suscité l'écriture de l'histoire de l'établissement.

Pour résumer l'apport particulier de la jaquette de ce livre, il faut prendre en compte le fait qu'il s'agit d'un volume publié sous reliure : la jaquette place alors directement sous les yeux illustrations et renseignements qui en évoquent le contenu. C'est là une forme d'exclusivité de cette jaquette par rapport à celle du livre broché qui, à peu de nuances près, double le contenu textuel de la couverture. Néanmoins, attraits et avantages de la jaquette d'un livre non relié n'en sont pas moins réels comme le confirment d'autres spécimens décrits ci-après.

Autres exemples

Les deux premiers exemples proposés sont analogues aux spécimens analysés ci-dessus ; ils présentent néanmoins des caractéristiques intéressantes et même originales. Les deux derniers concernent des ouvrages publiés sous jaquette à rabats muets, c'est-à-dire ne portant aucun texte.

Premier exemple – Ouvrage broché publié sous jaquette et dont les deux rabats portent un texte. Auteur et titre : Claude Jasmin, *La vie suspendue*, Montréal, Leméac, 1994, 168 pages.

Le feuillet recto de la jaquette porte, sur fond blanc, une illustration où dominent le vert sombre et l'ocre pâle. La couleur verte se retrouve dans l'écriture du nom de l'auteur ; l'ocre est repris dans l'inscription du titre. Le texte de la jaquette couvrant le plat verso du livre est en tout point identique à la quatrième de couverture : il en a la valeur et la pertinence.

Le premier rabat présente d'abord une photographie de l'auteur ; il détaille ensuite des notes biographiques, puis il affiche la mention des droits relatifs à l'illustration de couverture[10]. Le second rabat vaut son pesant d'« argent », à la fois documentaire et publicitaire. Trente-cinq titres, avec indication du genre littéraire, du millésime de publication et de la maison d'édition, y sont déclinés sous la rubrique « Du même auteur ».

Il s'agit d'une jaquette dont l'efficacité publicitaire est assurée, la portée documentaire, intéressante, la qualité artistique, indéniable : une telle jaquette de couverture a chance de conserver sa valeur longtemps après l'acquisition du livre.

Deuxième exemple – Ouvrage relié, publié sous jaquette de facture exclusive, dont l'un des rabats porte un texte, et le second, une donnée technique succincte. Auteur et titre : Dante, *Œuvres complètes*, traduction et commentaires par André Pézard, Gallimard, coll. « Bibliothèque de la Pléiade », n° 182, 1968, LXI-1854 pages.

La jaquette de cet ouvrage porte les couleurs classiques de Gallimard : fond blanc, lettrage noir et rouge en alternance. Le recto de la jaquette présente, dans l'ordre, une vignette photographique de petite dimension (profil de Dante, attribué à Giotto) ; le nom de l'auteur, Dante [Alighieri] ; le titre de l'ouvrage ; le nom de la collection, que supporte le célèbre *NRF*, sigle créé par Jean Schlumberger, fondateur (avec André Gide) de *La Nouvelle Revue française*. La page de jaquette couvrant la quatrième est à la fois documentaire et publicitaire : elle

10. Œuvre d'Alfred Pellan, *Adam et Ève*, huile et matériaux divers sur toile, 37,8 x 48,8 cm, vers 1955, collection du Musée des Beaux-Arts de Montréal. © Alfred Pellan 1994.

relève une partie du catalogue de la collection « Bibliothèque de la Pléiade ».

Le rabat de première donne le contenu de l'ouvrage et la liste des appendices ; il répète — peut-être inutilement — la mention relative à la traduction et aux commentaires déjà inscrite en première page de la jaquette ; à l'angle inférieur gauche du volet, en très petits caractères, figure l'indication de la source de la photographie de couverture. Le second rabat serait qualifié de muet, n'était la mention du nom de l'imprimeur, à Paris.

Un trait inédit, peut-être unique en son genre, caractérise alors la jaquette de couverture des pléiades. Cette jaquette « 1968 » est un « ensemble trois-pièces ». Les deux feuillets blancs portant rabats ne couvrent que les plats recto et verso du livre ; c'est la jaquette en rhodoïd de style classique, qui donne à ces feuillets de « tenir » en place, d'être solidaires du livre. Dès lors, le dos de l'ouvrage s'offre au regard, bellement relié « sous couverture peau dorée à l'or fin[11] » et protégé par la jaquette transparente. Il en est autrement aujourd'hui, selon le Service de presse de Gallimard :

> Les nouvelles pléiades ont un habillage plus simplifié : le volume est toujours en cuir avec le titre de l'œuvre et le nom de l'auteur doré au fer sur le dos, l'ouvrage est recouvert directement avec le rhodoïd, puis vient un étui cartonné blanc pelliculé qui reprend les [...] caractéristiques des 1re et 4e de couverture, mais en un seul morceau[12].

Troisième exemple – Ouvrage broché, publié sous jaquette à rabats muets. Auteur et titre : Pietro Citati, *La pensée chatoyante. Ulysse et l'Odyssée*, traduit de l'italien par Brigitte Pérol, Gallimard, coll. « L'Arpenteur », 2004, 400 pages.

La jaquette de ce livre aux riches couleurs magenta et vieil or, qui font contraste avec le gris de la brochure, reproduit textuellement le contenu des plats recto et verso de l'ouvrage. S'y ajoute en première page de la jaquette un apport de remarquable qualité artistique, la

---

11. Voir la Bibliothèque de la Pléiade, adresse URL:<http://www.gallimard.fr/collections/fiche_pleiade.htm>. Consulté le 30 août 2005. — Le modèle choisi et décrit n'a plus cours ; il conserve ses qualités de spécimen.

12. Courriel reçu du Service de presse de Gallimard, le 6 septembre 2005.

photographie d'un « Ornement de bouclier en forme de poisson[13] ». La page de la jaquette couvrant le plat verso comporte le nom de la traductrice, qui ne figure pas en quatrième de couverture : c'est une indication complémentaire utile. S'y trouve aussi, entre autres, la source de la photographie qui orne la jaquette.

Les avantages publicitaires marqués de la jaquette, par rapport à la couverture de la brochure elle-même, se doublent d'une valeur ajoutée, et durable, à la fois culturelle et esthétique.

Quatrième exemple – Ouvrage relié, publié sous jaquette à rabats muets. Auteur et titre : Congrégation de Notre-Dame, *La Cuisine raisonnée*, Nouvelle édition abrégée, Fides, 2003, 416 pages.

La nature du livre, décrite en ces termes sur la jaquette de verso : « Le grand classique de la tradition culinaire québécoise dans une nouvelle édition abrégée », recommandait à l'éditeur le choix d'un ouvrage relié.

De fait, la jaquette de ce livre permet de mettre en situation une œuvre réputée auprès de nombreuses femmes québécoises. Au recto, une photographie d'époque s'avère un choix heureux du point de vue patrimonial ; au verso, la mention « grand classique », étayée de textes à la fois courts, variés et de haute pertinence, a raison d'argumentaire dont l'efficacité devrait s'étendre bien au-delà de l'impulsion d'achat du livre. Voilà qui permet à la jaquette d'enregistrer un bénéfice appréciable en regard de la toile quasi muette de la reliure. Voilà une jaquette qui fait partie et qui fera partie de l'histoire du livre — comme toutes les autres — mais à un titre exclusif en son genre.

13. La référence portée au feuillet verso de la jaquette se lit comme suit : « Ornement de bouclier (?) en forme de poisson. *Staatliche Museen zu Berlin-Preussischer Kulturbesitz*, Berlin. Photo *BPK/Ingrid Geske-Heiden* ».

41 ▪ La bande publicitaire ou la bande-annonce

En termes d'édition, *bande publicitaire*, ou *bande-annonce*, ou simplement *bande*, désignent « une bande de papier entourant le bas d'un livre, d'une couleur tranchant sur la couverture, destinée à attirer l'attention du public sur le volume dans les lieux de vente ». Les appellations suivantes, entre autres, sont également attestées, soit : *bande de lancement* et *bande de publicité*[1].

À la lumière de l'*Histoire de l'édition française*[2], on situe approximativement l'origine de la bande au cours de la décennie 1920. Témoigne du fait l'information suivante touchant l'usage en ces années-là : « [...] on va jusqu'à faire plusieurs bandes pour le même livre ; en 1923, chez Gallimard, *Fermé la nuit*, de Paul Morand, en a trois, une en français, une en anglais, une en espagnol ». Suit l'affirmation selon laquelle « Gallimard est le premier à faire des bandes avec à-plats en couleur [...] et texte en blanc ».

Par ailleurs, on sait qu'au départ la bande en question est conçue pour annoncer une nouveauté : elle ne porte que les mots : « Vient de paraître ». Toutefois, elle s'affirme bien vite comme un élément publicitaire de premier ordre. Est à signaler, au passage, l'aspect matériel de la bande à l'origine : elle entoure complètement le volume ; ainsi « fermée ou scellée », elle marque l'inviolabilité du livre. Aujourd'hui, elle est généralement repliée sur les contreplats supérieur et inférieur de la couverture, mais les variantes de présentation se multiplient.

---

1. Selon l'auteur de *Seuils*, Gérard Genette (Paris, Seuil, 1987, coll. « Poétique », p. 30), le « terme technique » serait l'une ou l'autre de ces appellations.

2. Pierre Benoît et Pascal Fouché, « L'édition littéraire. 1914-1950 », dans *Le livre concurrencé, 1914-1950*, t. IV, Promodis, 1986, p. 202-203. — Le *Dictionnaire encyclopédique du livre* attribue l'invention de la bande à Bernard Grasset. (Voir t. II, p. 208.)

Rapports entre la bande et la jaquette de couverture

Bande et jaquette ont une fonction éminemment publicitaire : elles rivalisent d'ingéniosité pour accrocher l'œil du passant, pour déclencher le geste d'acquisition de « ce livre-là ». Bande et jaquette ont un caractère matériel commun qui autorise à les considérer comme des annexes de la couverture du livre : elles sont amovibles. Toutefois, ce caractère ne les rend pas « constitutivement éphémères » au point d'inciter « le lecteur à s'en débarrasser une fois remplie leur mission d'affiche, et éventuellement de protection[3] ».

Traits généraux – Le premier trait fait partie intégrante de la nature même de la bande, à savoir que celle-ci doit être d'une couleur qui « tranche sur la couverture ». À cet égard, le rouge est privilégié ; on utilise également avec succès les couleurs riches d'orangé ou de magenta ; on produit de beaux effets contrastants grâce au noir sur fond clair.

Un second trait a rapport à la mise en relief du nom de la maison d'édition : ce nom figure généralement sur le plat recto de la bande, sous le message lui-même. Très exceptionnellement, ce nom est aussi reporté sur le dos de la bande, avec ou sans le sigle ou le logotype de l'éditeur.

La partie de la bande qui correspond au plat verso du livre est souvent muette : elle ne porte aucun texte. Toutefois, dans la majorité des cas, on y trouve les mêmes entrées que celles de la partie inférieure de la quatrième de couverture : numéro international normalisé du livre (ISBN), code à barres, autres données techniques. Certaines maisons d'édition y répètent l'intitulé du livre et même le nom de l'auteur.

À titre complémentaire de ces traits, on notera que la bande et la jaquette sont généralement exclusives l'une de l'autre. Cependant, il peut très bien arriver qu'une circonstance justifiant l'honneur d'une bande — par exemple, l'attribution d'un prix — survienne à une date ultérieure à celle de la « publication sous jaquette » de l'ouvrage en cause. C'est le cas du livre de Jean-Pierre Vernant, *La Traversée des*

3. Les extraits entre guillemets sont de Gérard Genette, dont l'opinion à ce propos est discutable. (Voir ouvr. cité, p. 30.)

frontières (Paris, Seuil, coll. « La librairie du XXIe siècle », 2004) publié sous jaquette et portant une bande qui souligne le « Prix essai "France télévisions 2005" ».

Traits particuliers – L'itinéraire choisi pour traiter de cette question est déterminé en fonction d'un ensemble de spécimens de bandes qui illustrent, chacune à sa façon, une caractéristique propre ou une finalité particulière de la bande. Cette matière relativement complexe est présentée selon le schème suivant : identification et description d'une finalité ou d'une catégorie de finalités de la bande publicitaire ; illustration par un exemple choisi, avec mention de la source du spécimen.

– Hommage à l'écrivain. La bande peut être un hommage à l'écrivain dont la notoriété est bien établie ; elle est une sorte de glorification de l'auteur et un indice de la haute estime de l'éditeur à son endroit.

Cette politique est particulièrement mise en œuvre chez Gallimard. Le nom de l'auteur, en grandes capitales de couleur blanche sur fond rouge, occupe harmonieusement presque tout l'espace de la bande ; au bas figure le nom de l'éditeur, en noir. Une telle bande représente évidemment un atout publicitaire : elle est un signal à l'adresse des lecteurs fidèles de l'écrivain et ne manque pas d'attirer de nouveaux lecteurs.

Texte de la bande : SOLLERS
Source : Philippe Sollers, *Le Lys d'or*, Gallimard, 1989.

– Mention d'un prix littéraire. La bande qui affiche un prix littéraire de renom consacre le talent de l'auteur et la qualité de son œuvre. Du même coup, elle témoigne de l'excellence de la maison d'édition et de ses titres auprès de ses pairs.

De toute évidence, l'ouvrage qui circule sous la bande de l'un ou de l'autre de ces prix : Prix Goncourt ou Prix Renaudot, en France[4], Prix littéraire du Gouverneur général du Canada[5] ou Prix Athanase-David

4. Le Prix Goncourt date de 1903 et le Prix Renaudot, de 1926. Ces prix comptent parmi les cinq grands prix décernés à chaque rentrée littéraire en France.

5. Les premiers prix du Gouverneur général ont été attribués en 1937. Sujet de polémique à maintes occasions au cours de leur histoire, ces prix sont « devenus les prix littéraires canadiens les plus prestigieux », selon l'attestation du Conseil des arts du Canada, qui en assume le parrainage depuis 1959. Voir Robert Yergeau, *À tout prix*, Montréal, Triptyque, 1994, p. 117.

du gouvernement du Québec[6], affiche le certificat convoité d'une reconnaissance officielle et le crédit recherché d'un lectorat imposant et prometteur.

> Texte de la bande : Prix Renaudot 2004
> Source : Irène Némirovsky, *Suite française*, Denoël, 2004.

– Écho d'un courant politique de l'heure. La bande peut fort bien se faire l'écho d'un courant politique en effervescence ; elle peut se borner à lancer un slogan qui identifie le sujet traité. Ce type de bande s'avère un excellent moyen pour éveiller l'intérêt, susciter la curiosité, alimenter la polémique et faire augmenter d'autant le chiffre de vente du livre.

> Texte de la bande : Virage... Pas de virage... Pour comprendre le souverainisme
> Source : L.-M. Vacher, *Un Canabec libre. L'illusion souverainiste*, Montréal, Liber, 1991.

– Exploitation du succès d'un titre antérieur. La bande peut « se tourner » vers le passé pour asseoir la publicité d'un ouvrage sur un titre populaire du même auteur.

Ce titre qui a fait ses preuves devient caution de l'œuvre nouvelle ; il s'offre comme un crédit anticipé pour gagner des lecteurs. Bref, il s'agit d'un principe qui opère magiquement : le rappel du titre à succès peut déclencher l'achat du dernier livre issu de la même source.

> Texte de la bande : Delerm, auteur de *La première gorgée de bière...*
> Source : Philippe Delerm, *Il avait plu tout le dimanche*, Paris, Mercure de France, 1998.

– Exploitation du prestige d'un prix littéraire. La bande va chercher dans un Goncourt 2004 la source féconde de promotion d'un ouvrage de l'auteur paru en 2002 et réédité en 2005.

En vertu d'un principe analogue à celui de l'exemple précédent, le prestige lié à un Goncourt doit nécessairement rejaillir sur un ouvrage

---

6. Créé en 1967, ce prix est « la plus haute distinction littéraire décernée par le gouvernement du Québec à un écrivain. Le prix couronne l'ensemble d'une œuvre dont la qualité a contribué au développement culturel de la collectivité québécoise. » (Marie-Évelyne Arsenault avec la collaboration de Benoît Dutrisac, *Écrire 1991. Vade-mecum à l'usage des écrivains, journalistes et pigistes*, Montréal, Le marché de l'écriture, 1990, p. 105).

antérieur du lauréat : c'est un argument de vente non négligeable, dont on se ferait faute de ne pas tirer tout le parti possible.

> Texte de la bande : Par l'auteur du *Soleil des Scorta* Prix Goncourt 2004
> Source : Laurent Gaudé, *La Mort du roi Tsongor*, Actes Sud, coll. « Babel », nº 667, 2005.

– Mention d'une adaptation télévisuelle ou cinématographique. La bande a l'avantage, ou se donne l'avantage, de souligner l'intérêt d'un ouvrage qui a fait l'objet d'une adaptation télévisuelle ou cinématographique.

L'événement devient l'indice des mérites de l'ouvrage par son intrigue, sa teneur psychologique, sa dimension historique, sa portée sociale, etc. Ainsi la cote de popularité d'un film ou d'une dramatique télévisée peut se répercuter « par la bande » sur le chiffre de vente du livre.

> Texte de la bande[7] : Le « Grand-dieu-des-routes » revit au grand écran au printemps 2005.
> Source : Germaine Guèvremont, *Le Survenant*, Fides, 2004.

7. L'usage commanderait la capitale initiale au substantif *dieu* dans l'appellation : « Grand-dieu-des-routes » ; nous reproduisons la graphie avec minuscule initiale en conformité du texte de l'auteur et de l'éditeur (p. 65).

42 ▪ L'état civil du livre

Cette question présente un intérêt qui lui vaut une place de choix — une place de droit — dans l'étude en cours. L'expression « état civil du livre » est due à l'historien Lucien Febvre, qui l'a créée « en 1954-1955, au cours de la rédaction de l'ouvrage *L'apparition du livre*, en collaboration avec Henri-Jean Martin ».

Par analogie avec l'état civil d'une personne, cette formule s'applique au livre pour désigner « l'ensemble des actes juridiques constatant son identité[1] ». Explicitée, cette notion prend la forme suivante : « Ensemble des indications, usuelles ou occasionnelles, destinées à présenter l'identité publique d'un livre, et dont celui-ci est muni avant sa commercialisation ou sa diffusion (c'est-à-dire à l'exclusion des particularités d'exemplaire). »

Aperçu historique

Du XVe siècle au milieu du XVIe – La vie du livre et de son statut commence bien avant que s'impose, au milieu du XXe siècle, l'expression « état civil du livre ».

1. Jean-Dominique Mellot, « État civil du livre », *Dictionnaire encyclopédique du livre*, déjà cité, vol. II, 2005, p. 134-136. — L'importance de l'historien Lucien Febvre (1878-1956) appelle un mot sur la production de cet ouvrage dont la rédaction a été assumée par H.-J. Martin. Achevé d'imprimer à la fin de décembre 1957, le livre est publié en 1958 (Paris, Albin Michel, coll. « Bibliothèque de "l'Évolution de l'humanité" », nº 49). Lucien Febvre étant décédé en 1956, H.-J. Martin note : « Je suis [...] à peu près seul responsable de l'ensemble du présent livre. Mais j'ai souhaité maintenir le nom de Lucien Febvre en tête d'un ouvrage conçu, inspiré par lui. » Une deuxième édition, objet des seules « corrections indispensables » paraît en 1971. Réédité en 1999, sous le nº 33 de la même collection, l'ouvrage s'enrichit d'une importante *Postface de Frédéric Barbier* qui retrace l'histoire du livre et met en relief l'apport inédit des grands protagonistes de cette histoire : Henri Berr, fondateur de la collection ; Lucien Febvre, à qui Berr confiait, vers 1930, le soin de rédiger cet ouvrage qu'il considérait comme une pièce charnière de la collection ; et, peu après, Henri-Jean Martin.

En regard de cette question, l'histoire s'attache d'abord aux caractéristiques des premiers livres imprimés, les *incunables* (XVe siècle). À ce moment, le livre n'a pas de page de titre: «Le texte commence dès le recto du premier feuillet, aussitôt après une brève formule dans laquelle est indiqué d'ordinaire le sujet de l'ouvrage et, parfois, le nom de son auteur[2].» C'est à la fin du volume, dans le colophon, héritier des manuscrits anciens, qu'il faut chercher de plus amples renseignements: «titre et auteur, lieu, date et responsable de l'impression». Répandu au cours des XVe et XVIe siècles, le colophon constitue souvent «le seul embryon d'état civil du livre».

De là, l'intérêt se porte vers l'émergence du titre individualisé qui prend le relais de l'*incipit*[3] et amorce la naissance de la page de titre en présentant l'auteur et quelques autres signalements, dont la «marque typographique». Cette marque est la reproduction du signe que les libraires ou les imprimeurs-libraires traçaient sur leurs envois de livres, à la suite du colophon ou sur une page blanche du dernier cahier, pour en indiquer l'origine. Bien vite, d'autres intentions conduisent à y ajouter des devises ou des allégories qui prennent figure d'un symbolisme fort recherché. Ancre ou navire, olivier ou licorne, rivalisent pour attester de l'originalité de l'expéditeur. D'abord reléguée à la fin du volume, cette «marque» va servir à décorer la page de titre dont l'usage commence à se généraliser dès la fin XVe siècle.

Du XVIe au XVIIIe siècle – Élément d'importance majeure que cette page de titre dont la raison d'être est proprement d'indiquer l'état civil du livre. Néanmoins, en dépit du fait que des libraires inscrivent alors leur nom et leur adresse au bas de cette page, il faut encore aller chercher certains renseignements dans le colophon: le nom de l'imprimeur, par exemple, et surtout la date précise à laquelle l'impression a été achevée. En outre, le goût des décorations s'étant répandu peu à peu, le titre s'en trouve littéralement noyé dans un environnement qui alourdit la page et dissimule plus ou moins l'essentiel.

Viennent alors, en Italie comme en France, des imprimeurs qui s'appliquent à épurer la page de titre: «à partir de 1530, à l'époque où

---

2. Lucien Febvre et Henri-Jean Martin, *L'apparition du livre*, 1999, p. 122.

3. *Incipit* se dit des premiers mots d'un ouvrage manuscrit ou imprimé utilisés pour le désigner. Voir Jacqueline Sclafer, «Incipit», dans *Dictionnaire encyclopédique du livre*, *s.v.*

l'humanisme triomphe, on cherche de plus en plus à donner aux livres nouveaux des titres courts que l'on imprime seuls avec le nom de l'auteur et, au bas de la page, l'adresse bibliographique[4] ». À compter de ce moment, soit vers le milieu du XVIe siècle, se trouve concentré sur la page de titre « l'essentiel de l'information externe et de l'identité visuelle du livre ».

Du milieu du XVIe siècle jusqu'au XVIIIe, la page de titre s'impose comme le « meilleur point d'ancrage pour la notoriété et l'image de marque » de celui qu'on nommerait aujourd'hui l'éditeur[5]. Néanmoins, dans le cours des événements entrent en ligne de compte des mobiles d'ordre juridique : le pouvoir civil cherche à contrôler la prolifération des imprimés. Ainsi se généralise l'obligation d'indiquer la date d'édition, le nom et l'adresse de l'imprimeur et du libraire, bref des mesures d'identification ou d'autorisation[6]. En dépit de ces aléas, on constate que le livre de cette période connaît bien peu de variations dans la manière de décliner son identité. Tout se passe comme s'il avait achevé de conquérir, « à travers l'organisation de la page et par excellence de la page de titre, [...] une logique autonome que les périodes suivantes ne feraient qu'illustrer ou affiner ».

Du XVIIIe au XXe siècle – Même si les modifications intervenues au terme du XVIIIe siècle (introduction des mentions de prix, de reliure, d'édition, de collection, de modernisation de l'adresse) sont relativement accessoires et de peu d'importance, la page de titre elle-même « va voir peu à peu sa prééminence disputée par l'avènement d'autres espaces de référence ». Et d'abord, par la page dite de faux titre dont on connaît la petite histoire.

---

4. Voir Lucien Febvre et Henri-Jean Martin, *ibidem*, p. 126.

5. « C'est au cours du XIXe siècle que la fonction d'éditeur, jusque-là confondue avec celle de libraire, s'en dissocie presque totalement pour acquérir son originalité et que le mot lui-même prend son acception moderne. » (Odile et Henri-Jean Martin, « Le monde des éditeurs », dans *Histoire de l'édition française*, t. III, 1985, p. 159).

6. En France, ces impératifs ont culminé dans la nécessaire autorisation de la Grande Chancellerie, préalable à toute publication et attestée dans la formule *Cum privilegio Regis* inscrite au bas de la page de titre comme signe de la légitimité de l'ouvrage ; enfin, et cela jusqu'au début du XVIIIe siècle (1701), l'achevé d'imprimer fixait la date de validité du « privilège royal ». (Voir Jean-Dominique Mellot, *art. cité*, p. 135.)

Parallèlement, la couverture s'émancipe : la couverture brochée de certains livres commence à porter du texte imprimé (titre et nom de l'auteur) ; au XIXe siècle, cette pratique se généralise. Peu à peu, la première de couverture « tend à redoubler la page de titre, au point de l'éclipser ». Progressivement, la quatrième de couverture affirme ses droits et devient « le support privilégié » de l'éditeur, notamment grâce à un texte qui éveille l'intérêt, sollicite l'attention, déclenche l'achat et, vraisemblablement, encourage la lecture.

Le XXe siècle, que dominent et envahissent les médias, va toucher et modifier l'identité éditoriale. Jean-Dominique Mellot résume ainsi la situation : « l'état civil du livre dans son ensemble éclate et paraît se disperser, le message éditorial, lui, se resserre pour s'imposer en des emplacements "stratégiques" ». En particulier, première et quatrième de couverture, puis jaquette et bande-annonce, déploient les attraits du livre à grand renfort de couleurs, d'arguments et d'incitatifs de tous genres. Et l'état civil du livre, alors ?

Éléments constitutifs de l'état civil

Donnant suite au descriptif sommaire de l'état civil du livre, on constate à la suite du lexicographe du *Dictionnaire encyclopédique* que les éléments constitutifs de cet état civil s'inscrivent à la fois au titre de l'identité intellectuelle qu'à celui de l'identité commerciale et juridique ou institutionnelle.

L'identité intellectuelle touche l'essentiel, soit le livre et son contenu : titre, auteur, langue, collection, responsabilités diverses. Composent l'identité commerciale, les données suivantes : lieu de publication et d'impression, nom, adresse et titres éventuels de l'imprimeur ; nom ou raison sociale de l'éditeur ; adresse et date ; numérotation de l'édition ; éventuellement, tirage et prix de vente. L'identité juridique ou institutionnelle renvoie à l'ensemble des dispositions administratives et législatives qui régissent l'édition ; s'y inscrivent nommément les mentions d'enregistrement ou d'autorisation et de droits d'auteur ; le *copyright* ; le dépôt légal ; l'achevé d'imprimer (ou l'équivalent) ; les impératifs de l'ISBN (numéro international normalisé du livre).

Force est de reconnaître que nombre de ces dispositions relèvent des lois et règlements respectifs de chaque pays. L'observation de la pratique démontre que les mentions relatives à l'état civil du livre et des publications similaires peuvent changer de site ; certaines peuvent disparaître (c'est le cas de la date et du lieu d'édition en page de titre). D'autres se fixent en des espaces imposés : les données de catalogage avant publication en sont un exemple ; la mention du numéro international normalisé à treize chiffres, sur la quatrième de couverture, en est un autre. Bon nombre trouvent place dans les pages liminaires, en particulier au verso du feuillet de titre où elles sont concurrencées dans l'édition d'ici par des incidences de nature administrative ou publicitaire[7].

De rétrospective à prospective

Ce titre autorise un regard en deçà de l'état civil, vers l'origine du mot *livre* lui-même : « Le mot *livre* vient du latin *liber* désignant le tissu végétal constitué des vaisseaux conducteurs de sève. [...] Ce tissu est situé entre le bois et l'écorce [...] et fut, avec la pierre, le support des toutes premières écritures[8]. »

Depuis lors, le livre « vit ». Il est toujours « conducteur de sève » à travers son histoire, une histoire capable d'enregistrer, sous la marque d'une identité propre et sous les traits d'un « état civil bien établi et universellement reconnu », les productions de ce temps et des temps à venir, sans rupture de continuité entre manuscrits et livres imprimés, entre livres imprimés et livres électroniques.

---

7. Au besoin, consulter les rubriques suivantes dans le présent ouvrage : *verso du feuillet de titre, données de catalogage avant publication, mention de dépôt légal, « marque » du droit d'auteur, achevé d'imprimer.* On y traite généralement des dispositions spécifiques à l'édition au Canada et au Québec.

8. Adresse URL : <http://www.arehn.asso.fr/centredoc/livres/merlet/complement.php>, sous le titre « Histoire du livre et de la reliure ». Consulté le 12 septembre 2005.

Bibliographie sélective

L'option en faveur d'une bibliographie sélective est renoncement volontaire à l'hypothèse de livrer une bibliographie exhaustive, volumineuse et impressionnante; impressionnante, parce que volumineuse.

Cette bibliographie fait état des sources jugées les plus inspirantes, les plus utiles, les plus fiables des textes parcourus, évalués et revisités en cours d'itinéraire. Sélective, elle est nécessairement subjective; commentée, elle a chance de faire valoir quelques raisons objectives d'être là.

Les références bibliographiques des grands dictionnaires de la langue française, abondamment cités, ne sont décrites intégralement qu'à leur première occurrence dans le texte; par la suite, elles sont indiquées par le sigle, le tome, la date et, au besoin, l'abréviation *s.v.* (*sub verbo*) suivie du mot à l'étude.

La référence bibliographique des œuvres et des ouvrages d'où sont extraits des exemples ou des spécimens est décrite en note de bas de page.

ANCIAUX, Jean Pierre, *La mise en page. Les règles d'or de la communication écrite*, Paris, Éditions d'Organisation, 1992, 222 pages.

Ouvrage éminemment pratique, mais qui donne priorité aux fondements théoriques de l'écrit. L'auteur s'intéresse aux éléments de base permettant de structurer une démarche de recherche; il établit la progression qui s'impose dans l'exploitation des ressources de la pensée; il traite du codage des sens et de la hiérarchie des plans (oral et écrit). De là, il expose le cheminement qui conduit de la mise en forme des résultats obtenus jusqu'aux dernières étapes de la présentation matérielle de l'écrit.

BARBER, Giles, Nicolas BARKER, Jean-Daniel CANDAUX *et al.*, *La bibliographie matérielle*, présentée par Roger Laufer, Table ronde organisée pour le Centre national de la recherche scientifique par Jacques Petit, Paris, Éditions du CNRS, 1983, 180 pages.

L'enjeu du sujet est d'attester que les techniques de production matérielle ont une influence sur les produits de l'esprit que sont les textes, et cela d'une façon souvent diffuse qui tient aux arts et aux métiers du livre. Le présentateur de l'ouvrage explicite la portée de ce constat: la bibliographie matérielle, écrit-il, est une école de rigueur pratique; elle est un outil pour la défense du patrimoine littéraire, dans le sens le plus large du mot, celui de la tradition écrite; elle peut nourrir et informer une réflexion générale sur la culture écrite. (Voir « Avant-propos », p. 8.)

BOULOGNE, Arlette, avec la collaboration de Sylvie Dalbin, *Comment rédiger une bibliographie*, Paris, Nathan/VUEF: ADBS, coll. « 128 Information-Documentation », 2002, 128 pages.

Riche d'une longue expérience en matière de description de documents, de catalogues, de bases de données et de bibliographies, l'auteur analyse et commente les règles et les normes variées et disparates qui ont cours. En vue d'améliorer la pratique à cet égard, elle propose des critères de présentation et d'écriture des références de documents écrits, audiovisuels et électroniques, en conformité des normes internationales.

COMPAGNON, Antoine, *La seconde main ou le travail de la citation*, Paris, Seuil, 1979, 414 pages.

L'auteur livre un discours éclaté et éclatant sur la citation: « prospectus d'un voyage peu organisé » et « suite d'excursions librement reliées », précise-t-il. Style alerte, originalité et érudition marquent l'exposé des diverses séquences qui empruntent, entre autres, aux sources de la phénoménologie et de la sémiologie. L'analyse se déroule comme une « leçon de choses ». Surtout, ajoute l'auteur, ce « n'est pas un discours *sur* la citation mais un discours *de* la citation ». (Voir « Avant-propos », p. 9-12.)

DEVILLARD, Joëlle, et Luc MARCO, *Écrire et publier dans une revue scientifique*, Paris, Éditions d'Organisation, 1993, 128 pages.

Écrire et publier... est une synthèse des conditions de fond et de forme, des normes et critères qui régissent l'élaboration et la publication d'un bon article scientifique. La partie réservée à la méthodologie générale offre un aperçu des problèmes inhérents à ce travail et suggère divers moyens pour les résoudre. Les données pratiques ne sont pas négligées: intérêt d'une bonne introduction, finalité du titre, arguments à privilégier y sont traités succinctement et efficacement.

FEBVRE, Lucien, et Henri-Jean MARTIN, *L'apparition du livre*, avec le concours d'Anne Basanoff, Henri Bernard-Maître, Moché Catane *et al.*, Postface de Frédéric Barbier, Paris, Albin Michel, 1999, coll. « Bibliothèque de l'évolution de l'humanité », n° 33, xii-598 pages.

Considéré comme un classique peu après sa parution en 1958, cet ouvrage présente une analyse de la naissance et de la diffusion du livre dans toutes ses dimensions. S'y retrouvent sous un nouveau jour, éclairés qu'ils sont alors par la grande histoire sociale, le développement des ateliers typographiques, l'invention des caractères, l'édition des textes, la mise en page, etc. La postface de Frédéric Barbier (50 pages) illustre et démontre la fécondité de l'ouvrage à la lumière des connaissances actuelles.

GENETTE, Gérard, *Seuils*, Paris, Seuil, 1987, coll. « Poétique », 388 pages.

Gérard Genette ouvre de nouvelles perspectives d'analyse de l'œuvre littéraire en explorant les diverses « productions » qui entourent le texte, qui en assurent la réception sous forme de livre. Ainsi, les différentes mentions d'identité de l'auteur d'un écrit sont répertoriées, les genres de préfaces, inventoriés, les titres et les intertitres, décortiqués. Ces éléments se répartissent sous des mots devenus courants : *paratexte*, *péritexte*, *épitexte*, des mots qui appliquent tout simplement aux « textes » constitutifs du livre les indices préfixaux *para-* (à côté), *peri-* (autour), *epi-* (en plus). Il s'agit de *seuils*, précise Genette, ce qui explique (tant bien que mal) le titre de son ouvrage.

GIBALDI, Joseph, *MLA Handbook for Writers of Research Papers*, 6th ed., New York, Modern Language Association of America, 2003, xviii-362 pages. [réédité en avril 2005]

L'écrit original (*MLA Style Sheet*), source du présent manuel, remonte à 1951 ; la première édition date de 1977. Il s'agit d'une ressource documentaire classique pour les chercheurs en sciences humaines. L'édition de 2003 reprend les données de base des publications antérieures sur la recherche et l'écriture ; s'y ajoutent les règles touchant la documentation électronique : bases de données, critères de fiabilité de l'information, références à des articles de périodiques en ligne, etc. Un chapitre complet traite d'honnêteté intellectuelle, de droits d'auteur et de plagiat involontaire. Des sommaires très détaillés permettent de repérer aisément idées et mots clés. Des références bibliographiques selon les disciplines font l'objet d'un appendice. Les mises à jour sont disponibles à l'adresse URL : <www.mla.org>.

HOEK, Leo H., *La marque du titre. Dispositifs sémiotiques d'une pratique textuelle*, La Haye, Mouton éditeur, 1981, coll. « Approaches to Semiotics », nº 60, xiv-368 pages.

Cet ouvrage retourne le titre de tous les côtés : en référence à la syntaxe, à la pragmatique, à la sémantique, etc. De ce fait, l'exposé comporte des divisions et subdivisions numériques jusqu'à concurrence de six chiffres : c'est beaucoup. Par ailleurs, au motif de « rehausser la lisibilité » de son écrit, l'auteur « évite les notes de bas de page » ; il leur substitue des insertions de longueur variable, annoncées sous divers titres : *remarque*, *parallèle*, *digression*, etc., et posées comme des îles dans le cours du texte. Cet essai de *lisibilité rehaussée* laisse perplexe, mais cela n'en réduit pas la valeur documentaire.

LAFLÈCHE, Guy, *Le Manuscrit moderne*, Montréal, Guérin universitaire, 1998, 96 pages.

Le Manuscrit moderne est un « guide raisonné pour la présentation matérielle des dissertations et des rapports de recherche universitaires dans le domaine des études littéraires ». L'ouvrage ne se borne pas à dresser la liste des règles qui s'appliquent au manuscrit ; il les explique et les justifie. Un fichier télématique reproduit sous le même copyright « est réservé à l'usage privé exclusivement sur la Toile ». Adresse URL : <http://www.mapageweb.umontreal.ca/lafleche/fm/index.html>.

Livre et fichier se complètent, « le premier, précise l'auteur, étant un développement du second (avec une introduction de plus de vingt-cinq pages inédites proposant les conclusions du travail sur le *Manuscrit moderne*) » ; le second, le fichier, « qui intègre périodiquement des précisions et des mises à jour, permet de situer rapidement les informations recherchées... dans le livre ». (Guy Laflèche, 2003.) Consultation : le 19 mai 2006.

LANE, Philippe, *La périphérie du texte*, Paris, Nathan, 1992, collection créée par Henri Mitterand, Série « linguistique », 160 pages.

L'intérêt de ce livre tient surtout au fait qu'il reprend sous une forme didactique expresse, la théorie du paratexte proposée par Gérard Genette. Le schème de l'écrit est clair et les notions développées sont suivies d'exercices d'application et de corrigés sur les principales formes de paratextes. Une bibliographie aux titres bien choisis, parus entre 1972 et 1992 (date de la publication), complète l'ouvrage.

MALO, Marie, *Guide de la communication écrite au cégep, à l'université et en entreprise*, [Montréal], Québec Amérique, 1996, x-322 pages.

Cet ouvrage à finalité didactique se distingue tout particulièrement par la méthode qu'il exploite. Présenté comme un « outil de référence essentiel pour l'usage efficace des ressources documentaires, typographiques et linguistiques », il étudie plus d'une trentaine de sujets afférents aux travaux de recherche ou aux rapports techniques. Répartis selon l'ordre alphabétique, les sujets sont traités avec clarté, concision et justesse. Illustrations, modèles et exemples sont bien assortis aux sujets. De nombreux renvois sont signalés à la fin de chacun des exposés et un index volumineux s'avère une ressource précise, précieuse, à l'égal du livre lui-même.

Manual of Style. The Essential Guide for Writers, Editors and Publishers, 15th edition, The University of Chicago, Chicago and London, 2003, xviii-958 pages.

The *Manual of Style* (Chicago) est l'ouvrage par excellence pour élucider tout problème relatif à l'écriture et à l'édition ainsi qu'à la mise en œuvre des règles d'élaboration et de présentation des composantes d'un livre. Tables multiples, index détaillés, renvois fonctionnels, descriptions claires font de ce manuel un classique, ce dont témoignent ses quatorze réimpressions ou rééditions depuis 1906.

MARCIL, Claude, avec la collaboration de Joanne Lauzon, *Comment chercher. Les secrets de la recherche d'information à l'heure d'Internet*, Sainte-Foy (Québec), MultiMondes, 2001, 226 pages.

Le titre indique bien la teneur de l'ouvrage ; le développement est clair, sobre et exhaustif. Bibliographie, annexes et index en font une source appréciée pour tirer le meilleur parti des ressources documentaires accessibles sur le réseau Internet.

Le Nouveau Code typographique, révisé, complété et modernisé par Robert Guibert, Paris, Fédération de la communication CFE/CGC, 1997, xiv-176 pages.

En usage depuis 1946, le *Code typographique* est destiné principalement aux auteurs et aux professionnels du livre. Source documentaire largement connue et de consultation facile, l'ouvrage totalise cent soixante-quinze titres sur des questions usuelles et des pièges de l'écriture. Il ne remplace pas les ouvrages de même teneur, mais il offre les garanties de qualité et de pertinence réclamées d'un tel outil.

NYSSEN, Hubert, *Du texte au livre, les avatars du sens*, Paris, Nathan, 1993, 188 pages.

Ce livre de l'écrivain Hubert Nyssen, qui a été fondateur et directeur des éditions Actes Sud, décrit le passage du texte au livre en usant de l'expression : « les avatars du sens », des mots que seul un éditeur peut se permettre, et encore. Nyssen décrit le rôle de l'éditeur dans la transformation du manuscrit au nom des « exigences de la commercialisation et de la médiatisation ». L'expérience ne semble pas toujours corroborer les vues exprimées.

RAMAT, Aurel, *Le Ramat de la typographie*, Montréal, Aurel Ramat éd., 2005, 224 pages.

Cet ouvrage, œuvre d'un spécialiste de la typographie que sa carrière remarquable impose à l'attention comme un « maître incontesté », est aujourd'hui une ressource documentaire clé pour tous ceux qui écrivent, publient ou explorent Internet à ces fins. La cinquième édition du *Ramat* en fait à cet égard une ressource à point et à jour. Ce guide est à maints égards un modèle du genre. À l'ABC de la typographie, qui ouvre le recueil, s'ajoutent des rubriques majeures traitées avec maîtrise : abréviations, nombres, orthographe, etc. Table des matières et index détaillés sont d'une consultation à la fois aisée et efficace. Ce livre est une mine d'information de haute qualité, d'une clarté sans ombre et d'une rare compétence : celle qui produit les classiques, sources inégalées, uniques, et toujours précieuses.

Le Tapuscrit. Recommandations pour la présentation de travaux de recherche en sciences humaines, Paris, École des Hautes Études en sciences sociales, 1999, 102 pages.

Nouvelle édition revue et mise à jour d'un ouvrage bien fait, illustré par de nombreux exemples et divers modèles de présentation des notes de référence et des notices bibliographiques. L'auteur expose les normes françaises et les applique à bon escient.

TISSEYRE, Pierre, *L'Art d'écrire*, Montréal, Éditions Pierre Tisseyre, 2002, 150 pages.

L'Art d'écrire relève du genre autobiographique : c'est le survol d'une expérience d'édition, un écrit sur la technique romanesque que cinquante années de métier incitent à offrir aux aspirants écrivains. Induit de l'expérience de l'éditeur, lui-même auteur, l'ouvrage est simple, concis, pratique ; il rappelle Boileau et le « Vingt fois sur le métier… » en clamant que l'Art d'écrire est « de tous les arts, celui qui fait le plus appel à la technique ». Puis, du même souffle, il prévient : « Ce qui compte, c'est votre rythme intérieur qui fait naître les phrases en vous et vous dicte par conséquent votre façon d'écrire. » *L'Art d'écrire* « ne donne pas du talent », conclut-il, mais il peut être une aide à qui porte en lui le « talent mystérieux de l'écriture ».

Université de Montréal, *InfoSphère UdeM-Sciences humaines et sociales*, 2000 [en ligne]. Adresse URL : <http://www.bib.umontreal.ca/infosphere/sciences_humaines/tutorielo.html>.

Créé par l'Université du Québec à Montréal, puis adapté par la Direction des bibliothèques de l'Université de Montréal en 2000, ce tutoriel a pour but de développer « certaines compétences de base dans la recherche d'information », comme « la définition du sujet de recherche, le choix des sources d'information, l'utilisation des nouvelles technologies, l'évaluation de l'information ». Chaque étape du parcours est axée sur des objectifs spécifiques, tel celui de choisir ses sources, de les évaluer, de les citer correctement. Outil de recherche documentaire de très bonne qualité, InfoSphère est une source appréciée pour la conduite générale, l'élaboration et la présentation de travaux de recherche universitaire ou professionnelle.

Liste de sigles

En règle générale, la signification de tout sigle utilisé est décrite au moment de sa première occurrence dans le texte, d'où la place et la teneur réduite de la présente liste.

AFNOR	Association française de normalisation
ASTED	Avancement des sciences et des techniques de la documentation (Association pour l')
CNRS	Centre national de la recherche scientifique
DAF	*Dictionnaire de l'Académie française*
DHLF	*Dictionnaire historique de la langue française*
EO	Éditions d'Organisation (collection « Mémentos EO »)
ESF	Éditions sociales françaises
GDEL	*Grand Dictionnaire encyclopédique Larousse*
GLLF	*Grand Larousse de la langue française*
GRLF	*Grand Robert de la langue française*
HESO	Histoire et structure des orthographes et systèmes d'écritures (CNRS et)
IFLA	Fédération internationale des associations de bibliothécaires et d'institutions
ISO	Organisation internationale de normalisation (International Organization for Standardization)
MLA	The Modern Language Association of America
PUF	Presses universitaires de France
PUM	Les Presses de l'Université de Montréal
TLF	*Trésor de la langue française*
URL	Uniform Resource Locator (Adresse de document Internet)
VLB	Victor-Lévy Beaulieu (éditeur)
VUEF	Vivendi Universal Education France (Société)

Index des sujets

Les numéros de page en **gras** renvoient au texte intégral du sujet inscrit sous l'entrée principale en question.

Le **retrait** équivaut à un **tiret**, marque conventionnelle d'un changement de niveau dans un index.

Le **tilde (~)** tient lieu de la rubrique principale d'entrée d'index ou de la rubrique de la ligne qui le précède

Les entrées secondaires sont classées par **ordre alphabétique**, à l'exception des exemples portés en fin de liste.

L'abréviation **n.** (mise pour *note*) renvoie à une note de bas de page.

En raison de la nature du présent ouvrage, tout renvoi (***voir*** ou ***voir aussi***) est suivi de numéros de page.

A

abréviations **146-155**
- ~ latines 133-134, 137-139, 151-153, 154 n. 7
- liste des ~ 154-155
- normes d'écriture des ~ 150-151
- règles de formation des ~ 146-149

abstract
- *Voir* sommaire 37, 39 n. 9

achevé d'imprimer **278-283**
- exemples d'~ 281-283

achevé de rédaction
- *Voir* achevé d'imprimer 282-283

annexe **186-190**
- contenu de l' ~ 188
- exemples d'~ 190

appel de note **120-124**
- cas particuliers d'~ 159, 164
- formes et types d'emploi de l'~ 120-121
- exemples et règles d'écriture de l'~ 121-124

appendice **186-190**
- contenu de l'~ 188-189
- exemples d'~ 190

avant-propos **54-60**
- exemple d'~ de type général 57-58
- ~ d'~ d'actes de colloque 59
- ~ d'~ d'ouvrage collectif 59-60
- ~ d'~ de réédition d'écrits épars 58-59
- *Voir aussi* introduction 77

avertissement **34-35**
- exemples d'~ 34, 35

B

bande-annonce
- *Voir* bande publicitaire 305-309

bande publicitaire **305-309**
- traits caractéristiques de la ~ 306-309
- exemples de ~ 307, 308, 309

bibliographie **198-219**
- ~ annotée 216-219
- élaboration d'une ~ 198-205
- méthodes de ~ 214-216
- normes et références dans une ~ 207-214
- qualités essentielles d'une ~ 205-207
- exemples de ~ 201-204, 211-212, 215-219

C

catalogage avant publication (données de) **255-262**
- acronyme du ~ (dit CIP) 255-256
- analyse des données du CIP 256-261
- exemples de ~ 261-262

chronologie ou repères chronologiques **191-197**
- caractéristiques ou qualités essentielles de la ~ 192-193
- types courants de ~ 193-194
- exemples de ~ ou de repères 194-197

citation 141-145
- ~ d'idée 143-144
- ~ intratextuelle 145
- ~ textuelle 141-143

collection **82-94**
- création d'une ~ 84-86
- rôle de l'éditeur et du directeur de ~ 84-86, 87
- exemples de ~ 87-94
  - ~ « Que sais-je ? » 87-89
  - ~ « collection du Nénuphar » 89-94

couverture de livre **284-295**
- composantes de la ~ 284-285
  - dos de la ~ 293-295
  - première de ~ 285-286
  - quatrième de ~ 286-293
    - exemples de ~ 287, 288, 289, 290, 291-293
- *Voir aussi* : jaquette de ~ et rabats 296-304

D

dédicace **15-21**
- ~ d'exemplaire 18-21
- ~ d'œuvre 15-18
- exemples de ~ d'exemplaire 20-21
- exemples de ~ d'œuvre 16-18

dépôt légal (mention de) **270-277**
- avantages du ~ 274-277
- composantes de la mention de ~ 273
- obligation de ~ selon les législations 271-273
- exemples de ~ 273-274

droit d'auteur (« marque » du) **263-269**
- ~ et *copyright* (©) 263-264, 265-267, 268
- ~ et mention « droits réservés » 268
- ~ et publications numériques 269
- exemples de mention du ~ 267-268

E

éditeur (responsabilités particulières de l')
- ~ et collection 84-86
- ~ et dépôt légal 270-273, 276-277
- ~ et droit d'auteur (*copyright*) 265-269
- ~ et titres d'ouvrages 101, 103

encadré
- *Voir* encart 246-247

encart **240-247**
- état de la question de l'~ 240-241
- types d'~ 241-245
- exemples d'~ 241-245 *passim*

épigraphe **24-30**
- critique de définitions de l'~ 24-25
- fonctions de l'~ 25-27
- usage et critères d'usage de l'~ 28-29
- exemples d'~ 30

épilogue **169-173**
- conditions d'emploi de l'~ 169-173
- exemples d'~ 170, 171, 172, 173

Voir aussi prologue 47-50

état civil du livre **310-314**
aperçu historique de l'~ 310-313
éléments constitutifs de l'~ 313-314

exergue **22-23**
Voir aussi épigraphe 24-30

F
figures **156-160**
éléments des ~ 157-159
rapport entre ~ et texte 157
exemples de ~ 159-160

H
hors-texte
Voir encart 247

I
illocutoire
Voir 19 n. 12, 66 n. 10

incunables
Voir 278 n. 1

index **220-233**
composantes de l'~ 220-221
critères d'élaboration de l'~ 224-226
règles de présentation et d'écriture de l'~ 227-232
exemples de composantes d'un ~ 222-224

intertitres
Voir titres intérieurs 110-113

introduction **77-81**
analyse d'un modèle d'~ 78-79
caractères spécifiques de l'~ 77-78
types d'~ 79-81

italique
fonctions de l'~ 32 n. 2, 74 n. 11, 123 n. 12, 185

J
jaquette de couverture **296-304**
rôle ou fonctions de la ~ 298-299
~ et rabats 299-304
exemples de ~ 299-304

L
liminaire
Voir note liminaire 40-46

N
note **125-131**
raison d'être ou justification de la ~ 126-127
~ de référence 127
~ de contenu 127-129

note de référence **132-139**
éléments de la ~ 132-136, 127
particularités de la ~ 136-139
exemples de ~ 133-139 *passim*
Voir aussi références dans le texte 140-144

note liminaire **40-46**
~ de l'auteur 40-43
~ de l'éditeur 43-44
~ du traducteur 44-45
exemples de ~ 40-46

P
planche
Voir 165 n. 3

post-scriptum **181-185**
domaines d'emploi du ~ 181-182
finalités du ~ d'un livre 184-185
exemples de ~ 182, 183, 184

postface **174-180**
caractéristiques de la ~ 175-176
règles d'usage de la ~ 180
exemples de ~ 176-180
Voir aussi épilogue 173

préambule **51-53**
origine du terme ~ 51
exemple de ~ 51, 52
Voir aussi avant-propos 58

préface **61-69**
critique de la ~ 61-62
justification de la ~ 68-69
nature de la ~ moderne 62-63
exemples de ~ 64-68
Voir aussi introduction 77

prélude **51-53**
origine du terme ~ 51
exemple de ~ 52-53

préliminaire
Voir note liminaire 40-46

présentation **70-74**
~ et introduction 70
exemples de ~ 70, 71, 72, 73

prologue **47-50**
origine et acceptions du terme ~ 47
exemples de ~ 48-50
Voir aussi épilogue 169-173

R

rabats de la couverture
Voir jaquette et rabats 296-304
Voir aussi quatrième de couverture 289-293

référence dans le texte **140-145**
~ *ou* référence « intratextuelle » 145
exemples de ~ 141, 142, 143, 144
Voir aussi méthode « auteur-date » 213-215

remerciements **31-33**
emplacement des ~ 31-32, 56, 59
exemples de ~ 32-33, 60

repères chronologiques
Voir chronologie ou ~ 191-197

résumé d'auteur 37 n. 5

S

sommaire **36-39**
définitions et notion synthèse du ~ 36-37
exemples de ~ 38 n. 6, 39 n. 7
Voir aussi table des matières 238-239

synonyme (concept de ~)
Voir 55, 55 n. 2 et 3

T

table des matières **234-239**
analyse de la notion de ~ 234-235
règles de mise en page et d'écriture de la ~ 235-236
~ et sommaire 237-239
exemples de ~ 239

tableaux **161-166**
règles d'usage et d'écriture dans les ~ 162-165
exemples de ~ 165-166

titre du livre **95-109**
choix du ~ : responsabilité et ressources 101-106
emplacements multiples du ~ 107-109
fonctions du ~ 96-101
exemples de ~ 96-106 *passim*

titre (verso du feuillet de) **251-254**
éléments imposés 251-253
regard critique : verso du feuillet de ~ 253-254

titres courants **114-119**
livres sans ~ 115
raison d'être des ~ 114-115
exemples de ~ 115-118

titres intérieurs ou intertitres **110-113**
critères d'usage et hiérarchie des ~ 111-113
~ et divisions muettes 111
exemple de ~ 113

Index des auteurs

Le présent index relève les noms des auteurs cités ou mentionnés comme témoins privilégiés des exemples qui jalonnent le développement. Il permet surtout de mettre en relief la variété des ressources exploitées.

La lettre « n. » ajoutée à un numéro de page indique que le nom de l'auteur figure dans une note et non dans le texte courant.

A

Abbott, Elizabeth 17, 262
Adorno, Theodor W. 102-103
Alain [Émile Chartier] 126n.
Alain-Fournier 117n.
Alembert, Jean le Rond d' 55n.
Ambrière, Madeleine 215
Anciaux, Jean-Pierre 238n.
Apollinaire, Guillaume 20
Aquin, Hubert 71, 292-293
Aquin, Stéphane 211
Aragon, Louis 17, 174
Arsenault, Marie-Évelyne 308n.
Asselineau, Roger 80-81
Altan, Henri 97n.
Audebert, Maurice 134
Augé, Marc 97n.
Aulu-Gelle 105n.
Austin, John Langshaw 19n.
Autié, Dominique 284n.

B

Bachelard, Gaston 215
Balayé, Simone 270n.
Ballon, Patrice 211
Barbier, Frédéric 178, 310n.
Barnes, Djuna 68n.
Barthes, Roland 66-67, 97, 129n., 137
Baruk, Stella 106n.
Baudelaire, Charles 17n., 25, 143
Baudoin, Jean-Louis 138, 139
Baumgartner, Emmanuèle 237n.
Bayle, Pierre 126
Beaud, Michel 142, 152n., 187n., 188n.
Beaujour, Michel 99
Beaumarchais, Pierre A.C. de 98n.
Beauvoir, Simone de 16
Bechterev, Vladimir 184
Bédard, Jean 48, 50, 170-171, 195
Bénac, Henri 186, 219
Benoît, Pierre 305n.
Bernard, Jean-Pierre 106n.
Bermond, Daniel 287n., 289n., 290n.
Berthelot, Jacques 110n., 111, 295n.
Bessette, Émile 201n.
Beugnot, Bernard 71
Bettencourt, Pierre 282n.
Bident, Christophe 106n.
Bizier, Hélène-Andrée 185
Blackburn, Marc 127n., 134
Blais, Marie-Christine 211
Blanchot, Maurice 40-41
Bobin, Christian 21n., 104, 289n.
Boisseau, Jean 247n.
Bonnin, Georges 179n.
Borges, Jorge Luis 62
Bouchard, Chantal 137
Boulestreau, Nicole 237n.
Boulogne, Arlette 207n., 208n.

Bouthat, Chantal 161 n., 188 n., 236 n.
Bouvaist, Jean-Marie 284
Braudel, Fernand 67-68, 99, 181
Brault, Jacques 197, 212
Brecht, Bertolt 49, 171
Breton, André 44
Brunel, Pierre 28 n.
Buies, Arthur 99, 100 n.
Butor, Michel 105 n.

C
Calabrese, Giovanni 116
Calle-Gruber, Mireille 25 n., 84 n.
Caillois, Roger 284
Camus, Albert 20, 65
Cantin, Serge 30 n., 58-59, 72
Carroll, Lewis 103
Cayrol, Jean 105 n.
Cellard, Jacques 104 n.
Cendrars, Blaise 20
Certeau, Michel de 133, 138
Chamarat, Gabrielle 59
Char, René 20
Charles, Michel 27, 57-58
Chenu, Marie-Dominique 72
Chessex, Jacques 195
Chotard, Loïc 215
Cioran, [Emil Michel] 106 n.
Citati, Pietro 303-304
Claudel, Paul 185
Clavel, Maurice 17 n., 106 n.
Cohen-Solal, Annie 131 n.
Collobert, Catherine 106 n.
Colonna, Vincent 126 n., 283 n.
Combier, Marc 271 n., 278 n.
Compagnon, Antoine 25 n., 126 n.
Coppens, Yves 172 n.
Cornellier, Louis 211
Courtine-Denamy, Sylvie 48-49, 171
Cues, Nicolas de 48, 50, 105 n.

D
Daniélou, Jean 195
De Sena, Jorge 45
Decaux, Alain 105 n.
Defays, Jean-Marc 213 n.
Delerm, Philippe 308
Deleuze, Gilles 176, 184, 185
Delorme, Robert 207 n.
Demougin, Jacques 83 n., 241 n.
Derrida, Jacques 69
Descartes, René 64-65
Deschamps, Nicole 137
Deschâtelets, Gilles 200 n.
Desmeules, Christian 135
Despland, Michel 79
Desroche, Henri 180 n.
Dirkx, Paul 246
Dortier, Jean-François 39 n.
Dosse, François 33 n., 99
Doubrovsky, Serge 133, 175 n.
Drillon, Jacques 251 n., 291
Dubois, Daniel 178 n.
Dubois, Jean 66 n.
Ducharme, Réjean 134
Ducrot, Oswald 80 n.
Duhaime, Jean 106 n.
Dumont, Fernand 34-35 n., 72, 73, 106 n.
Dupriez, Bernard 114 n.
Dutourd, Jean 287 n., 290

E
Eco, Umberto 175
Eliot, Thomas Stearns 68
Éluard, Paul 26
Emmanuel, Pierre 73
Émond, Bernard 105 n.
Ernou, Annie 289

F
Farley-Chevrier, Francis 198 n., 203 n.
Faure, Edgar 113, 133 n., 134
Febvre, Lucien 178 n., 191 n., 310 n., 311 n.
Ferland, Guylaine 97 n.
Finbert, Elian-J. 73 n.
Finkielkraut, Alain 106 n., 180, 215
Flahault, François 66-67
Flaubert, Gustave 223
Fontaine, André 138
Fouché, Pascal 297 n., 305 n.
Fournier, Claude 270 n.
Frank, Bernard 176-177
Frisch, Max 98 n.
Furetière, Antoine 100

G
Gagnon, Maryse 198 n., 203 n.
Garcia, Daniel 293 n.
Gaudé, Laurent 309
Gauvin, Lise 137, 141, 142, 213 n.
Gavalda, Anna 289 n.
Geffré, Claude 115-116
Genette, Gérard 25, 27, 66, 84, 110, 128-129, 182, 298 n., 305 n., 306 n.
Gernet, Louis 222
Gerosa, Guido 225 n.
Gide, André 20, 43 n., 186, 280, 302
Gille-Maisani, J.-Ch. 190
Girardon, Jacques 106 n.
Giroud, Françoise 17
Giudicelli, Michelle 45
Goose, André 116
Gould, Stephen Jay 105 n.
Goulet, Alain 59
Goulet, Denis 130 n.
Goulet-Cazé, Marie-Odile 59-60
Gouriou, Ch. 149 n.
Grafton, Antony 125 n.
Greisch, Jean 135
Griselin, Madeleine 145 n.
Groulx, Lionel 247
Grosjean, Jean 105 n.
Guédon, Jean-Claude 202 n.
Guenancia, Pierre 291
Guérin, Bernard 21 n.
Guéry, Louis 278
Guèvremont, Germaine 309
Guibert, Robert 282 n.
Guillebaud, Jean-Claude 239

H
Hamel, Réginald 201 n.
Hamelin, Jean 136
Hanse, Joseph 244 n.
Harel, Simon 122 n.
Harvey, Pierre 196, 300
Hay, Louis 179 n., 239
Hébert, Anne 73, 115 n.
Hébert, Jacques 105 n.
Hemingway, Ernest 26
Hentsch, Thierry 106 n., 152
Himmelfarb, Gertrude 128 n.
Hobbes, Thomas 126 n.
Hoek, Leo H. 239
Hoffman, Philippe 47 n.
Hugo, Victor 181

J
Jacob, Odile (éditeur) 71-72
Jaffray, Patricia 285 n., 293 n., 294 n.
Jankélévitch, Vladimir 97
Jasmin, Claude 302
Jolivet, Régis 98 n.
Jouhandeau, Marcel 20
Jourdan, Bertrand 105 n.
Joyce, James 117 n.
Jung, Carl Gustav 190

K
Kahil, Liliane 200 n.
Kierkegaard, Sören 61, 181, 182, 184
Kodratoff, Yves 178 n.
Kundera, Milan 282-283

L
Labarre, Albert 278 n.
Laborderie, Fernand de 247 n.
Lacôte, René 288
Lacourcière, Luc 91-93
Lacroix, Benoît 16, 197
Laflèche, Guy 122 n.
Laforgue, Jules 28 n.
Lalonde, Robert 136
Lamonde, Yvan 106 n.
Langlois, Georges 30 n.
Lanuit, Roger 298 n.
Latouche, Daniel 142, 152, 187 n., 188 n.
Laufer, Roger 107 n., 117 n., 237
Lauzon, Joanne 202 n.
Lavallée, André 213 n.
Le Bidois, Robert 98 n.
Le Gendre, Olivier 99
Le Roy Ladurie, Emmanuel 67-68
Leblanc, Pierre-Paul 106 n.
Legendre, Pierre 52 n.-53
Lepape, Pierre 215
Lerat, Pierre 96 n.
Leroux, Pierre 136
Létourneau, Jocelyn 70
Lévêque, Pierre 191 n.

L'Hoest, Christian 279n.
Loubet del Bayle, J.-L. 198n., 201n.
Lowry, Malcolm 64
Lyotard, Jean-François 184

M
Madaule, Jacques 42
Magritte, René 96n.
Mailhot, Laurent 201n.
Major, André 257n.
Malclès, Louise-Noëlle 136
Malo, Marie 37n., 39n., 121n., 140n., 188n.
Malraux, André 16
Manguel, Alberto 106n.
Maniez, Jacques 225n.
Mann, Thomas 105n., 115n.
Marcil, Claude 202n.
Marcotte, Gilles 130n., 261
Marrou, Henri-Irénée 195, 225
Martin, Gérard 247n.
Martin, Henri-Jean 310, 311n., 312n.
Martin, Paul-Aimé 89-93
Martineau, Pierre 138, 139
Mauriac, François 172
McCloy, T. R. 259n.
Méchoulan, Éric 239, 281n.
Méhu, Didier 196
Melançon, Benoît 35, 71
Mellot, Jean-Dominique 298n., 310n., 312n., 313
Meyer, Michel 41-42, 78-79
Michon, Jacques 84n., 90n., 91n., 196, 239
Miraux, Jean-Philippe 106n.
Miron, Gaston 135, 288
Monod, Jacques 99, 288n.
Montaigne, Michel de 88
Montandon, Alain 80
Morand, Paul 305
Morency, Pierre 33n.
Musset, Alfred de 104n.

N
Nadal, Antoine 101
Nardout-Lafarge, Élisabeth 25n.
Nelligan, Émile 93
Némirovsky, Irène 299, 308
Nepveu, Pierre 87n.
Neumann, Danièle 298n.
Nietzsche, Friedrich 136
Nyckees, Vincent 190
Nyssen, Hubert 84

O
Ouellette, Fernand 93
Ouellette, Monique 32n.

P
Paré, Jean 99, 116
Paris, Erato 67-68
Parmentier, Francis 100n.
Patar, Benoît 22n., 281n.
Pauvert, Jean-Jacques 44
Peignot, Charles 179n.
Perec, Georges 51-52, 127n., 128, 172, 173, 184, 185, 283
Perego, François 291
Perrein, Michèle 183, 185
Perelman, Chaïm 104n.
Pesez, Yvette 271n., 278n.
Pézard, André 302
Picard, Raymond 98n.
Pickering, Roger 165n.
Pierssens, Michel 62
Pindare 26
Pleau, Jean-Christian 190n.
Poirier, Léandre 142, 247n.
Poncelet, Christian 117n.
Ponge, Francis 97, 134
Pontalis, J.-B. 182, 185
Poulin, Jacques 105n.
Proust, Marcel 36, 177

Q
Queneau, Raymond 105n.
Quiviger, Pascale 135n.

R
Radcliffe, Timothy 177-178
Ramat, Aurel 114n., 121n.
Reeves, Hubert 172n.
Remy, Pierre-Jean 104n.
Richard, Jean-Pierre 99

Robbe-Grillet, Alain 27
Robin, Régine 73
Robitaille, Antoine 180
Robitaille, Martin 137
Rosny, Joël de 172 n.
Rousseau, Jean-Jacques 98 n.
Rouveyran, Jean-Cl. 38 n.,145 n.
Royer, Jean 136

S

Sagan, Françoise 25, 26
Saint-Denys Garneau, H. de 197
Saint-Exupéry, Antoine de 17-18
Sand, George 122, 123, 223
Sangali, Arturo 99
Sartre, Jean-Paul 103
Saussure, Ferdinand de 55, 79
Savard, Félix-Antoine 90-93
Schiffman, Lawrence H. 106 n.
Schmidt, Jean-Laurent 52 n., 53
Schmitt, Éric-Emmanuel 292
Schuwer, Philippe 82 n., 83 n., 264 n.
Sena, Jorge de 45
Simonnet, Dominique 49 n., 172 n.
Sokoloff, Béatrice 98 n.
Sollers, Philippe 115, 287 n., 307
Soulez Larivière, Daniel 291
Sourioux, Jean-Louis 96 n.
Stendhal [Beyle, Henri] 115 n.
Strowel, Alain 264 n.

T

Taylor, Charles 99, 131 n., 209, 215
Teillard, Ania 41
Tesnière, Valérie 88 n.
Teyssandier, Hubert 42 n.
Thibault, Danielle 208 n.
Timbal-Duclaux, Louis 37 n.
Todorov, Tzvetan 80 n.
Tolstoï, Léon 38 n.
Tournier, Michel 176, 287 n., 290
Tranquille, Henri 136

V

Vacher, Laurent-Michel 30 n., 122 n., 308
Vadeboncoeur, Pierre 99, 106 n., 136, 292
Valéry, Paul 26, 101
Vallès, Jules 17
Van Steenberghen, Fernand 117 n.
Vercken, Pascal 298 n.
Verger, Jacques 38 n., 197, 213 n., 225 n.
Vernant, Jean-Pierre 306-307
Vilar, Jean 43
Voltaire 69, 98 n.
Vovelle, Michel 179

W

Wall, Anthony 212
Warren, Jean-Philippe 33 n.
Warren, Paul 98 n.
Waterfield, Robin 96 n.
Weil, Simone 44
Weinmann, Heinz 99
Wellisch, Hans H. 229 n.
Whitman, Walt 80-81
Wodon, Bernard 279 n.
Wyczynski, Paul 42-43, 99

Y

Yaguello, Marina 30 n.
Yergeau, Robert 307 n.
Yourcenar, Marguerite 96 n., 105 n., 295 n.

Z

Zawisza, Élisabeth 25 n., 84 n.
Zola, Émile 101-102, 104
Zylberstein, Jean-Claude 264 n.

Table des matières

Avant-propos 9

PREMIÈRE PARTIE
Les préliminaires 13

1 ▪ La dédicace 15
2 ▪ L'exergue 22
3 ▪ L'épigraphe 24
4 ▪ Les remerciements 31
5 ▪ L'avertissement 34
6 ▪ Le sommaire 36
7 ▪ La note liminaire 40
8 ▪ Le prologue 47
9 ▪ Le préambule et le prélude 51
10 ▪ L'avant-propos 54
11 ▪ La préface 61
12 ▪ La présentation 70

DEUXIÈME PARTIE
La matière 75

13 ▪ L'introduction 77
14 ▪ La collection 82
15 ▪ Le titre 95
16 ▪ Les titres intérieurs et les intertitres 110
17 ▪ Les titres courants 114
18 ▪ L'appel de note 120
19 ▪ La note 125
20 ▪ La note de référence 132

21 ▪ Les références dans le texte 140
22 ▪ Les abréviations 146
23 ▪ Les figures 156
24 ▪ Les tableaux 161

TROISIÈME PARTIE
Les compléments 167

25 ▪ L'épilogue 169
26 ▪ La postface 174
27 ▪ Le post-scriptum 181
28 ▪ L'annexe et l'appendice 186
29 ▪ La chronologie ou les repères chronologiques 191
30 ▪ La bibliographie 198
31 ▪ L'index 220
32 ▪ La table des matières 234
33 ▪ L'encart 240

QUATRIÈME PARTIE
L'identité 249

34 ▪ Le verso du feuillet de titre 251
35 ▪ Les données de catalogage avant publication 255
36 ▪ La «marque» du droit d'auteur 263
37 ▪ La mention de dépôt légal 270
38 ▪ L'achevé d'imprimer 278
39 ▪ La couverture de livre 284
40 ▪ La jaquette de couverture et ses rabats 296
41 ▪ La bande publicitaire ou la bande-annonce 305
42 ▪ L'état civil du livre 310

Bibliographie sélective 315
Liste de sigles 321
Index des sujets 323
Index des auteurs 327

Le présent ouvrage
publié par les Éditions Fides
a été achevé d'imprimer
le deuxième jour du mois d'octobre
de l'an deux mille six

Dépôt légal : 4e trimestre 2006
ISBN-13 : 978-2-7621-2614-3
ISBN-10 : 2-7621-2614-2

Infographie : Martel en-tête